e-fellows.net
wissen

inkl. E-Book

Der LL.M. 2022 kostenlos als E-Book herunterladen:
www.e-fellows.net/der-llm

Das E-Book steht kostenlos auf unserer Webseite zum Download bereit – auch für deine Freunde. Gib ihnen gerne den Link weiter, damit auch sie von unseren Informationen zu Studium und Berufseinstieg profitieren können.

Auf welchen Geräten kann man das E-Book lesen?

- iPad/iPhone: EPUB-Datei mit iBooks öffnen und lesen
- Laptop/Notebook/PC/Tablet: EPUB z. B. mit Adobe Digital Editions lesen, kostenloser Download unter: www.adobe.com/de/solutions/ebook/digital-editions/download.html
- E-Reader (außer Kindle): EPUB-Datei öffnen und lesen
- Kindle: MOBI-Datei öffnen und lesen. Auch EPUBs kann man z. B. mit dem Freeware-Tool Calibre in eine MOBI-Datei umwandeln.

Der LL.M. 2022

Nutzen, Zeitpunkt, Auswahl,
Bewerbung, Finanzierung

e-fellows.net
wissen

Stand: Februar 2022

Verlag: e-fellows.net GmbH & Co. KG

Reihenherausgeber: Dr. Michael Hies

Bandherausgebende:
Bernhard Güntner, Friederike Nusko, Karina Trautwein
marketing@e-fellows.net

Layout: Punkt 8 | Braunwald + Walter GbR
www.punkt8-berlin.de

Satz und Illustration: Lesotre® / Conceptual Brand Creation, www.lesotre.de

Druck und Bindung: Neografia, 03655 Martin, Slowakei

Printed in Slovakia
Februar 2022

Bildnachweis: Titelbild: Studio Romantic – Adobe Stock; Fotos auf S. 9, 11 und 146–159 stammen von den jeweiligen Autor:innen. Logos, Fotos und Anzeigen ab S. 162 stammen von den jeweiligen Hochschulen und Unternehmen. S. 13: Krause/Blumenstock – Fotolia.com; S. 29: lassedesignen – Fotolia.com; S. 49: Tobias Machhaus – Fotolia.com; S. 67: Galina Barskaya – Fotolia.com; S. 111: Gina Sanders – Fotolia.com; S. 133: Karen Roach – Fotolia.com; S. 142: e-fellows.net; S. 143: juris, beck-online (oben), e-fellows.net (unten); S. 145: swissdoc – Fotolia.com; S. 161: pressmaster – Fotolia.com; S. 230, 231: e-fellows.net; sämtliche Grafiken und Illustrationen wurden umgesetzt von Yvonne Hagenbach (Lesotre® / Conceptual Brand Creation).

ISBN-13: 978-3-946706-84-7

Franziskanerstraße 14, 81669 München
Telefon: +49 89 23232-300, Fax: +49 89 23232-222
www.e-fellows.net

Inhalt

Vorwort

Liebe LL.M.-Interessierte,

herzlichen Glückwunsch! Der erste Schritt ist gemacht. Mit den zahlreichen Informationen, Porträts und Tipps im neuen Expertenbuch *Der LL.M. 2022* von e-fellows.net kommen Sie dem Legum Magister auf die Spur und ein Stückchen näher.

Doch der Reihe nach. Kapitel 1 ist eine Abhandlung über die Qualitäten eines Master of Laws als postgraduale Qualifikation, die sie in Beziehung zu anderen Abschlüssen setzt. Kapitel 2 und 3 widmen sich Fragestellungen, die bei grundlegenden Entscheidungen wie der Wahl des Studienlandes, des Zeitpunktes und des LL.M.-Programms zu bedenken sind. Im Anschluss diskutiert Kapitel 4 Voraussetzungen, Unterlagen und zeitliches Management eines Bewerbungsprozesses. Kapitel 5 und 6 zeigen Finanzierungsmöglichkeiten auf und stellen Stipendien vor.

Nach diesen wichtigen vorbereitenden Überlegungen machen die nächsten Kapitel Lust auf mehr. Die Erfahrungsberichte von LL.M.-Absolvent:innen in Kapitel 7 geben wertvolle Einblicke in erfolgreich durchgeführte LL.M.-Projekte. Daneben erzählen die Autor:innen auch, wie man am Polarkreis studiert, an welcher Universität man sich in Hogwarts glaubt, wo man neben dem Studium das beste Sushi genießt und warum manche Seen rot sind. *Der LL.M. 2022* kulminiert in Kapitel 8, in dem sich internationale Law Schools und renommierte Kanzleien in Porträts vorstellen.

Wenn mir ein fächerübergreifender Exkurs erlaubt ist, kann ich als Nordamerikanistin mit Überzeugung sagen, dass sich meine Auslandssemester, -praktika und -forschungen in inner- und außereuropäischen Ländern als die prägendsten Zeiten meines Studiums herauskristallisieren. Deshalb möchte ich Sie ermutigen. Ja, ein LL.M.-Studium auf die Beine zu stellen ist mühsam, aufwändig und nicht günstig. Aber die gute Nachricht ist: Es wird sich lohnen.

Das Studium an internationalen Institutionen erweitert die fachliche Expertise enorm. Das Leben in einem anderen Land lehrt einen essentiellen, selbstreflektiven und kritischen Blick auf „das Eigene" aus neuen und erfrischenden Perspektiven. Herausforderungen erhöhen Improvisationsfähigkeit, Beharrlichkeit, Organisationsvermögen und Eigenständigkeit. Begegnungen mit wundervollen Menschen formen die Persönlichkeit und ermöglichen Wachstum und interkulturelles Verständnis. Diese unbezahlbaren Früchte wünsche ich Ihnen als LL.M.-Ernte.

Geheimtipp: Treffen Sie top Law Schools und renommierte Kanzleien beim LL.M. Day von e-fellows.net: www.e-fellows.net/llm. Das Karrierenetzwerk und Online-Stipendium e-fellows.net fördert sehr gute Studierende, Referendar:innen und Doktorand:innen. Bewerben Sie sich schnell und unkompliziert. Mehr dazu finden Sie auf Seite 142.

Eine informative und inspirierende Lektüre von *Der LL.M. 2022* wünscht

Friederike Nusko
Marketing-, Produkt- und Projektmanagerin bei e-fellows.net

e-fellows.net
Das Online-Stipendium und Karrierenetzwerk

Seit 20 Jahren unterstützt e-fellows.net Studierende und Doktoranden mit einem Stipendium und bringt sie ihrem Traumjob näher. Mentorenprogramme, Karriereveranstaltungen sowie Angebote für Praktika und Einstiegsjobs bieten einen direkten Draht zu Kanzleien und Unternehmen und garantieren den mühelosen Karrierestart. Zudem sind e-fellows.net-Stipendiaten dank kostenfreier Abos von Zeitungen und Zeitschriften, Zugriff auf fachspezifische Datenbanken und Fachbücher frei Haus immer einen Schritt voraus. In der exklusiven Online-Community und bei regelmäßigen Treffen in zahlreichen Uni-Städten tauschen sich Studierende untereinander aus. Jetzt informieren: www.e-fellows.net/Stipendiat-werden

e-fellows.net wissen
Die Buchreihe von e-fellows.net

Mit dieser Buchreihe informiert e-fellows.net über attraktive Berufsbilder und interessante Weiterbildungen, darunter das LL.M.-Studium, Berufsperspektiven für Jurist:innen, MINT-Frauen und Informatiker:innen sowie die Tätigkeit in einer Unternehmensberatung, im Investment Banking oder im Asset Management. Die Bücher bieten wertvolle Expertentipps und einen fundierten Überblick über die jeweilige Branche. Persönliche Erfahrungsberichte und ausführliche Unternehmensporträts potenzieller Arbeitgeber helfen bei der eigenen Entscheidungsfindung. Weitere Informationen zu den einzelnen Titeln der Reihe **e-fellows.net wissen** finden Sie auf S. 222–223.

Die Autor:innen

Steffi Balzerkiewicz, Master of International Taxation (UNSW), Jahrgang 1976, Steuerberaterin und Rechtsanwältin in Berlin. Ihr Studium erfolgte in Potsdam, Berlin und Sydney. Sie wurde durch ein DAAD-Stipendium gefördert und ist Autorin verschiedener steuerrechtlicher Fachbeiträge.

Martin Heckelmann, Prof. Dr. iur., LL.M. (Cornell), Jahrgang 1976. Sein Studium absolvierte er in Berlin und Ithaca, New York, als Stipendiat der Studienstiftung des deutschen Volkes und der Fulbright Commission. Prof. Dr. Martin Heckelmann ist Autor verschiedener Fachbeiträge und tritt regelmäßig als Referent auf Fachveranstaltungen auf.

Daniel Voigt, Dr. iur., MBA (Durham), Jahrgang 1977, ist Rechtsanwalt und Partner bei CMS Hasche Sigle in Frankfurt a. M. Dr. Daniel Voigt studierte in Berlin, Düsseldorf und Durham. Er war Stipendiat des Evangelischen Studienwerkes Villigst und ist Autor verschiedener Fachbeiträge.

1. Der LL.M. und andere postgraduale Qualifikationen im Vergleich

von Dr. Daniel Voigt, MBA (Durham)

Der LL.M.

Mit dem erfolgreichen Abschluss des Studiums der Rechtswissenschaften stehen Absolvent:innen viele Wege der Weiterqualifikation offen. Eine naheliegende – aber keineswegs die einzige – Möglichkeit ist ein LL.M.-Aufbaustudium. LL.M. steht für Master of Laws und kommt vom lateinischen Legum Magister. Gemeint ist damit ein Aufbaustudium mit Schwerpunkt Rechtswissenschaften. Auch Programme, die zu anderslautenden Abschlusstiteln wie zum Beispiel dem M.C.L. (Master of Comparative Law) führen, werden im Folgenden in die Darstellung einbezogen, da es sich um mit einem LL.M.-Studium vergleichbare Aufbaustudiengänge handelt. Um es vorwegzunehmen: Grundsätzlich können alle Nachwuchsjurist:innen ein LL.M.-Studium absolvieren, auch wenn sie schlechtere Noten haben. Einige, aber nicht alle Universitäten verlangen Mindestpunktzahlen. Wenn man diese nicht vorweisen kann, kann man auf die Angebote anderer Universitäten ausweichen.

Angesichts der fast unüberschaubaren Angebote ist es nicht einfach, das LL.M.-Programm zu finden, das den persönlichen Interessen und Plänen am besten entspricht. Schon bei einer ersten Suche im Internet findet man in den USA über 170 (siehe www.llm-guide.com/schools/usa) und in Großbritannien über 110 Hochschulen (siehe study-uk.britishcouncil.org) mit LL.M.-Studiengängen. Die weitere Recherche zeigt, dass die britischen Hochschulen rund 1.000 LL.M.-Programme anbieten, die sich in Ausrichtung, Dauer und Studienmodus unterscheiden, 30 davon allein am Queen Mary College der University of London. Auch in Deutschland gibt es mittlerweile zahlreiche LL.M.-Studiengänge[1]. Wer noch weitere Postgraduierten-Programme (z. B. MBA-Studiengänge) in seine Suche einbezieht, hat die Wahl zwischen mehreren Tausend Angeboten weltweit. Entscheidend für die Auswahl sollte das Ziel sein, das man mit der Weiterqualifikation erreichen will. „Den" LL.M. gibt es nicht, sondern nur das zu den jeweiligen Interessen der Absolvent:innen passende Programm. Hilfreich ist es, die Programme zur besseren Übersicht nach Kriterien wie Kursschwerpunkte, Studienmodus, Studienkosten, Studienland oder Studienort einzuteilen.

Um das passende Programm zu finden, sollten sich Interessierte in Anbetracht der Fülle der Angebote und ihrer Details nicht nur frühzeitig informieren, sondern auch systematisch an die Auswahl herangehen. Die Ausbildungszeitschriften *Jura, JuS* und *JA* berichten regelmäßig über LL.M.-Studiengänge. Sie sind in jeder Universitätsbibliothek vorhanden und bieten einen guten Einstieg in das Thema. Es ist wichtig, sich über die Chancen zu informieren, die gerade ein LL.M.-Studium bietet, und auch Alternativen oder Kombinationsmöglichkeiten in die eigenen Überlegungen einzubeziehen. Erst wenn man die spontan favorisierte Möglichkeit mit Alternativen verglichen hat, kann man sich seiner Entscheidung sicher sein. Der zusätzliche Aufwand bei der Entscheidungsfindung zahlt sich später garantiert aus.

Der Master of Laws ist der von Jurist:innen am häufigsten gewählte Postgraduierten-Abschluss. Dahinter verbirgt sich ein meist knapp einjähriges Aufbaustudium mit rechtswissenschaftlichem Schwerpunkt, das nicht nur zum Abschluss LL.M., sondern auch zu Abschlüssen wie dem M.C.L. (Master of Comparative Law) oder dem Master

---

1 Eine Übersicht findet sich unter https://www.azur-online.de/studium/deutsche-ll-m, abgerufen am 29.11.2021.

of Arts in Criminology führen kann. Die abweichende Bezeichnung sagt nichts über die Wertigkeit des Titels aus: Die renommierte Oxford University zum Beispiel verleiht ihren Absolvent:innen den Titel eines M.Jur. (Magister Juris). Auch wenn diese Studiengänge zu anderen Abschlüssen führen, handelt es sich de facto um LL.M.-Studiengänge im Sinne von Postgraduierten-Studiengängen mit rechtswissenschaftlichem Schwerpunkt.

Wie finde ich den richtigen LL.M.?

1. Entscheidungsgrundlage klären: Warum ein LL.M.?
2. Die richtigen Studienoptionen finden
3. Das richtige Programm aussuchen
4. Erfolgreich bewerben
5. Finanzierung sicherstellen

Fünf Schritte zur Wahl des richtigen LL.M.-Programms

Der „Wert" des LL.M.

Der „Wert" des LL.M. hängt maßgeblich vom gewählten Programm und natürlich von der Absolventin oder vom Absolventen selbst ab. Ein LL.M. kann die Chancen der Absolvent:innen auf dem Arbeitsmarkt verbessern. Nach Ansicht des Bundesfinanzhofs sind die Chancen, „den erstrebten Arbeitsplatz zu erhalten" mit einem LL.M. sogar „erheblich verbessert".[2] Viele Arbeitgeber legen Wert auf Zusatzqualifikationen; deren Bedeutung dürfte auch weiter steigen. Denn mit der Einführung universitärer Schwerpunktprüfungen als Teil des Ersten Staatsexamens ist die Zahl der Absolvent:innen mit Prädikatsexamen deutlich gestiegen. Absolvent:innen können und müssen sich deswegen vielleicht in Zukunft unter anderem stärker über Zusatzqualifikationen abheben. Hinweise auf eine steigende Bedeutung sind auch die zunehmende Zahl an LL.M.-Programmen. Ein LL.M. kann bei Bewerbungen zudem ein weniger geglücktes Examen aufwerten.

Auch finanziell kann sich ein LL.M.-Titel beim Berufseinstieg lohnen. Bei einigen Kanzleien schlägt sich dieser in einem höheren Einstiegsgehalt nieder. Während ein erhöhtes Einstiegsgehalt früher oft schematisch nach dem Vorhandensein einer Zusatzqualifikation gewährt wurde, erfolgt aktuell häufig eine individuelle Gesamtwürdigung der Kandidat:innen. Bei dieser kann sich ein LL.M. auch positiv auf das offerierte Gehalt auswirken.

---

2 BFH/NV 2004, S. 32 f.

Klar ist aber auch: Der LL.M. ist eine Zusatzqualifikation, die die berufsqualifizierenden Abschlüsse ergänzt. Daher setzen Arbeitgeber einen LL.M.-Abschluss regelmäßig nicht für eine Einstellung voraus. Ein LL.M.-Abschluss dient Arbeitgebenden eher als Nachweis dafür, dass die Absolvent:innen über den Tellerrand geschaut und sich weiterentwickelt haben - auch fachlich. Primäres Auswahlkriterium für eine Einstellung ist ein LL.M. nicht.

Wie wichtig sind Qualität und Reputation?

Angesichts der stetig wachsenden Zahl von LL.M.-Angeboten und -Absolvent:innen kommt es zunehmend auf die Qualität des LL.M.-Programms an. Einen Titel zu erwerben ist relativ einfach, Qualität und langfristigen Nutzen zu sichern dagegen sehr schwierig. Nur bei überzeugender Qualität des LL.M.-Programms werden sich Absolvent:innen durch ihre Titel positiv von ihren Mitbewerbenden abheben und selbst langfristig vom LL.M.-Studium profitieren.

Die Auswahl eines qualitativ überzeugenden Programms sollte daher mit einer gewissen Mühe und Sorgfalt erfolgen. Universität und Studienland spielen neben der Qualität des Programms eine gleichermaßen wichtige Rolle. Den Namen der Universität tragen Absolvent:innen schließlich ein Leben lang im Titel. Der Ruf der Universität oder Fakultät allein ist aber keine Garantie dafür, dass das gewählte Programm ebenfalls gut ist. Selbst an renommierten Universitäten sind LL.M.-Programme häufig „Massenprogramme" mit manchmal mehr als 400 Teilnehmenden.

Hat eine Universität wissenschaftlich einen herausragenden Ruf, weil Koryphäen des Fachs dort Professor:innen sind, heißt das nicht, dass diese Professor:innen in dem gewählten Programm auch lehren. Gerade im angloamerikanischen Bereich gibt es sogenannte Research Professors, die in der Lehre kaum in Erscheinung treten.

LL.M.-Interessierte müssen natürlich ihre Ausgangsbedingungen und finanziellen Ressourcen berücksichtigen. Einige Universitäten erwarten Mindestpunktzahlen für die Zulassung zu ihren Programmen. Programme bekannter Universitäten sind außerdem häufig teurer als Programme unbedeutenderer, ohne dass letztere inhaltlich schlechter sein müssen. Für deutsche Kanzleien ist der Ruf einer Universität zwar oft weniger wichtig als für Kanzleien in den USA oder in Großbritannien, aber man kann davon ausgehen, dass auch in Deutschland Bewerbende mit einem LL.M.-Abschluss von einer Spitzenuniversität eine bessere Ausgangsposition haben als Absolvent:innen einer weniger renommierten Universität.[3]

3 Vgl. Göthel/Sandmann, *Jura* 2000, S. 605. Von „leuchtenden Augen der Personalchefs" zu sprechen, dürfte übertrieben sein, so aber Capital, 8/88, S. 192 f., zitiert nach Erwin, *JuS* 2001, S. 1241 unter Fn. 1 m.w.N.

Der Aufwand bzw. die Kosten für den Besuch eines LL.M.-Programms einer renommierten Universität dürften sich dabei im Regelfall lohnen. Denn ein prestigeträchtiger Universitätsname ist auch Indiz für eine gewisse Mindestqualität des Programms und damit für eine ernsthafte juristische Weiterqualifikation. Zudem kann es auch förderlich sein, auf die häufig sehr gut gepflegten Alumni-Netzwerke solcher Universitäten zurückgreifen zu können. Allerdings sollten Kandidat:innen nicht allein das Renommee einer Universität zum Entscheidungskriterium machen, sondern gerade angesichts des finanziellen Aufwands das erstrebte LL.M.-Programm auf seine Inhalte und die Qualität prüfen. Näheres zur Auswahl von Universität und Programmen findet sich in Kapitel 3.

Wer nach dem LL.M.-Studium den oft schwierigen Berufseinstieg im Gastland plant, sollte besonders auf den Ruf der Universität achten. Hilfreiche Tipps finden sich im zweiten Kapitel unter „LL.M. im Ausland“/„Berufseinstieg im Gastland“.

Wählt man ein Programm mit geringen inhaltlichen Anforderungen, besteht auch die Gefahr, dass dieser LL.M. bei Arbeitgebern als eine Art besserer Sprachnachweis gesehen wird. Als Sprachkurs ist der LL.M. aber nicht geeignet und auch zu teuer. In diesem Fall lässt sich der LL.M. unter Umständen weder als Bonus im Lebenslauf noch als Argument bei Gehaltsverhandlungen einsetzen. Im Idealfall sollte ein LL.M. Zusatzkenntnisse vermitteln, die mit Blick auf das angestrebte Tätigkeitsfeld weiterhelfen. Ein LL.M. in internationaler Schiedsgerichtsbarkeit kann beispielsweise das Wissen und die Kontakte vermitteln, die einen beruflichen Einstieg in diesen Bereich in Kanzleien oder mit Schiedsverfahren betrauten Organen erleichtern.

TIPP: Soll der LL.M. vor allem im Hinblick auf die berufliche Perspektive genutzt werden, empfiehlt sich eine sehr sorgfältige Auswahl des Programms. Nur dann wird man mit dem LL.M. nicht nur zusätzliche Kenntnisse erwerben, sondern diese auch einem potenziellen Arbeitgebern überzeugend darstellen können.

Vorteile des LL.M.: Formale und inhaltliche Qualifikation

Neben einem LL.M. gibt es eine Reihe weiterer Qualifikationsmöglichkeiten. Davon führen einige allerdings formal nicht zu Abschlüssen, die zum Tragen eines Titels berechtigen. Der mit dem LL.M.-Studium erworbene Titel kann bei einer späteren beruflichen Tätigkeit zur Außendarstellung (etwa auf der Visitenkarte) verwendet werden und wird deswegen von einigen Kanzleien zusätzlich vergütet.

Zu den juristischen Weiterbildungsmöglichkeiten, die nicht zu einem Titel führen, zählen unter anderem Legal Certificates oder Legal Diplomas, bei denen man einen bis zu sechsmonatigen Kurs besucht und hierfür eine Art Teilnahmebescheinigung (Certificate, Diploma) erhält. Wenn man insbesondere Auslandserfahrung sammeln will, können Auslandsstationen im Referendariat, Auslandspraktika oder Auslandssemester (beispielsweise über Erasmus+) interessant sein.

Auch inhaltlich können sich Legal Certificates, Praktika oder Auslandssemester nicht mit einem LL.M. messen. Ein umfassender Einblick in ein fremdes Rechtssystem ist mit Praktika und Auslandsstationen in der Regel allenfalls begrenzt möglich. Diese Art von Auslandsaufenthalten lässt meist nur geringe Einblicke in das ausländische Rechtssystem zu und ist zum umfassenden Spracherwerb häufig zu kurz. Dies gilt auch für die Kontakte zu Land und Leuten. Ein Erasmus-Jahr dagegen gewährt aufgrund seiner Länge schon einen besseren Einblick. Allerdings kann es sich inhaltlich nicht mit einem LL.M.-Programm messen. Ein LL.M.-Programm ist auf die Bedürfnisse und Kenntnisse von Postgraduierten zugeschnitten und setzt auf einem höheren Niveau an. Der Kenntniszuwachs ist deshalb im Regelfall größer.

Begrenzt gilt dies auch für die zunehmend häufiger anzutreffenden internationalen Jurastudiengänge, bei denen ein Teil des Studiums verpflichtend im Ausland zu absolvieren und häufig auch eine in Umfang und Anforderungen beachtliche Abschlussarbeit anzufertigen ist. Hier sind die Anforderungen höher, und der Lerneffekt ist typischerweise größer als bei reinen Auslandssemestern. Dennoch gilt auch hier, dass man fachlich stärker profitiert, wenn man bereits die Erste Juristische Prüfung abgelegt und sichere Kenntnisse des deutschen Rechts hat. Bei entsprechender Programmauswahl vermittelt der LL.M. Wissen, das mit Auslandsaufenthalten während des Studiums oder des Referendariats normalerweise nicht erworben werden kann. Gleiches gilt für Studiengänge, die mit Legal Certificates abschließen. Sie gestatten wegen ihrer meist kurzen Dauer nur einen begrenzten Einblick in das betreffende Rechtsgebiet.

Fazit: Der persönliche Wert eines LL.M. ist für alle ein anderer. Für die berufliche Weiterentwicklung aber kommt es langfristig vor allem auf die Qualität des gewählten Programms an.

Alternativen, die ebenfalls zu einem Titel führen

Neben dem LL.M. gibt es Qualifikationsmöglichkeiten, die ebenfalls zu einem Titel führen und in ihrer Wertigkeit deswegen prinzipiell mit einem LL.M.-Abschluss vergleichbar sind.

Andere Postgraduierten-Studiengänge

Die Entscheidung zwischen einem LL.M. und nicht rechtswissenschaftlichen Aufbaustudiengängen hängt vor allem von der persönlichen Perspektive ab. Der LL.M. dient im Allgemeinen zur Vertiefung der rechtlichen Kenntnisse. Er ist daher vor allem für die klassischen juristischen Berufe wie die Anwaltstätigkeit von Vorteil. In Bewerbungen wird er von Kanzleien grundsätzlich gern gesehen. Neben dem Titel lässt er auf Spezialkenntnisse schließen, die Arbeitgeber für die Außendarstellung und die praktische Arbeit nutzen kann. Gleichzeitig ist für Jurist:innen der Aufwand für einen LL.M. etwas geringer als für Aufbaustudiengänge mit nicht juristischem Schwerpunkt. Denn selbst wenn die inhaltliche Ausrichtung des LL.M. neue Rechtsbereiche umfasst, kann man auf sein juristisches Handwerkszeug zurückgreifen, was die Einarbeitung erleichtert.[4] Bei Studiengängen nicht juristischer Ausrichtung müssen ungewohnte fachfremde Aufgaben gelöst werden, auf die das juristische Studium in der Regel nicht vorbereitet.

Eine gezielte Vorbereitung auf das LL.M.-Studium ist nicht notwendig, da es sich typischerweise an Teilnehmende ohne oder mit geringen Vorkenntnissen im jeweiligen Rechtsgebiet richtet. Das sichere Beherrschen der Unterrichtssprache wird allerdings vorausgesetzt und muss meist nachgewiesen werden. Wer diesen Anforderungen zu Programmbeginn noch nicht gerecht wird, kann in vielen Fällen an studienbegleitenden Sprachkursen teilnehmen.

Die Entscheidung für Alternativen zum LL.M., etwa für einen Master of Business Administration (MBA) oder einen politikwissenschaftlich ausgerichteten Master of International Relations, kann zu einer breiteren Qualifikation führen und eine berufliche Perspektive auch außerhalb der klassischen juristischen Tätigkeit eröffnen. Wer beispielsweise eine Tätigkeit für eine internationale Organisation vor Augen hat, wird einen Master of International Relations in Erwägung ziehen. Trotz des größeren Aufwands bei der Einarbeitung in ein neues Fachgebiet sollten Studieninteressierte, die ihre berufliche Perspektive verbreitern wollen, daher Alternativen zum LL.M. in ihre Entscheidung einbeziehen. Auf einige ausgewählte Alternativen wird im Folgenden hingewiesen.

---

4 Die Umstellung auf ein fremdes Rechtssystem ist aber dennoch nicht zu unterschätzen, vgl. Hartmann, *JuS* 2003, S. 309 f.; ders., *Jura* 2003, S. 356 ff.

Master of Business Administration

Eine Alternative ist der Master of Business Administration (MBA). Er vermittelt fundierte Kenntnisse der Volks- und Betriebswirtschaftslehre mit einem besonderen Fokus auf Management-Themen, Praxisbezug und internationaler Ausrichtung. Der MBA richtet sich an Absolvent:innen aller Fachbereiche, die für ihre berufliche Weiterentwicklung Wirtschaftskenntnisse benötigen, vor allem auch an potenzielle Führungskräfte. Für Juristen bietet der MBA die Möglichkeit, sich für eine wirtschaftlich ausgerichtete Tätigkeit in Unternehmen zu qualifizieren, aber auch, sich generell wirtschaftliche Kenntnisse anzueignen. Allerdings ist der MBA in der Regel deutlich kostenintensiver als ein LL.M. und dauert in einigen Ländern bis zu zwei Jahre. Der Vorteil eines MBA liegt im Erwerb von Wirtschafts- und insbesondere Management-Kenntnissen. Diese sind für viele Tätigkeiten entweder Voraussetzung oder als Hintergrundwissen nützlich. Ein typischer MBA ist praxisorientiert und vermittelt häufig Kontakte zu potenziellen Arbeitgebern. Man muss bereit sein, sich in fremde und für manch eine:n auch unangenehme Gebiete wie die Buchhaltung einzuarbeiten. Für eine juristische Tätigkeit ist der MBA nur in den Rechtsgebieten unmittelbar anwendbar, bei denen es auf ein tieferes Verständnis wirtschaftlicher Zusammenhänge ankommt, wie etwa im Bereich Mergers & Acquisitions.

Universitäten bieten zunehmend auch die Möglichkeit, juristische und betriebswirtschaftliche Inhalte im Rahmen eines LL.M.-Studiums miteinander zu verbinden. Die Entscheidung zwischen LL.M. oder MBA wird dementsprechend teilweise relativiert, da ökonomische Grundkenntnisse in gewissem Umfang auch im Rahmen eines LL.M.-Programms erlangt werden können. Allerdings kann der Besuch einiger wirtschaftlich geprägter Kurse nicht mit dem Kenntnisstand nach Absolvierung eines MBA-Programmes und dem nach außen sichtbaren Titel eines MBA verglichen werden. Wer sich nicht ausschließlich juristisch fortbilden, aber gleichzeitig auch keinen reinen MBA absolvieren möchte, kann auf gemischte Programme zurückgreifen. Der LL.M. in International Business Law der IE Law School oder der LL.M. in Law and Economics der Queen Mary University verknüpfen beide Disziplinen, ohne dass wie bei Dual-Degree-Programmen die Dauer des Studiums ein Jahr überschreitet.

Viele Universitäten – gerade US-amerikanische – bieten die Möglichkeit, Kurse ihrer jeweiligen Business School zu besuchen. Hier gilt es aber vorab zu klären, ob an den Klausuren teilgenommen werden darf und ob die hierbei eventuell erworbenen Credits für den Erwerb des LL.M. genutzt werden können. Eine separate Bescheinigung für die erfolgreiche Teilnahme an den Business-Kursen wird es üblicherweise nicht geben. Eine Ausnahme bildet hier die University of Pennsylvania, die das Wharton Business and Law Certificate verleiht.

Master of International Relations

Eine weitere Option kann ein Master of International Relations sein. Es handelt sich dabei um ein Programm mit stark politikwissenschaftlicher Ausrichtung. Angesprochen werden vor allem Interessierte, die eine Tätigkeit in internationalen Organisationen oder allgemein in der Politik anstreben. Der Vorteil liegt in der klaren Fokussierung auf ein bestimmtes Tätigkeitsfeld. Für Jurist:innen kann der Master of International Relations ein Qualifikationsnachweis für eine (häufig fachfremde) Tätigkeit mit politischem Bezug sein. Dauer und Kosten derartiger Programme sind oft mit denen eines LL.M. vergleichbar. Die einseitige Ausrichtung des Master of International Relations kann jedoch auch ein Nachteil sein, da die erworbenen Kenntnisse außerhalb des angestrebten Tätigkeitsfelds nur in geringem Umfang genutzt werden können.

Master of Finance

Der Master of (International) Finance ist ein Wirtschaftsstudium, das im Gegensatz zum MBA einen klaren Fokus auf Finanzierungsfragen, beispielsweise beim Unternehmenskauf, hat. Er eignet sich für Personen, die Interesse am Bank- und Finanzrecht haben, wirtschaftliche Entscheidungen, etwa im Vorfeld eines M&A-Projekts, verstehen möchten und sich vorstellen können, beispielsweise für (Investment-)Banken oder im Bankrecht zu arbeiten. Bezüglich Dauer und Kosten ist er ebenfalls mit dem LL.M. vergleichbar. Der Vor- und gleichzeitige Nachteil des Master of Finance besteht in der klaren Fokussierung. Im Gegensatz zu einem Master of International Relations lässt sich das vermittelte Wissen spezifischer für bestimmte Rechtsgebiete nutzen. Im Unterschied zum MBA vermittelt der Master of Finance nur einen Ausschnitt wirtschaftlicher Kenntnisse und ist damit weniger flexibel einsetzbar.

Master of Taxation

Ein Master of Taxation ist ein Postgraduierten-Studium mit steuerrechtlichem Schwerpunkt. Es umfasst steuerlich relevante Aspekte aus Wirtschaft und Recht. Hinsichtlich der Dauer und der Kosten gibt es kaum Unterschiede zum LL.M. Genau wie der Master of Finance dient der Master of Taxation ebenfalls einer klaren Spezialisierung – mit den bereits geschilderten Vor- und Nachteilen. Absolvent:innen können das erworbene Wissen nicht nur in Kanzleien, sondern auch in Wirtschaftsprüfungsgesellschaften oder Unternehmen einsetzen.

Master of Public Administration

Eine andere Möglichkeit zur Weiterqualifizierung ist der Master of Public Administration. Er ist inhaltlich das angloamerikanische Pendant zu dem, was in Deutschland unter dem Begriff Verwaltungswissenschaft bekannt ist. Vermittelt werden Kenntnisse im Management öffentlicher Institutionen. Der Master of Public Administration richtet sich an Personen, die am öffentlichen Recht und an einer Laufbahn im Öffentlichen Dienst interessiert sind. Dauer und Kosten eines solchen Programms sind mit denen eines LL.M. vergleichbar. Die Vor- bzw. Nachteile des Master of Public Administration liegen ebenfalls in der oben ausgeführten Ausrichtung auf ein abgegrenztes Tätigkeitsfeld.

Dual-Degree-Programme

In den letzten Jahren werden zunehmend Dual-Degree-Programme angeboten. Dabei handelt es sich um Programme, die zu einem Doppelabschluss führen oder bei denen der zu erwerbende Abschluss während des Programms von den Absolvent:innen bestimmt werden kann.

Einige Programme ermöglichen es, innerhalb von zwei Jahren sowohl den LL.M. als auch den MBA zu erwerben (z. B. am American University Washington College of Law und der Université de Fribourg). Es handelt sich typischerweise um Kooperationsprogramme, die gemeinsam von juristischen und wirtschaftswissenschaftlichen Fakultäten angeboten werden. Dadurch soll ein Ineinandergreifen von juristischen und wirtschaftlichen Fragestellungen gewährleistet werden. Eine Kombination aus wirtschaftlichen und rechtlichen Teilgebieten findet sich auch beim Master of Law and Business der Bucerius Law School. Absolvent:innen sollten bei Dual-Degree-Programmen neben der häufig längeren Dauer solcher Programme abwägen, inwieweit ein Doppelabschluss für die später angestrebte Tätigkeit erforderlich oder hilfreich ist. Zudem sollten kombinierte Programme mit den für sich allein stehenden LL.M.- und MBA-Programmen verglichen werden, bei denen Erfahrung an unterschiedlichen Universitäten und in verschiedenen Ländern gesammelt werden kann.

Vor allem in Deutschland werden Master-Studiengänge angeboten, die man entweder mit einem MBA oder einem LL.M. abschließen kann (z. B. an der Dresden International University und an der Westfälischen Wilhelms-Universität Münster). Solche Programme stehen typischerweise neben Jurist:innen auch Wirtschaftswissenschaftler:innen offen. Sowohl MBA- als auch LL.M.-Anwärter:innen besuchen anfänglich dieselben Kurse. Erst zu einem fortgeschrittenen Zeitpunkt im Studium wird ein Schwerpunkt im rechtlichen oder wirtschaftlichen Bereich gesetzt. Diese Schwerpunktsetzung ist für die spätere Titelerlangung maßgeblich. Solche Programme werden insbesondere in den Gebieten mit großer Nähe zur Wirtschaft, zum Beispiel im Steuer- oder Unternehmensrecht, angeboten. Die Wahl eines solchen Weges bietet sich für Interessierte an, die sich zu Studienbeginn noch nicht auf einen rechtlichen oder wirtschaftlichen Schwerpunkt festlegen können oder wollen. Ihre Flexibilität ist ein Vorteil dieser Programme. Sie ermöglicht den Erwerb eines breiten Basiswissens. Nachteil dieser Flexibilität mag sein, dass wegen der anfänglich breiteren Aufstellung das Programm nicht die gleiche Tiefe wie herkömmliche Programme erreicht und eine Spezialisierung damit unter Umständen schwerer erzielt werden kann. Da diese Programme eine relativ neue Erscheinung sind, lässt sich derzeit schwer einschätzen, ob sie sich langfristig halten und ihren Absolvent:innen den erhofften Mehrwert bringen werden.

Alternative Promotion

Vielfach wird die Promotion als Alternative zu einem LL.M. gesehen. Die häufig gestellte Frage „Promotion oder LL.M.?“ lässt sich jedoch nicht eindeutig beantworten. Die Meinungen hierzu sind sehr unterschiedlich. In einigen Kanzleien wird der Doktortitel bevorzugt, in anderen ein LL.M. Manchmal wird auch beides erwartet. Für eine wissenschaftliche Tätigkeit ist der Doktortitel nach wie vor zwingend, lediglich im Ausland kann eine wissenschaftliche Karriere in Ausnahmefällen ohne Promotion möglich sein. Wer nur einen der beiden Abschlüsse anstrebt, sollte abgesehen von seinen persönlichen Präferenzen folgende Argumente berücksichtigen:
Einerseits dauert eine Doktorarbeit in der Regel länger als ein LL.M. Die Gefahr, die Energie zu verlieren oder gar zu scheitern, ist daher bei der Promotion deutlich größer. Das Risiko, bei einem LL.M. durchzufallen, ist dagegen normalerweise sehr gering. Sprachkenntnisse werden durch eine Promotion in der Regel nicht erworben. Allerdings besteht die Möglichkeit, als sogenannter Visiting Scholar einen Forschungsaufenthalt an einer Universität im Ausland zu absolvieren. Der finanzielle Aufwand ist für eine Doktorarbeit meist geringer, da keine hohen Studiengebühren anfallen. Durch die längere Dauer der Promotion kann man aber häufig erst später eine berufliche Tätigkeit aufnehmen und verdient während der Promotion weniger als schon früher ins Berufsleben eingestiegene LL.M.-Absolvent:innen – oder gar nichts. Dieser Verdienstausfall kann bei wirtschaftlicher Betrachtung zu vergleichbaren Kosten von LL.M. und Promotion führen. Bei einer Promotion bewegt sich der:die Doktorand:in

aber in dem ihm:ihr bekannten fachlichen und persönlichen Umfeld. Anders als beim LL.M. wird er:sie nicht aus dem vertrauten Recht herausgerissen, was den Einstieg in das Referendariat erleichtern kann. Bei einer Promotion ist, anders als für einen Vollzeit-LL.M. im Ausland, keine Umstellung der Lebensverhältnisse mit dem damit verbundenen hohen Aufwand nötig. Eine Promotion erfordert auch keine so umfangreiche Bewerbung wie ein LL.M. - die für viele angehende Promovenden schwierige Themenkonkretisierung bei einer Dissertation kostet jedoch häufig viel Zeit. Unabhängig davon, wie man sich hier zunächst entscheidet, kann das Versäumte immer noch nachgeholt werden. Später im Leben ist man jedoch eventuell weniger flexibel (Familie, feste Arbeitsstelle etc.).

Alternative Fachanwaltschaft

Wer mindestens die Erste Juristische Prüfung hinter sich hat, kann auch den theoretischen Teil der Ausbildung zur Fachanwältin oder zum Fachanwalt absolvieren. Dieser Teil der Ausbildung umfasst in der Regel einen Lehrgang von 120 Stunden. Einzelheiten sind in der Fachanwaltsordnung (FAO) geregelt.

TIPP: Wegen des überschaubaren zeitlichen Umfangs wird Referendar:innen zum Besuch eines Fachanwaltslehrgangs häufig Sonderurlaub gewährt. Der Fachanwaltslehrgang kann daher gut während des Referendariats absolviert werden. Die genauen Voraussetzungen für einen Sonderurlaub müssen bei der zuständigen Ausbildungsstelle erfragt werden.

Der Vorteil des Besuchs eines Fachanwaltslehrgangs liegt in der starken Praxisorientierung und der überschaubaren Investition von Zeit und Geld. Er bietet sich daher besonders für Berufstätige an, die schwerpunktmäßig im Rechtsgebiet des Lehrgangs tätig sind. Aus dem beschränkten Umfang ergibt sich aber, dass der Fachanwaltslehrgang nicht in dem Maße Kenntnisse vermitteln kann wie ein LL.M.-Programm mit vergleichbarem Schwerpunkt. Auch Kenntnisse einer anderen Sprache und Kultur werden nicht erworben. Um den Fachanwaltstitel später führen zu dürfen, müssen zusätzlich in der praktischen Anwaltstätigkeit erworbene Kenntnisse im betreffenden Rechtsgebiet nachgewiesen werden. Wer sich hinsichtlich des angestrebten Tätigkeitsfelds noch nicht sicher ist, läuft Gefahr, den Titel nicht führen zu können, falls er:sie später in einem ganz anderen Rechtsgebiet arbeiten sollte. Ein Fachanwaltslehrgang kann relativ einfach zu jedem Zeitpunkt des beruflichen Werdegangs besucht werden. Viele Kanzleien fördern die Teilnahme an solchen Lehrgängen. Daher liegt es nahe, den Fachanwalt nicht als Alternative zum LL.M. zu begreifen, sondern als eine zusätzliche (eventuell spätere) Option beruflicher Fortbildung.

Kombinationsmöglichkeiten

Die mit dem LL.M. erworbene Qualifikation kann über das konkret gewählte Programm hinaus weiterentwickelt bzw. parallel zu anderen Projekten betrieben werden.

Der LL.M. in Verbindung mit einer Promotion

Der LL.M., beziehungsweise das dort erworbene Wissen, kann als Grundlage für eine spätere Doktorarbeit genutzt werden. Die Hauptvorteile dieser Vorgehensweise liegen in einem verminderten Zeitaufwand für das Promotionsvorhaben und in der Tatsache, dass Absolvent:innen tiefere Kenntnisse eines ausländischen Rechtssystems direkt vor Ort erworben haben. Zudem hilft der zwischenzeitliche Besuch eines LL.M.-Programms oft, das Promotionsvorhaben konkret in ein Konzept zu fassen. Um einen LL.M. tatsächlich als Grundlage für die Promotion nutzen zu können, sollte man schon vor Beginn des LL.M.-Programms eine ungefähre Vorstellung vom Dissertationsthema haben. Der Schwerpunkt einer (deutschen) Promotion liegt – von Ausnahmen wie dem Völker- und Europarecht abgesehen – im deutschen Recht. Selbst wenn man ein Thema rechtsvergleichend bearbeiten möchte, sollte es schon vor Beginn des LL.M. so umrissen sein, dass die Abschlussarbeit des LL.M. hierauf abgestimmt werden kann.

TIPP: Manche Professor:innen reagieren mittlerweile mit einer gewissen Zurückhaltung auf diese Vorgehensweise. Wer an einer solchen Kombination interessiert ist, sollte nachfragen, wie seine:ihre Doktormutter oder sein:ihr Doktorvater dazu steht und welche Anforderungen er:sie stellt, wenn LL.M.-Inhalte teilweise in die Doktorarbeit übernommen werden.

Man sollte im Blick behalten, dass die Qualitätsstandards einer Promotion und einer LL.M.-Abschlussarbeit sehr unterschiedlich sein können. In einer Promotion werden beispielsweise meist höhere Anforderungen an den Umfang der Bearbeitung eines Problems gestellt. Man sollte das während des LL.M.-Studiums erworbene Wissen daher eher als Grundlage für eine Neubearbeitung nutzen.

Werden Promotion und LL.M. nacheinander absolviert, kostet dies natürlich mehr Zeit. Promotion und LL.M. gar parallel voranzutreiben, ist kräftezehrend. Wer das versucht, läuft Gefahr, das LL.M.-Studium nicht optimal nutzen bzw. den Aufenthalt im fremden Land nicht wie geplant genießen zu können. Wer diese Doppelbelastung dennoch auf sich nehmen will, sollte dies bei der Auswahl des LL.M.-Programms berücksichtigen. Teilzeitprogramme oder Fernstudiengänge räumen die meisten Freiheiten und damit Möglichkeiten zur zeitlichen Verbindung mit einer Promotion ein.

Der LL.M. parallel zum Referendariat oder Beruf

Ein LL.M. kann praktisch zu jedem Zeitpunkt des beruflichen Werdegangs absolviert werden. Damit ist es möglich, parallel zum Referendariat oder zur beruflichen Tätigkeit einen LL.M. zu erwerben. Der Vorteil dieser Vorgehensweise liegt vor allem in der Zeitersparnis. Man muss kein zusätzliches Jahr in den LL.M. investieren oder die berufliche Tätigkeit unterbrechen. Allerdings ist bei einem solchen Vorgehen immer eine Doppelbelastung gegeben, die viel Kraft kostet. Es besteht die Gefahr, dass sowohl berufliche und private Interessen als auch der LL.M. darunter leiden. Die Vereinbarkeit hängt wesentlich vom Studienmodus und der inhaltlichen Ausrichtung des Programms ab. Ein Vollzeitstudium - wenn auch „nur" in Deutschland - ist neben dem Referendariat oder Beruf sicher nur in Ausnahmefällen und mit erheblicher Anstrengung möglich. Wer dies erwägt, sollte sehr sorgfältig planen. Bei einem Teilzeit- oder Fernstudium ist die Belastung in der Regel geringer und die Vereinbarkeit mit anderen Tätigkeiten eher möglich. Bei einer Kombination von Referendariat und LL.M. sollte bei der Wahl der Ausbildungsstation darauf geachtet werden, dass für das LL.M.-Studium noch genug Raum bleibt.

TIPP: Bewertungen des Umfangs einzelner Stationen bzw. der zeitlichen Beanspruchung durch einzelne Ausbildende halten häufig die Personalräte der Referendar:innen oder auch Repetitor:innen bereit.

Bestimmte Stationen können mit einem minimalen Aufwand bewältigt werden. Dabei besteht allerdings die Gefahr, dass die Möglichkeiten des Referendariats nicht optimal genutzt werden.

Werden Referendariat und LL.M. parallel absolviert, sollte auf eine zeitlich versetzte Anordnung geachtet werden. Das LL.M.-Programm sollte idealerweise während des ersten Jahres des Referendariats auslaufen, um eine Kollision der jeweiligen Prüfungsvorbereitungsphasen zu vermeiden. Bei einer Kollision besteht allerdings in vielen Bundesländern die Möglichkeit, für die Teilnahme an einem LL.M.-Programm das Referendariat durch die Beantragung von Sonderurlaub zeitweise zu unterbrechen. Vorteil dieser Vorgehensweise ist, dass eine Doppelbelastung vermieden wird. Nachteil dieser Option ist, dass das Referendariat hierdurch unterbrochen wird und bereits erworbenes Wissen zu einem späteren Zeitpunkt aufgefrischt werden muss. Es besteht auch kein Anspruch auf Sonderurlaub; seine Gewährung liegt im Ermessen der Ausbildungsbehörde. Sonderurlaub wird grundsätzlich nur im Anschluss an die Beendigung einer Referendariatsstation gewährt. Kandidat:innen, die ein solches Vorgehen erwägen, sollten frühzeitig mit der zuständigen Ausbildungsbehörde Kontakt aufnehmen, um abzustimmen, ob das möglich ist.

Der LL.M. für Diplom- und Wirtschaftsjurist:innen

In den letzten Jahren hat sich die juristische Ausbildung verändert. Hochschulen bilden in zunehmendem Maße nicht nur „Einheitsjurist:innen“ mit dem Ziel der Ersten Juristischen Prüfung aus, sondern auch Diplom- und Wirtschaftsjurist:innen. Auch für diese Absolvent:innen können Zusatzqualifikationen wie ein LL.M. für Berufseinstieg und Karriere hilfreich sein. Allerdings müssen Diplom- und Wirtschaftsjurist:innen im Hinblick auf die von ihnen angestrebten Tätigkeitsfelder kritisch prüfen, ob das in LL.M.-Programmen vermittelte Wissen für die eigene Tätigkeit von Nutzen sein kann und auch von Arbeitgebern entsprechend honoriert wird. Auch für Diplom- und Wirtschaftsjurist:innen kann ein LL.M. die Chancen auf dem Arbeitsmarkt verbessern und sich positiv auf das Gehalt auswirken. Hierzu liegen dem Autor keine Erfahrungswerte vor. Dennoch dürften für ambitionierte Diplom- und Wirtschaftsjurist:innen vor allem Programme im Ausland interessante Perspektiven eröffnen.

Der LL.M. für Nichtjurist:innen

Ein LL.M.-Studium steht nicht nur Jurist:innen offen. Die Zulassungsvoraussetzungen vieler Universitäten setzen nicht zwingend einen juristischen Abschluss für eine Zulassung zu einem LL.M.-Programm voraus, sondern verlangen „nachgewiesene juristische Kenntnisse“. Diese mit einem juristischen Abschluss nachzuweisen ist am einfachsten. Doch auch wer Rechtswissenschaften im Nebenfach oder etwa im Rahmen eines Studiums der Betriebswirtschaftslehre mit entsprechender Schwerpunktsetzung studiert hat, kann einen solchen Nachweis erbringen. Nichtjurist:innen sollten sich sorgfältig überlegen, ob ein LL.M. für sie eine geeignete Zusatzqualifikation darstellt. Zum Beispiel für Politikwissenschaftler:innen mag ein völkerrechtlich ausgerichteter LL.M. durchaus interessante Inhalte vermitteln. Im Regelfall dürften juristische Kenntnisse und juristische Abschlüsse für die Karrierewege von Nichtjurist:innen im Vergleich zu anderen Zusatzqualifikationen, wie etwa einem MBA oder einem auf eine nicht juristische Tätigkeit vorbereitenden Aufbaustudiengang, weniger sinnvoll sein. Der LL.M. ermöglicht Nichtjurist:innen auch keinen Einstieg in eine Jurist:innen vorbehaltene Tätigkeit wie etwa den Anwaltsberuf.

Führen des Titels „LL.M.“

Hat man das Master-Studium mit Erfolg absolviert, möchte man dies verständlicherweise auch nach außen hin zeigen. Der LL.M. ist ein akademischer Grad, dessen unbefugtes Führen gemäß § 132a StGB strafbewehrt ist. Die Befugnis zur Titelführung richtet sich nach den einzelnen Landeshochschulgesetzen, von denen die meisten in Bezug auf ausländische akademische Grade kürzlich reformiert und inhaltlich angeglichen wurden. Folgende Grundregeln sind zu beachten, ersetzen aber nicht den Blick in das jeweils maßgebliche Landesrecht.[5]

- Das Studium muss tatsächlich und an einer anerkannten Hochschule absolviert worden sein (keine „Titelmühle“).
- Eine behördliche Genehmigung zur Titelführung ist entbehrlich.
- Titel sind grundsätzlich in der verliehenen Form zu führen (wahlweise „LL.M.“ oder „Master of Laws“).
- Wer den Titel außerhalb der EU erworben hat, muss die Universität mitnennen. Bei einem im Vereinigten Königreich erworbenen LL.M. muss seit dem Austritt Großbritanniens aus der EU auch in der Titelnennung die Universität mitgenannt werden. Es dürfen aber übliche Abkürzungen verwendet werden. Folglich wäre es falsch, nach einem Studium an der New York University seine Visitenkarte mit „Max Mustermann, LL.M.“ zu bedrucken. Demgegenüber wäre „Max Mustermann, LL.M. (NYU)“ ebenso zulässig wie „Max Mustermann, LL.M. (New York University)“.

Exemplarisch ein Auszug aus der entsprechenden Vorschrift des Hochschulgesetzes von Nordrhein-Westfalen:
§ 69 Abs. 2 Hochschulgesetz NRW: „Von einer staatlichen oder staatlich anerkannten Hochschule in Deutschland oder in einem anderen Mitgliedstaat der Europäischen Union einschließlich der Europäischen Hochschulen in Florenz und Brügge sowie der Päpstlichen Hochschulen in Rom verliehene Hochschulgrade sowie entsprechende staatliche Grade können im Geltungsbereich dieses Gesetzes in der verliehenen Form geführt werden. Ein sonstiger ausländischer Hochschulgrad, der auf Grund einer Prüfung im Anschluss an ein tatsächlich absolviertes Studium von einer nach dem Recht des Herkunftslandes anerkannten Hochschule ordnungsgemäß verliehen wurde, kann in der verliehenen Form unter Angabe der verleihenden Institution geführt werden. Die verliehene Form des Grades kann bei anderen als lateinischen Schriftarten in die lateinische Schrift übertragen werden; ferner kann die im Herkunftsland zugelassene oder, soweit keine solche besteht, die dort nachweislich allgemein übliche Abkürzung geführt sowie eine wörtliche Übersetzung in Klammern hinzugefügt werden. Die Sätze 2 und 3 gelten für ausländische staatliche und kirchliche Hochschulgrade entsprechend. Eine Umwandlung in einen entsprechenden inländischen Grad ist ausgeschlossen.“

5 § 34a I BerlHG, § 22 I HHG, Art. 68 I BayHSchG, § 37 I LHG (BW), § 30 I BbgHG, § 64b BremHG, § 69 I HmbHG, § 42 I LHG M-V, § 10 I NHG, § 69 II HG (NRW), § 31 II HochSchG (Rh.-Pf.), § 68 I SHSG, § 44 I SächsHSFG, § 19 II HSG LSA, § 57 I HSG (SH), § 59 I ThürHG.

2. Grundentscheidungen bei der Auswahl eines LL.M.-Programms

von Dr. Daniel Voigt, MBA (Durham)

Fünf Grundentscheidungen

Hat man sich für ein LL.M.-Studium entschieden, muss man im nächsten Schritt fünf wesentliche Entscheidungen zur Gestaltung des Studiums treffen.

Welche Studienart soll gewählt werden? Welche inhaltliche Ausrichtung soll das Programm haben (allgemein oder speziell ausgerichtet)? Zu welchem Zeitpunkt, in welchem Land und in welchem Modus (Voll- oder Teilzeit bzw. Fernstudium) soll es absolviert werden? Diese Entscheidungen sind untrennbar miteinander verknüpft. Persönliche Präferenzen und Möglichkeiten sprechen für bestimmte Kombinationen. Auch die Kosten sind ein wichtiger Faktor.

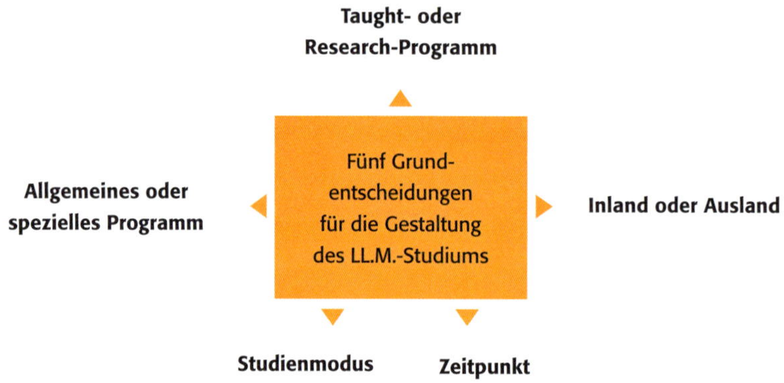

Grundentscheidungen für die Gestaltung des LL.M.-Studiums

LL.M. unter veränderten Bedingungen: Corona

Corona hat sich auch auf das LL.M.-Studium ausgewirkt. Diese Auswirkungen werden noch andauern. Teilweise konnten Studierende LL.M.-Studien nicht (vor Ort) beginnen und Programme sind weitgehend auf virtuelle Veranstaltungen umgestellt worden. Hygienebeschränkungen in Gastländern und an Universitäten sind zu beachten. Studierende sollten zunächst für sich feststellen, ob sie die Voraussetzungen für die Einreise und das Studium vor Ort erfüllen. Aktuell gilt z. B. für die USA, dass eine Einreise nur geimpft und mit negativem PCR-Test möglich ist. An einzelnen Universitäten, z. B. Yale, gilt eine Impfpflicht für Studierende und Personal. Die Mehrzahl der Universitäten hat eigene Seiten im Hinblick auf Covid-19 eingerichtet, die regelmäßig aktualisiert werden. Es empfiehlt sich, diese Seiten sowie die des Auswärtigen Amtes bezüglich der möglichen Einreisebeschränkungen im Blick zu behalten. Aktuell scheinen die meisten Universitäten wieder vorsichtig Präsenzunterricht zulassen. Ergänzend kann auch ein Blick auf das Gesundheitssystem im Gastland wie auch auf die Reichweite des Schutzes der eigenen Krankenversicherung hilfreich und beruhigend sein. Letztlich muss jede:r Studierende für sich entscheiden, ob er:sie sich unter veränderten Bedingungen im Gastland wohlfühlt. Veränderungen im Programmablauf vor Ort sollten bei der Entscheidung mit einbezogen werden, und man sollte in der Lage sein, flexibel aus diese zu reagieren.

Der Taught-LL.M. (LL.M. by Coursework)

Grundsätzlich muss man zwischen zwei Arten des LL.M. unterscheiden: dem Taught-LL.M. und dem LL.M. by Research. Für den Taught-LL.M. ist auch die Bezeichnung „LL.M. by Coursework" gebräuchlich.

Die überwiegende Anzahl der angebotenen LL.M.-Programme sind sogenannte Taught-Programme. Der Taught-LL.M. ist ein konventionelles Studium, das auf Vorlesungen basiert und je nach Universität durch Tutorien und weitere Veranstaltungen ergänzt wird.

Der Vorteil eines solchen Studienaufbaus liegt darin, dass Teilnehmende systematisch in die Thematik bzw. das jeweilige Rechtssystem eingeführt werden. Das gewählte Gebiet wird konsequent erschlossen, und die enge fachliche Begleitung durch die Dozierenden trägt zum Lernerfolg bei. Allerdings sind LL.M.-Studierende – auch wenn es umfangreiche Wahlmöglichkeiten gibt – an die angebotenen Kurse grundsätzlich gebunden und können meist nur den Inhalt ihrer Abschlussarbeit frei wählen.

Obligatorisch wären im Rahmen eines vorgegebenen Curriculums eines auf Europarecht ausgerichteten LL.M.-Programms etwa Kurse zu den europäischen Grundfreiheiten. Im weiteren Verlauf des Studiums könnten dann Vertiefungsveranstaltungen, z.B. zum Schwerpunkt Dienstleistungsfreiheit, gewählt werden, mit denen in Tiefe und Umfang eine ganz andere Durchdringung der Materie erreicht werden kann. Üblicherweise müssen beim Taught-LL.M. kursbegleitend kürzere schriftliche Hausarbeiten (Assignments) zu bestimmten Themen erstellt und Klausuren (Exams oder Finals) geschrieben werden. Zum Teil werden auch Präsentationen von den Kursteilnehmenden verlangt. Das Programm endet meist mit einer Abschlussarbeit (Dissertation) von unterschiedlichem Umfang. Normalerweise ist eine Arbeit von 20.000 bis 30.000 Wörtern erforderlich, die in der zwei- bis dreimonatigen Bearbeitungsphase gut zu bewältigen ist. An manchen Universitäten kann die Abschlussarbeit auf das ganze Jahr ausgedehnt werden und hat den Charakter einer umfassenden kursbegleitenden Arbeit. Es gibt jedoch auch Universitäten, an denen der Titel allein durch die Leistungsnachweise der besuchten Kurse erworben wird. Wer also Wert auf eine Abschlussarbeit legt, sollte sich vorher genau informieren, ob das gewählte Programm mit einer solchen endet.

Der Aufbau der Programme kann aber sehr unterschiedlich sein. Ein typisches Kursprogramm sieht wie nachfolgend dargestellt aus. Die Mindestanzahl der aus den Elective Modules zu belegenden Kurse hängt von den Vorgaben des Programms ab. Üblicherweise werden in Elective Modules angebotene Kurse teilweise nur in Abhängigkeit von einer bestimmten Mindeststudierendenzahl angeboten.

	Course Title
Optional Modules	
Introductory Module	Introduction to Legal Systems Introduction to IP Introduction to Economics Introduction to Competition Law
Required Modules	
Basic Module	European Patent Law U.S. Patent Law European Copyright Law U.S. Copyright Law European, U.S., and International Design Law Unfair Competition ...
Master Thesis	
Elective Modules	
1. Patent Law Module	Protection of Biotechnological Inventions Pharmaceuticals and IP Asian Patent Laws Patent Law in Practice ...
2. Copyright Law Module	Copyright Licensing Copyright and Computer Programs Copyright Law in Practice ...
3. Trademark Law Module	Protection of Geographical Indications IP in Global Legal Orders Trademark Law in Practice ...
4. IP and Competition Law Module	Competition Law in Emerging Markets Patent Licensing Oral Advocacy ...
5. IP Law in Practice	Patent Law in Practice Copyright Law in Practice ...

	Course Title
Optional Modules	
6. Innovation Management	Theoretical and Economic Foundations of IP Innovation Policy ...
7. IP and Technology	Software Patents Protection of Biotechnological Inventions ...
8. Thesis Preparation	Asian Patent Laws The Federal Circuit ...

Modularer Aufbau eines Taught-LL.M. am Beispiel des LL.M. „Intellectual Property and Competition Law" des Munich Intellectual Property Law Center

Der LL.M. by Research

Der LL.M. by Research unterscheidet sich vom Taught-LL.M. durch die Art des Studiums: Ohne Vorlesungsbesuch erarbeiten die Studierenden zusammen mit einer Tutorin oder einem Tutor eine unabhängige Forschungsarbeit. Dazu muss man nicht Muttersprachler:in sein, solide Sprachkenntnisse sind ausreichend. Viele Universitäten erwähnen den LL.M. by Research nicht im Informationsmaterial – am besten fragt man beim Fachbereich nach, ob diese Möglichkeit des LL.M.-Studiums an der jeweiligen Universität besteht. Viele Universitäten bieten auch eine Kombination zwischen einem Taught-LL.M. und der Research-Variante an. Studierende besuchen dann ein halbes Jahr lang Kurse und fertigen im zweiten Halbjahr ihre Forschungsarbeit an. Deutsche Universitäten bieten den LL.M. by Research allerdings – zumindest soweit aktuell ersichtlich – noch nicht an.

Den Forschungsschwerpunkt des LL.M. by Research kann man in Absprache mit dem inhaltlichen Angebot der Universität weitgehend selbst bestimmen. Der Umfang der Forschungsarbeit ist im Vergleich zur Abschlussarbeit eines Taught-LL.M. deutlich größer, da sie meist die einzige Prüfungsleistung darstellt, für die dann schließlich auch der Titel verliehen wird. Exams oder Assignments müssen in diesem Fall nicht abgelegt bzw. angefertigt werden.

Bei konkreten Vorkenntnissen oder besonderem Forschungsinteresse kann ein LL.M. by Research interessant sein. Der Vorteil dieser Programmvariante liegt in der großen Gestaltungsfreiheit. Man kann seinen Interessen nachgehen und ein Thema in erheblichem Umfang vertiefen. Man muss sich nicht mit Inhalten befassen, die einen nicht interessieren. Doch das Modell birgt auch Nachteile: Eine gezielte Einführung ins Thema findet nicht statt, und die Einarbeitung erfolgt im Wesentlichen in Eigeninitiative. Die Anbindung an die Universität und andere Studierende ist deutlich geringer als bei Taught-Programmen.

TIPP: Ein LL.M. by Research bietet sich insbesondere für diejenigen an, die entweder bereits promovieren oder eine Promotion auf dem LL.M. aufbauen wollen. Gerade weil die Forschungsarbeit des LL.M. by Research umfangreicher ist, ergeben sich gute Kombinations- und Finanzierungsmöglichkeiten.

Die Studienbedingungen eines LL.M. by Research können sich von denen eines Taught-LL.M. unterscheiden, vor allem im Hinblick auf Zugangsvoraussetzungen, Prüfungsleistungen, finanzielle Fragen oder Nutzung der Ressourcen der Universität. Hierüber sollte man sich im Vorfeld gut informieren.

Inhaltliche Ausrichtung des LL.M.

Vor allem bei den Taught-Programmen kann im zweiten Schritt zwischen zwei Programmausrichtungen gewählt werden. Allgemein ausgerichtete Programme, die beispielsweise in ein fremdes Rechtssystem einführen, enden mit dem Abschluss LL.M. Speziell ausgerichtete Programme, die sich inhaltlich auf ein bestimmtes Rechtsgebiet konzentrieren, führen zu Abschlüssen wie dem LL.M. in European Law, LL.M. in Maritime Law oder LL.M. in Commercial Law. Die Bandbreite an Spezialprogrammen ist mittlerweile enorm groß und umfasst selbst ausgefallene Interessengebiete. Die Mehrzahl der Programme kann dem Zivilrecht zugeordnet werden, ein LL.M.-Studium im öffentlichen Recht (z.B. Europarecht) oder Strafrecht (z.B. Wirtschaftsstrafrecht) ist aber auch möglich und sinnvoll. Mit der Teilnahme an einem allgemeinen Programm erschließen sich die Kursteilnehmenden in der Regel ein neues – zumeist ausländisches – Rechtsgebiet. Die speziell ausgerichteten Programme dienen vor allem dem Aufbau oder der Vertiefung einer Spezialisierung in einem bestimmten Teilgebiet des Rechts.

Welche Richtung man einschlägt, hängt im Wesentlichen davon ab, wie konkret die eigene berufliche Planung bereits ist. Ein allgemein ausgerichtetes Programm ist in dieser Hinsicht flexibel. Es kann dazu genutzt werden, zunächst breitere Kenntnisse aufzubauen und sich in diesem Rahmen über die eigenen Interessen klar zu werden. In der zweiten Hälfte des Programms ist im Rahmen der Kursauswahl auch eine begrenzte Schwerpunktsetzung auf ein bestimmtes Rechtsgebiet möglich. Eine Spezialisierung ist dann von Vorteil, wenn man beabsichtigt, in einem bestimmten Bereich tätig zu werden. Wer sich beispielsweise mit einem LL.M. in Real Estate Law für eine Tätigkeit im privaten Baurecht bewirbt, kann auf besondere Rechtskenntnisse in dieser Materie verweisen und den künftigen Arbeitgebern möglicherweise leichter von seinen Qualitäten auf diesem Gebiet überzeugen. Andererseits hilft ein so spezieller LL.M. zum Beispiel bei einer Bewerbung für eine Tätigkeit im gewerblichen Rechtsschutz eher nicht weiter.

Der Aspekt der Spezialisierung sollte aber, verglichen mit der allgemeinen Ausbildung, nicht überbewertet werden. Die getroffene Entscheidung ist nicht endgültig. Mit jedem LL.M. kann man auf besondere Kenntnisse in einem bestimmten Rechtsgebiet und die Bereitschaft zur Weiterqualifikation verweisen. Die mit der Wahl einer bestimmten Programmausrichtung getroffene inhaltliche Festlegung kann, muss aber nicht richtungsweisend sein.

Wahl des Studienlandes

Die Wahl des Studienlandes ist häufig nicht einfach. Zunächst muss man sich grundsätzlich entscheiden, ob man in Deutschland bleiben oder ins Ausland gehen will. Dabei sind die jeweiligen Besonderheiten der LL.M.-Programme in Deutschland gegenüber den Programmen im Ausland zu berücksichtigen. Eine allgemeine Aussage, ob ein in Deutschland erworbener LL.M. besser oder schlechter ist als ein im Ausland absolvierter, lässt sich nicht treffen. Dies ist zu sehr von den persönlichen Interessen und Möglichkeiten abhängig, weshalb an dieser Stelle nur einige Hinweise zur Entscheidungsfindung gegeben werden.[1]

LL.M. in Deutschland

LL.M.-Programme gibt es nicht nur im Ausland, sondern mittlerweile in stetig wachsender Zahl auch in Deutschland. Schon eine kurze Suche fördert 90 LL.M.-Programme zutage (vgl. www.llm-guide.com/germany). Jährlich kommen neue hinzu.

Gerade bei neu eingeführten Programmen lassen sich Qualität und künftige Wertschätzung schwer beurteilen, da noch keine Erfahrungswerte existieren. Um die Qualität einschätzen zu können, sollten sich Interessierte bei neuen Programmen genau über Kursinhalte, Dozierende und sonstige Details informieren.

Einige Programme richten sich ausschließlich an „Foreign Graduates“ und damit an Interessierte, die ihren Abschluss im Ausland erworben haben. An deutschen Universitäten für inländische Studierende konzipierte Programme werden insbesondere mit spezieller Ausrichtung, starkem Praxisbezug oder im Teilzeitmodus angeboten.

Allgemein lässt sich sagen: Ein deutscher LL.M. ist eine fachliche Sonderqualifikation mit tendenziell steigendem Wert. Die Ausbildung ist in der Regel praxisbezogen, und die erworbenen Kenntnisse lassen sich unmittelbar in der Arbeitswelt verwenden. Der LL.M. kann damit gut der beruflichen Weiterentwicklung dienen.

TIPP: Da viele deutsche LL.M.-Programme einen hohen Praxisbezug haben und als Teilzeitstudien angeboten werden, empfehlen sie sich vor allem für Berufstätige. Sie sind eine gute Alternative zum eher unpersönlichen Fernstudium. Die Belastung ist in der Regel mit dem Beruf gut zu vereinbaren, da die Präsenzpflichten nicht allzu umfangreich sind.

Die Kosten für ein LL.M.-Programm in Deutschland sind deutlich geringer als im angloamerikanischen Raum. Zwar steigen die Studiengebühren auch hierzulande, liegen aber derzeit noch deutlich unter denen englischer oder amerikanischer Universitäten. Zudem fallen Zusatzausgaben wie die Kosten für einen Umzug ins Ausland weg. Nachteil eines LL.M.-Studiums in Deutschland ist, dass die Unterrichtssprache überwiegend Deutsch ist und die Kursteilnehmenden zum großen Teil Deutsche sind. Die mit dem Studium im Ausland einhergehende Erweiterung des persönlichen Horizonts durch internationale Kontakte und fremde Kultureinflüsse sowie die Verbesserung

1 Vgl. zur Thematik auch Gräber, *Jura* 2005, S. 285 ff.

von Sprachkenntnissen lassen sich in Deutschland nur in geringem Umfang verwirklichen. Zur Vorbereitung auf eine international ausgerichtete Tätigkeit (etwa in einer internationalen Großkanzlei) eignet sich die Teilnahme an einem LL.M.-Programm im eigenen Land daher nur bedingt. Dies gilt bis zu einem gewissen Maß auch für deutsche LL.M.-Programme, bei denen Englisch Unterrichtssprache ist, weil das gesamte Umfeld weiterhin deutsch ist. Viele Arbeitgeber legen aber gerade auf die bei einem ausländischen LL.M. erworbenen Sprach- und Kulturkenntnisse Wert.

Einige deutsche LL.M.-Programme sind länderübergreifend organisiert. So kann man auch mit einem deutschen LL.M.-Programm durch ein Auslandssemester Auslandserfahrung sammeln. Ein Beispiel für einen solchen länderübergreifenden LL.M. ist das EULISP-LL.M.-Programm der Leibniz Universität Hannover.

Allerdings: Sprachkenntnisse lassen sich natürlich auch noch zu einem späteren Zeitpunkt erwerben, beispielsweise durch eine Stage in einer Partnerkanzlei. Dies ist aber nicht in allen Kanzleien möglich und setzt oft voraus, dass man sich beruflich bewährt hat. Auch kann dann nicht immer das Wunschland gewählt werden, weshalb man bei der Entscheidung für ein deutsches LL.M.-Programm immer auch Alternativen des Fremdsprachenerwerbs im Blick behalten sollte.

LL.M. im Ausland

Die Teilnahme an einem LL.M.-Programm im Ausland erweitert neben den Rechtskenntnissen vor allem den Horizont. Ein neues Land, eine andere Kultur, die Internationalität der Kursteilnehmenden und schließlich das Vertiefen der Fremdsprachenkenntnisse sind ebenso wichtige Faktoren für die persönliche Entwicklung wie der veränderte Blickwinkel auf die eigene Herkunft. Die persönliche Weiterentwicklung kann zwar nicht in Zahlen gemessen werden, aber im Hinblick auf das Auftreten und die Umgangsformen wirkt sich eine Auslandserfahrung häufig positiv aus.

TIPP: Ein Studium im Ausland ist vor allem im Vollzeitmodus sinnvoll. Nur so lassen sich Internationalität und Kultur des Landes wirklich erfahren. Mit Teilzeit- oder Fernstudiengängen werden vor allem fachliche Kenntnisse erworben. Sprachkenntnisse können zwar theoretisch in vergleichbarem Maß wie bei einem Vollzeitstudium erworben werden, dies ist jedoch in der Praxis nicht immer der Fall.

TIPP: Das Argument, ein LL.M.-Programm mit internationalen Kursteilnehmenden gestatte weniger Kontakt zur lokalen Bevölkerung, trifft nur beschränkt zu. Es liegt letztlich am Studierenden, Kontakte außerhalb seines Kurses herzustellen, etwa über die Sportangebote seiner Universität. Im Übrigen kann gerade die Internationalität der Teilnehmenden sehr bereichernd sein.

Ausländische LL.M.-Programme sind fachlich nicht zu unterschätzen. Außerdem kann man durch die interkulturelle Weiterbildung spätere Kolleginnen und Kollegen aus anderen Kulturkreisen möglicherweise besser verstehen – nicht nur sprachlich, sondern auch kulturell. Das ist eine wichtige Voraussetzung für die von Arbeitgebern gern gesehene interkulturelle Kompetenz.

Kritiker:innen sprechen ausländischen LL.M.-Abschlüssen häufig den praktischen Nutzen ab, da sich die erworbenen Rechtskenntnisse nicht immer ohne Weiteres auf das deutsche Recht übertragen lassen. Absolvent:innen, die im internationalen Recht tätig werden wollen, erleichtert der Einblick in das ausländische Recht aber durchaus ihre künftige Tätigkeit. Sie lernen durch das Studium, sich in ein fremdes Rechtssystem einzuarbeiten. Gerade im angloamerikanischen Raum öffnen die Kenntnisse eines bestimmten Rechtskreises die Türen zu weiteren. Außerdem führt die Auseinandersetzung mit einer anderen Rechtsordnung zu einem differenzierten Blick auf das eigene Rechtssystem. Dies hängt aber ganz entscheidend von der Ausrichtung und der Qualität des besuchten Programms ab. Die sorgfältige Auswahl lohnt sich deshalb unbedingt! Nur ein hochklassiges LL.M.-Studium im Ausland vermittelt Wissen, das auch in Deutschland gut angewendet werden kann. Ein LL.M. etwa mit dem Schwerpunkt Finanzrecht oder internationale Schiedsgerichtsbarkeit kann sich als hilfreich beim Einstieg in die gewünschte berufliche Tätigkeit erweisen. Wer im LL.M.-Gastland oder anderweitig international arbeiten will, hat kaum eine andere Wahl, als für sein LL.M-Studium ins Ausland zu gehen. Gerade größere Kanzleien setzen gute englische Sprachkenntnisse schon beim Berufseinstieg voraus. Zusätzliche Sprachen werden eher als Plus angesehen, können jedoch fundierte Englischkenntnisse nicht ersetzen.

Berufseinstieg im Gastland

Ein LL.M.-Studium kann die Chance verbessern, im Gastland tätig zu werden. Der LL.M.-Abschluss ist allerdings nicht mit der Zulassung zum Rechtsanwalt vor Ort gleichzusetzen. Ein Einstieg in die anwaltliche Tätigkeit erfordert weitere Schritte und ist generell als schwierig einzustufen. Näheres hierzu findet sich im Karriereratgeber *Perspektive Jura* aus der Reihe e-fellows.net wissen.

In den von vielen LL.M.-Studierenden als Studienland gewählten USA endet die klassische juristische Ausbildung nach drei Jahren mit dem Juris Doctor (J.D.).[2] Der J.D. ist mit einem Bachelor vergleichbar und darf deshalb trotz seiner irreführenden Bezeichnung nicht mit einem Doktorgrad verwechselt werden. Der Doktortitel wird in den USA abgekürzt mit S.J.D./D.J.S./J.S.D. (Doctor of Juridical Science). Der J.D. ist für amerikanische Studierende Zugangsvoraussetzung zu einem LL.M.-Programm und die typische Grundvoraussetzung für eine Erstanstellung als First-Year-Associate. Auch LL.M.-Absolvent:innen können einen Einstieg in Kanzleien versuchen, haben wegen der weniger ausgeprägten Rechtskenntnis jedoch meist geringere Chancen als Absolvent:innen mit dem J.D. Diese Möglichkeit dürfte nur guten Absolvent:innen des LL.M. offenstehen. Mit einem Bar Exam erhöhen sich die Chancen wiederum. Eine Rolle spielt hier häufig auch, ob Absolvent:innen schon das Assessorexamen haben.

Um den Status eines Attorney at Law zu erwerben und sich in den USA Rechtanwältin oder Rechtsanwalt nennen zu dürfen, muss man zusätzlich zum LL.M. noch das Bar Exam ablegen. Nähere Informationen bietet die American Bar Association unter www.americanbar.org. Das Bar Exam wird an zwei Tagen abgelegt. Es können zwei Prüfungsteile unterschieden werden. An einem Tag wird das Multistate Bar Exam durchgeführt. Geprüft wird das Einheitsrecht der Bundesstaaten. Es besteht aus 200 Multiple-Choice-Fragen aus den Bereichen Torts, Contracts, Constitutional Law,

2 Göthel/Sandmann, *Jura* 2000, S. 605. Eine umfassende Darstellung des Rechtsstudiums in den USA gibt Rakowski, *JuS* 2000, S. 525 ff.

Criminal Law, Real Property, Evidence und Federal Civil Practice and Procedure. Am anderen Tag wird das einzelstaatliche Recht des jeweiligen Bundesstaates geprüft. Auch dieser Prüfungsteil lässt sich typischerweise in zwei Teile untergliedern. Einerseits sind fünf Essays zu verfassen, andererseits fünfzig Multiple-Choice-Fragen zu beantworten (vgl. unter www.nybarexam.org).[3] Die Zulassungsvoraussetzungen variieren je nach Bundesstaat.[4] Für ausländische Kandidat:innen sind sie zum Beispiel beim New York Bar günstig, wo derzeit ein ausländisches Studium der Rechte sowie ein in den USA erworbener LL.M. ausreichen.[5] Da der LL.M. aber an einer von der American Bar Association anerkannten Law School absolviert werden muss, sollte unbedingt auf die Qualität des Programms geachtet werden. Des Weiteren ist zu beachten, dass der Ruf einer Universität in den USA einen wesentlich höheren Stellenwert als in Deutschland besitzt und somit für einen eventuell angestrebten späteren Zugang zum amerikanischen Arbeitsmarkt besonders zu berücksichtigen ist. Zur Einschätzung des Rufs können unter anderem Rankings herangezogen werden. Die Besonderheiten und die Aussagekraft von Rankings sowie weitere Kriterien zur Universitätsauswahl werden in Kapitel 3 näher erläutert.

In der Regel ist für das Bar Exam eine intensive Vorbereitung von rund zwei Monaten erforderlich. Da die LL.M.-Programme nicht explizit auf das Bar Exam ausgerichtet sind, müssen auch LL.M.-Absolvent:innen eine entsprechende Vorbereitung durchlaufen. Sie sollten dabei die vorstehend beschriebenen Prüfungsanforderungen[6] und den Prüfungsstil mit den Inhalten Ihres LL.M.-Programms abgleichen und darauf aufbauend eine gezielte Vorbereitung auf das Bar Exam in Betracht ziehen. Bestimmte Kurse sind für eine Zulassung verpflichtend zu belegen. Hierüber sollten Absolvent:innen sich genau informieren. Zur Vorbereitung werden spezielle Bar Review Courses von verschiedenen Anbietern offeriert. Weitere Informationen finden sich auf den Internetseiten dieser Anbieter, z. B. www.barbri.com oder www.mybarprep.com. Der vorausgehende Besuch eines LL.M.-Programms erleichtert das anschließende Ablegen des Bar Exams – gerade wenn inhaltlich gewisse Übereinstimmungen mit den Anforderungen des Bar Exams bestehen. In jedem Fall sollte man beachten, dass das Bar Exam zwangsläufig weitere Kosten verursacht, etwa für die oben genannten Bar Review Courses, und dass man als LL.M.-Absolvent:in auch mit erfolgreich absolviertem Bar Exam in den USA nicht zwangsläufig beruflich Fuß fassen kann. Die Kosten für das Bar Exam bewegen sich dabei im Rahmen von 5.000 bis 6.000 US-Dollar. Dieser Betrag entspricht 4.430 bis 5.315 Euro[7] und umfasst die Kosten für die Vorbereitung

---

3 Eine Übersicht sowie frühere Essayfragen und -antworten (Past Exam Essay Questions with Sample Candidate Answers) zum New York Bar Exam finden sich im Internet unter: www.nybarexam.org/ExamQuestions/ExamQuestions.htm; abgerufen am 17.12.2020.

4 Eine beispielhafte Übersicht anhand des Staates New York findet sich im Internet unter: www.nybarexam.org/Eligible/Eligibility.htm; abgerufen am 29.11.2021.

5 Eine detaillierte Auflistung der genauen Kriterien und Fristen für Bewerber:innen mit ausländischem Rechtsstudium findet sich im Internet unter: www.nybarexam.org/Foreign/ForeignLegalEducation.htm; abgerufen am 29.11.2021.

6 Zu den Voraussetzungen für die Zulassung und Anforderungen der jeweiligen Staaten: siehe z. B. unter www.ncbex.org/publications/bar-admissions-guide/; abgerufen am 29.11.2021.

7 Stand 2020, Umrechnung zu den im November 2021 geltenden Wechselkursen.

(Bar Review Course), Zulassung und Prüfung, nicht aber die Lebenshaltungskosten für etwa drei weitere Monate. Insgesamt kann in Abhängigkeit von der jeweiligen Stadt oder Region mit Kosten in Höhe von rund 10.000 US-Dollar (8.860 Euro) gerechnet werden.

TIPP: Hat man sich für einen LL.M. in den USA entschieden, empfiehlt es sich, das Bar Exam von vornherein in die Überlegungen mit einzubeziehen. Die zusätzliche Vorbereitungszeit sollte man beispielsweise bei der Dauer von Mietverträgen und der finanziellen Kalkulation berücksichtigen. Informationen zu den Kosten bietet das jeweils zuständige Bar Examination Office, das man über die Website der American Bar Association (www.americanbar.org) findet.

In England und Wales ist der LL.M.-Titel ebenfalls nicht mit der Zulassung zur Anwältin oder zum Anwalt gleichzusetzen.[8] Dort wird immer noch weitgehend zwischen den Barristers, die die gerichtliche Vertretung übernehmen, und den Solicitors, die anwaltlich beraten, unterschieden[9] – trotz Liberalisierungstendenzen in jüngerer Zeit. Der Weg zum Solicitor führt grundsätzlich über ein dreijähriges Studium der Rechte, an das sich für ein Jahr (oder für zwei Jahre in Teilzeit) der Legal Practice Course anschließt. Die Kursgebühren hierfür betragen zwischen 8.500 und 15.000 britische Pfund, d. h. zwischen 10.000 und 18.000 Euro.[10] Danach muss eine mit dem Referendariat entfernt vergleichbare zweijährige praktische Zeit als Trainee Solicitor in einer Kanzlei absolviert werden.

Um Zugang zum Legal Practice Course zu erhalten, kann man alternativ zum dreijährigen Studium der Rechte auch im Anschluss an ein beliebiges Studium einen einjährigen Kurs besuchen, der mit dem Common Professional Certificate abschließt. Ein LL.M.-Abschluss eröffnet diesen Weg in der Regel nicht. Bis zum Herbst 2021 bestand für zugelassene Anwältinnen und Anwälte aus dem Ausland noch die Möglichkeit, ohne Universitätsabschluss oder Berufserfahrung im englischen Recht den Titel des Solicitor über die Qualified Lawyers Transfer Scheme zu erwerben. Seit Herbst 2021 führt die Solicitors Regulation Authority (SRA) ein neues Prüfungssystem ein, die sogenannte Solicitor Qualifying Examination (SQE). Dieses besteht aus zwei Prüfungsteilen, dem SQE 1 und SQE 2. Das SQE 1 ist eine theoretische Prüfung der Rechtskenntnisse. Das SQE 2 ist ein praktischer Prüfungsteil, in dem z. B. Mandantengespräche nachgestellt werden. Bei Bestehen von SQE 1 und SQE 2 folgt eine Phase einer zweijährigen QWE (Qualified Work Experience). Wer als Ausländer:in an dem Verfahren teilnehmen will, muss einen Abschluss vorweisen, der einem UK-Abschluss gleichgestellt ist, oder eine Qualifikation besitzen, die nach UK NARIC Statement of Comparability anerkannt wird. Bestimmte Prüfungsbestandteile sind dann gegebenenfalls auch nicht mehr abzulegen. Die SRA äußert sich nicht dazu, inwiefern

---

8 Zum Berufsrecht in Großbritannien ausführlich Bohlander, *AnwBl.* 1993, S. 309 ff. (Einleitung), S. 361 ff. (Barristers), S. 594 ff. (Solicitors and Foreign Lawyers); Darstellung bei Wörlen, *JA* 2006, S. 78 ff.; Hingst, *Jura* 2004, S. 716 ff. m.w.N. Das Verfahren in Schottland weicht von dem in England und Wales ab.

9 Ausführlich zu den Anforderungen im Einzelnen: Wörlen, *JA* 2006, S. 78 ff.; Hingst, *Jura* 2004, S. 716 ff. m.w.N.

10 Stand 2021, Umrechnung zu den im November 2021 geltenden Wechselkursen.

dies auf in der EU erworbene Abschlüsse zutrifft.[11] Für die Prüfungen gibt es weiterhin Vorbereitungskurse. Die Kosten für die Prüfungen und die Vorbereitungskurse belaufen sich auf zwischen 7.700 und 14.700 britische Pfund, d. h. je nach Wechselkurs zwischen 9.100 und 17.400 Euro.

Wer als deutsche Anwältin oder deutscher Anwalt drei Jahre vor Ort im englischen Recht beraten hatte, konnte bisher ganz ohne weitere Prüfung als Solicitor zugelassen werden. Inwieweit sich der sogenannte „Brexit" auf diese Möglichkeit auswirkt, ist heute noch nicht vorhersehbar. Nach derzeitigem Stand soll es im Fall eines sogenannten „Hard Brexit" zumindest eine vorübergehende Bestandsschutzregelung für bereits zugelassene deutsche Solicitors geben.[12] Neue Zulassungen wurden nur noch bis zum 31. Dezember 2020[13] angenommen. Die SRA[14] setzt sich immer noch dafür ein, dass im Fall des Hard Brexit Regelungen geschaffen werden, die EU-Anwältinnen und Anwälte weiterhin erlauben, Ausnahmen von der Qualified Lawyers Transfer Scheme zu beantragen. Wer sich für die Zulassung als Solicitor interessiert, sollte die Entwicklungen in diesem Bereich aufmerksam verfolgen.

Es gibt noch weitere Möglichkeiten, im Ausland zu arbeiten. Absolvent:innen mit LL.M.-Abschluss können, wenn sie sich bewährt haben, bei größeren Kanzleien eine Versetzung in das ehemalige Gastland erreichen und auf diese Weise dort eine berufliche Tätigkeit aufnehmen. In Deutschland zugelassene Rechtsanwältinnen und -anwälte können sich grundsätzlich in anderen europäischen Ländern niederlassen und umgekehrt.[15] Absolvent:innen, die im Anschluss an das LL.M.-Programm ein Praktikum oder Ähnliches im Gastland planen, erhöhen mit dem LL.M. ihre Chance auf eine Anstellung. Für Staaten außerhalb der EU sollte man sich dabei schon im Vorfeld genau über Visum und Arbeitserlaubnis informieren. Häufig wissen die Ansprechpersonen in Unternehmen oder Organisationen, was zu beachten ist.

---

11 Weitere Informationen hierzu unter www.lawsociety.org.uk/law-careers/becoming-a-solicitor/solicitors-qualifying-exam/qualifying-from-abroad-to-work-in-the-uk/; abgerufen am 29.11.2021.

12 Vgl. www.lawgazette.co.uk/no-deal-brexit-would-halt-european-lawyer-scheme-overnight-says-sra/5067954.article, Stand: 12.10.2018; abgerufen am 29.11.2021.

13 www.sra.org.uk/home/hot-topics/brexit/; abgerufen am 29.11.2021.

14 Die SRA hat hierzu Guidelines veröffentlicht unter www.sra.org.uk/solicitors/guidance/european-lawyers-practising-uk/; abgerufen am 29.11.2021.

15 Vgl. Richtlinie 89/48 EWG vom 21.12.1988 über die Anerkennung von Hochschuldiplomen. Siehe hierzu auch das Gesetz über die Tätigkeit europäischer Rechtsanwälte in Deutschland (EuRAG).

Vollzeit-, Teilzeit- oder Fernstudium

Bei LL.M.-Programmen gibt es im Wesentlichen drei Studienarten: das klassische Vollzeitstudium (Full-time), das Teilzeitstudium (Part-time) und das Fernstudium (Distance Learning). Programminhalt und Abschluss sind bei allen drei Arten praktisch identisch. Allerdings bestehen im Kurs- und Lernverlauf gravierende Unterschiede, und es gilt selbst zu entscheiden, welcher Studienmodus am besten zur persönlichen Situation passt.

Das klassische Vollzeitstudium hat den Vorteil der kurzen Dauer von meist einem Jahr. Es bietet darüber hinaus die vor Ort verfügbaren umfangreichen Ressourcen einer Universität, intensiven Kontakt zu anderen Kursteilnehmenden, Internationalität und die Vertiefung von Sprachkenntnissen, falls man im Ausland studiert. Gerade diese persönlichen Entwicklungsmöglichkeiten dürften für viele Absolvent:innen ein wichtiger Anreiz für ein LL.M.-Studium im Ausland sein und werden auch von Arbeitgebern geschätzt. Weitere Vorzüge eines Vollzeitstudiums liegen im intensiven Lernprozess und in der gleichzeitigen Belegung verschiedener Fächer, was das Verknüpfen der neuen Kenntnisse erleichtert. Allerdings stehen diesen Vorzügen höhere Studiengebühren und Lebenshaltungskosten gegenüber. Kursteilnehmende müssen außerdem ihr Leben umstellen und werden vorübergehend aus dem deutschen Recht „herausgerissen".

Teilzeitstudiengänge sind insbesondere für berufstätige LL.M.-Studierende oder auch für Kandidat:innen, die parallel eine Promotion anstreben, eine Alternative. Zudem sind die Studiengebühren im Vergleich zum Vollzeitstudium häufig geringer und können über die gesamte Kursdauer gestreckt werden. Auf der anderen Seite dauert ein Teilzeitstudium natürlich länger als ein Vollzeitstudium, in der Regel anderthalb bis zwei Jahre, je nach Umfang der Fächerbelegung aber auch noch länger. Die Belastung ist insgesamt nicht geringer, sondern verteilt sich über einen längeren Zeitraum, das Studium und die Kontakte zu anderen Teilnehmenden sind weniger intensiv, und im Ausland lässt sich ein Teilzeitstudium nur mit zusätzlichem Reiseaufwand bewältigen. Unabhängig von diesen grundlegenden Erwägungen ist ein LL.M. neben dem Beruf oder parallel zu einer sonstigen Tätigkeit immer eine Herausforderung. Es gilt, sich auf eine möglicherweise erhebliche Belastung sowohl in der beruflichen Tätigkeit als auch im LL.M.-Programm einzustellen. Es kann z. B. sein, dass berufliche Belastungsspitzen und Prüfungsvorbereitungen im LL.M.-Programm zusammenfallen und sich nur teilweise vermeiden lassen. Absolvent:innen sollten daher sorgfältig die Vereinbarkeit eines Teilzeit-LL.M. mit ihren anderen Tätigkeiten prüfen.

Wer sowohl den Reise- als auch den Umstellungsaufwand minimieren will, hat die Option eines kompletten Fernstudiums – auch an ausländischen Universitäten. Das Fernstudium ist in der Regel am flexibelsten ausgerichtet und erlaubt das Schieben einzelner Module. Fernstudiengänge werden häufig sowohl in Vollzeit als auch in Teilzeit angeboten, weshalb sie sich auch für Berufstätige eignen. Ein Fernstudium kann im Einzelfall auch länger als zwei Jahre dauern. Die Kosten sind im Vergleich zu den beiden anderen Studienformen geringer, zumindest spart man Ausgaben für Reisen und Umzüge. Der Nachteil ist: Die Möglichkeit, neben der Wissensvermittlung Kontakte zu knüpfen oder Sprachkenntnisse zu vertiefen, ist mangels direkten Kontakts zu anderen Kursteilnehmenden oder Dozierenden deutlich weniger gegeben als bei den anderen Modi.

Der richtige Zeitpunkt für das LL.M.-Studium

Ein LL.M.-Studium kann generell zu drei Zeitpunkten begonnen werden: vor der Ersten Juristischen Prüfung, nach der Ersten Juristischen Prüfung und nach der Zweiten Juristischen Staatsprüfung. Immer mehr deutsche Hochschulen gehen dazu über, Studierenden bei erfolgreichem Ablegen aller universitären Prüfungen im Rahmen eines rechtswissenschaftlichen Studiums bereits vor der Ersten Juristischen Prüfung den Titel Bachelor of Laws (LL.B.) zu verleihen. Dies dürfte die in der Vergangenheit eher seltene Option eines LL.M.-Studiums vor dem Ersten Staatsexamen leichter umsetzbar machen. Es bleibt abzuwarten, ob zukünftig mehr Studierende diese Möglichkeit ergreifen.

Vor der Ersten Juristischen Prüfung (mit LL.B.)

Die Teilnahme an einem LL.M.-Programm schon während des Studiums und vor der Ersten Juristischen Prüfung war bisher die Ausnahme – aber ein gangbarer Weg. Einige deutsche Universitäten versuchen, auch LL.M.-Programme in ihren Studienplan zu integrieren und mit entsprechenden Aufenthalten an Partneruniversitäten zu kombinieren. Ein LL.M. kann auf diese Weise als integraler Bestandteil eines deutschen Jurastudiums erworben werden. Auch können Kandidaten mittlerweile ein LL.M.-Studium im Anschluss an ein Bachelor-Studium anstreben. Im Gegensatz zu anderen Master-Programmen setzen LL.M.-Programme traditionell gerade nicht auf einem bestimmten (Bachelor-)Abschluss einer Universität auf. Sie stehen grundsätzlich allen Interessierten mit einem ersten Universitätsabschluss in Rechtswissenschaften offen.

Dementsprechend akzeptieren wegen der jüngeren Entwicklung im Rahmen des Bologna-Prozesses einige deutsche Universitäten bereits einen Bachelor-Abschluss als Zugangsvoraussetzung (z. B. die Westfälische Wilhelms-Universität Münster oder die FernUniversität Hagen). Gleiches gilt für einen Abschluss als Diplom-Jurist:in. Andere deutsche Universitäten wie die Düsseldorf Law School hingegen bestehen offenbar weiterhin auf einer abgelegten Ersten Juristischen Prüfung. Bei ausländischen LL.M.-Programmen ist als Zulassungsvoraussetzung für die Teilnahme in der Regel ein Foreign Equivalent eines Universitätsabschlusses des Gastlandes erforderlich. In der Vergangenheit mussten Bewerber:innen aus Deutschland grundsätzlich eine Erste Juristische Prüfung vorweisen, da Bachelor- oder Diplomabschlüsse in Rechtswissenschaften in Deutschland noch weitgehend unbekannt waren. Mittlerweile erlangen Kandidat:innen aber auch an einigen deutschen Hochschulen vor der Ersten Juristischen Prüfung einen Abschluss in Form eines Bachelor of Laws (LL.B.). Dieser Abschluss wird studienbegleitend verliehen oder ist der im Studium angestrebte Abschluss. Mit seiner zunehmenden Verbreitung in Deutschland wird immer häufiger eine Zulassung zum LL.M.-Studium grundsätzlich bereits mit einem LL.B. möglich. Informationen zu den Möglichkeiten von LL.B.-Absolvent:innen finden sich im Karriereratgeber *Perspektive Jura* aus der Reihe e-fellows.net wissen. LL.B.-Absolvent:innen sollten prüfen, inwieweit ein LL.M.-Programm beim Erreichen der von ihnen angestrebten beruflichen Ziele hilfreich sein kann.

Den Interessierten ist zu empfehlen, sich an der jeweiligen Universität nach den Voraussetzungen für einen vergleichbaren Studienabschluss als Zulassungskriterium zu informieren. Schon bisher haben einige - vor allem englische - Universitäten für deutsche Studierende eine Ausnahme gemacht und diese vor der Ersten Juristischen Prüfung zum LL.M.-Studium zugelassen. Je überzeugender die bisherigen Studienleistungen waren, desto eher dürfte die Bereitschaft zur Zulassung auch vor der Ersten Juristischen Prüfung bestehen. Renommierte Universitäten stehen solchen Anfragen allerdings bisher meist eher reserviert gegenüber.

Eine solch frühe Teilnahme an einem LL.M.-Programm ist nur für Personen sinnvoll, die entweder ein ohnehin geplantes Auslandsjahr mit einem Titel abschließen wollen oder sich ihrer fachlichen Interessen schon sicher sind. Andernfalls besteht die Gefahr, dass das LL.M.-Programm inhaltlich nicht optimal genutzt werden kann. Kandidat:innen sollten zudem sorgfältig überlegen, wie sich die Teilnahme an einem LL.M.-Programm im Anschluss an einen LL.B.-Abschluss mit der Vorbereitung auf die Erste Juristische Prüfung vereinbaren lässt. Ein Auslandsaufenthalt relativ dicht vor dem angestrebten Prüfungstermin kann eine zielgerichtete Vorbereitung stören und einen neuen Anlauf bei der Erarbeitung des prüfungsrelevanten Wissens erforderlich machen.

TIPP: Wer eine frühe Teilnahme an einem LL.M.-Programm erwägt, kann in diesem Stadium häufig keine Verknüpfung mit einer Promotion herstellen, da die Entwicklung eines konkreten Promotionsvorhabens zu diesem Zeitpunkt eher unrealistisch ist.

Nach der Ersten oder Zweiten Juristischen Prüfung

Mit der Ersten und natürlich erst recht mit der Zweiten Juristischen Prüfung erfüllen Absolvent:innen in jedem Fall formal die Voraussetzungen für die Zulassung zu einem LL.M.-Programm. Die Aufnahmechancen sind zu beiden Zeitpunkten in etwa gleich. Bewerber:innen mit dem Zweiten Staatsexamen werden gegenüber Bewerber:innen mit Erstem Staatsexamen im Regelfall nicht bevorzugt. Welches Examen man bei der Bewerbung vorweisen kann, sollte deswegen kein Entscheidungskriterium für die Wahl des Zeitpunkts sein. Es lässt sich in der Regel auch im Vorfeld nicht herausfinden, ob die angestrebte Universität im Einzelfall Assessor:innen bevorzugt. Die steuerliche Absetzbarkeit der Studiengebühren spielt für die Wahl des Zeitpunkts keine Rolle mehr. In beiden Fällen ist die Möglichkeit einer steuerlichen Berücksichtigung grundsätzlich gegeben. Die Entscheidung hängt also im Wesentlichen von der persönlichen Situation und den eigenen Präferenzen ab.

LL.M. im Anschluss an die Erste Juristische Prüfung

Nach der Ersten Juristischen Prüfung bietet sich die Teilnahme an einem LL.M.-Programm zur Überbrückung von Wartefristen auf das Referendariat an.

In vielen Bundesländern müssen Absolvent:innen der Ersten Juristischen Prüfung - abhängig von ihrer Examensnote - bis zu einem Jahr und länger auf einen Referendarsplatz warten. Diese Zeit lässt sich mit einem LL.M.-Studium gut überbrücken. Man kann sich schon früh über die Wartezeiten in einzelnen Bundesländern informieren, um den LL.M. entsprechend einplanen zu können.

TIPP: Die meisten LL.M.-Programme beginnen im September/Oktober. Auf der südlichen Halbkugel (z. B. in Neuseeland, Australien, Südafrika) beginnt das Universitätsjahr jedoch im Februar/März. Manche Universitäten bieten sogar einen Programmstart zu beiden Zeitpunkten an. Ein „versetztes" Einsteigen in ein Programm kann nach Rücksprache mit der jeweiligen Universität gegebenenfalls auch individuell ermöglicht werden. Wer im Winter seine Erste Juristische Prüfung ablegt, kann damit bei entsprechender Landesauswahl ohne großen Zeitverlust ein LL.M.-Studium beginnen.

Ein LL.M.-Studium ermöglicht vielen Absolvent:innen, Abstand vom Prüfungsstress zu bekommen, weitere Erfahrungen zu sammeln und sich Klarheit über persönliche und berufliche Perspektiven zu verschaffen. Zudem wird die deutsche Juristenausbildung unterbrochen und mit anderen Erfahrungen kontrastiert. Für viele Absolvent:innen führt dies zu einer gesteigerten Umstellungsflexibilität, die für das Referendariat und die Bearbeitung praktischer Fälle hilfreich sein kann. Wer den LL.M.-Titel vor dem Referendariat erworben hat, kann sich direkt mit dieser Zusatzqualifikation bewerben, was den Berufseinstieg nach dem Zweiten Staatsexamen erleichtert. Hinzu kommt, dass sich für ein Auslandsstudium nach der Ersten Juristischen Prüfung breitere Fördermöglichkeiten bieten als für die Aufnahme des Studiums nach der Zweiten Juristischen Staatsprüfung: Eine DAAD-Förderung beispielsweise ist nur möglich, wenn die Erste Juristische Prüfung nicht länger als fünf Jahre zurückliegt. Auch bei Vorliegen der Zweiten Juristischen Staatsprüfung ist dabei auf den Zeitpunkt des Erwerbs des Ersten Staatsexamens abzustellen.

Viele Studierende fühlen sich im Hinblick auf ein LL.M.-Studium im Anschluss an die Erste Juristische Prüfung unsicher, weil sich der Erfolg im Ersten Examen schwer abschätzen lässt und sie sich die Option eines Wiederholungsversuchs offenhalten möchten. Dennoch lohnt sich eine frühzeitige Bewerbung für ein LL.M.-Programm. Denn eine große Zahl von Universitäten räumt einmal angenommenen Bewerber:innen die Möglichkeit ein, den Studienbeginn um ein Jahr zu verschieben. Eine Änderung der Planung ist also häufig möglich, und die Unsicherheit bezüglich der Note der Ersten Juristischen Prüfung muss kein Grund sein, auf eine frühzeitige Bewerbung zu verzichten.

Eine Bewerbung mit den an der Universität erworbenen Leistungsnachweisen ist normalerweise möglich, Examensnoten können nachgereicht werden. Bei einer Bewerbung nach der Zweiten Juristischen Staatsprüfung zählen allein die Examensnoten. Manche Universitäten erteilen bereits aufgrund der im Studium erworbenen Scheine eine feste Zusage, andere knüpfen die endgültige Zulassung an eine bestimmte Examensnote (Conditional Offer).[16]

---

16 Hanschmann, *JuS-Magazin* 1/2008, S. 12 f. abrufbar unter rsw.beck.de/rsw/upload/JuS/Jus_Magazin_1-2008.pdf.

TIPP: Unter Umständen ist eine Bewerbung mit den im Studium erworbenen Scheinen günstiger. Diese Leistungsnachweise sind oft besser als die Examensnote und werden von der Universität für die Annahme-Entscheidung zunächst zugrunde gelegt. Fällt das Prüfungsergebnis weniger gut aus als erwartet, hat die Universität entweder schon eine feste Zusage erteilt oder man kann, sollte man zunächst nur ein Conditional Offer bekommen haben, gegenüber der Universität noch einmal mit den Scheinen argumentieren.

LL.M. im Anschluss an die Zweite Juristische Staatsprüfung

Examensabsolvent:innen, die nicht auf einen Referendarsplatz warten müssen, können mit ihren frischen Examenskenntnissen direkt ins Referendariat einsteigen und das LL.M.-Studium erst nach der Zweiten Juristischen Staatsprüfung in Angriff nehmen. Dies bietet einen nicht zu unterschätzenden Vorteil für das Referendariat. Die im Studium erworbenen Kenntnisse des materiellen Rechts sind auch hier von großer Bedeutung, vor allem wird man für die Dauer des LL.M.-Studiums nicht komplett aus dem deutschen Recht und seiner aktuellen Entwicklung „herausgerissen". Wenn man vor dem Referendariat sowohl LL.M. als auch Promotion plant, wird der Beginn des Referendariats natürlich deutlich hinausgezögert.

Für ein LL.M.-Studium im Anschluss an die Zweite Juristische Staatsprüfung spricht, dass ein späterer Berufseinstieg im Gastland erleichtert wird. Das Referendariat ist bereits absolviert, was auch psychologisch vorteilhaft sein kann. Wer bereits nach deutschem Recht Anwalt ist, wird bei einem möglichen Einstellungsgespräch häufig mit anderen Augen gesehen. Kandidat:innen mit einer Einstiegsperspektive im Gastland sollten daher für den LL.M. eher bis nach der Zweiten Juristischen Staatsprüfung warten. Allerdings werden Absolvent:innen nach dem Zweiten Staatsexamen und einer praxisorientierten Ausbildung im Referendariat möglicherweise größere Schwierigkeiten haben, sich wieder an Hörsäle und den akademischen Unterrichtsbetrieb zu gewöhnen. Auch besteht die Gefahr, dass sich in der Zeit des LL.M.-Studiums die Situation auf dem Arbeitsmarkt für Jurist:innen verschlechtert. Umso wichtiger ist die Wahl eines qualitativ guten LL.M.-Programms, um die beruflichen Möglichkeiten selbst in ungünstigen Zeiten zu optimieren.

Ein Nachteil eines Hinauszögerns des LL.M.-Studiums bis nach der Zweiten Juristischen Staatsprüfung ist, dass nach dem Zweiten Examen der Berufseinstieg lockt. Viele werden mit zunehmendem Alter unflexibler für größere Projekte wie ein Auslandsstudium. Absolvent:innen mit der Zweiten Juristischen Staatsprüfung müssen häufig auch die Interessen ihrer Familien oder Partner:innen sowie weitere Verpflichtungen berücksichtigen. Dies kann die (späte) Entscheidung für ein Studium im Ausland erschweren. Um dennoch einen LL.M.-Titel zu erlangen, sind in diesem Fall Teilzeit- oder Fernstudiengänge mögliche Alternativen.

Kosten

Der Plan, ein LL.M.-Studium aufzunehmen, scheitert selten an der Finanzierung. Dennoch ist es nicht sinnvoll, ein Programm auszuwählen, dessen Finanzierung die eigenen Ressourcen übersteigt. Man sollte deswegen frühzeitig seinen Finanzbedarf feststellen und die Finanzierung des Studiums planen.

Größter Kostenpunkt können – müssen aber nicht – die Studiengebühren sein. Sie sind vom Studienland und von der jeweiligen Universität abhängig. In den USA sind sie in der Regel am höchsten, dort können gute und renommierte LL.M.-Programme mehrere Zehntausend Euro Studiengebühren kosten. In Großbritannien sind die Studiengebühren damit verglichen relativ niedrig. Ein LL.M.-Programm kann dort auch vergleichsweise geringe Studiengebühren erfordern (so etwa bei der University of Southampton oder der University of Aberdeen), wobei es natürlich auch in Großbritannien teurere Programme gibt. In Deutschland sind die Studiengebühren für LL.M.-Programme in der Regel (noch) überschaubar. Viele Programme werden ab rund 3.000 bis 4.000 Euro angeboten, oder es fallen nur die regulären deutschen Semestergebühren (gegebenenfalls zzgl. Studiengebühren) an. Die Kosten teurerer Studiengänge können aber auch hierzulande im fünfstelligen Bereich liegen. Die Gebühren sind in den letzten Jahren stark gestiegen und erreichen zum Teil bereits internationales Spitzenniveau. Eine Teilnahme am Programm der Bucerius Law School für einen Master of Law and Business (MLB) kostet derzeit beispielsweise 22.000 Euro Studiengebühren. Teilnehmende können das Programm auch mit einem LL.M. abschließen.[17] Auch die Kosten für ein Studium in Neuseeland sind für deutsche Studierende gestiegen.

Neben den Studiengebühren müssen LL.M.-Studierende ihre Lebenshaltungskosten abdecken. Die Kalkulation der Lebenshaltungskosten für ein LL.M.-Studium im Ausland ist schwierig. Ein guter Anhaltspunkt – aber auch nicht mehr – ist für viele Länder eine Größenordnung von 1.000 Euro Lebenshaltungskosten pro Monat.

TIPP: Viele Universitäten bieten auf ihren Internetseiten oder in Infomaterialien Hinweise zu den im jeweiligen Land bzw. in der jeweiligen Stadt normalerweise anfallenden Lebenshaltungskosten. Wer bereits konkret ein Land oder sogar schon eine Stadt im Blick hat, kann dieses Informationsangebot zur individuellen Kostenkalkulation nutzen. Weitere Informationen zu Lebenshaltungskosten[18] bieten die Kulturvertretungen des Gastlandes, wie zum Beispiel das British Council.

Als dritten Kostenfaktor muss man für ein LL.M.-Studium im Ausland Ausgaben für Flugtickets, Visum, ärztliche Atteste, Sprachtests und vieles mehr berücksichtigen. Diese Kosten sind vom gewählten Land abhängig und sehr unterschiedlich.

---

17 Weitere Informationen hierzu unter: www.law-school.de/International/education/master-of-law-and-business, abgerufen am 29.11.2021.

18 Die Europäische Kommission bietet auf ihrer Internetseite einen Überblick der Lebenshaltungskosten in den europäischen Ländern; abrufbar unter ec.europa.eu/eures/main.jsp?countryId=UK&acro=living&lang=de&parentId=0; abgerufen am 29.11.2021.

Die folgende grobe Kostenschätzung soll einen Eindruck von den für ein LL.M.-Studium im Ausland zu veranschlagenden Kosten geben. Auch innerhalb eines Landes können erhebliche Unterschiede auftreten.

USA: Yale University

Studiengebühren	59.950 USD/52.770 Euro
Lebenshaltungskosten	21.100 USD/18.700 Euro
Sonstiges	4.300 USD/3.800 Euro
Gesamt	**85.350 USD/75.270 Euro**

Südafrika: University of Cape Town

Studiengebühren	94.760 ZAR/5.200 Euro
Lebenshaltungskosten	124.000 ZAR/6.800 Euro
Sonstiges	28.000 ZAR/1.500 Euro
Gesamt	**246.760 ZAR/13.500 Euro**

UK: Oxford University

Studiengebühren	29.500 GBP/34.900 Euro
Lebenshaltungskosten	14.050 GBP/16.600 Euro
Sonstiges	1.500 GBP/1.770 Euro
Gesamt	**45.050 GBP/53.270 Euro**

UK: University of Dundee

Studiengebühren	18.950 GBP/22.400 Euro
Lebenshaltungskosten	10.600 GBP/12.500 Euro
Sonstiges	1.670 GBP/2.000 Euro
Gesamt	**31.220 GBP/36.900 Euro**

Kostenschätzung für LL.M.-Programme im Ausland

Die in der Tabelle dargestellten Kosten können sich stetig verändern. Die Universitäten stellen häufig solche Übersichten auf ihren Webseiten zur Verfügung und passen diese auch regelmäßig an.

TIPP: Mit dem Austritt des Vereinigten Königreichs aus der EU dürfen britische Universitäten nunmehr von Studierenden aus EU-Ländern dieselben Studiengebühren verlangen wie von Studierenden aus Drittländern. Die Gebühren sind damit teilweise doppelt so hoch wie vor dem Austritt. Zudem entfällt der Zugang für EU-Bürger:innen zu der britischen Studienfinanzierung. Hinzukommt ein nicht zu unterschätzender bürokratischer Mehraufwand. Für einen Studienaufenthalt von mehr als sechs Monaten ist ein Studentenvisum erforderlich. Dessen Beantragung kostet 348 Pfund, und man benötigt eine „Confirmation of Acceptance for Studies" von der jeweiligen Gastuniversität. Gegebenenfalls fällt auch eine Gebühr von 470 Pfund für den Zugang zum britischen Gesundheitssystem an. Die Britische Einwanderungsbehörde verlangt darüber hinaus, dass Studierende in den ersten neun Monaten ihres Studiums die Lebenshaltungskosten finanzieren können. Hierfür müssen die Studierenden grundsätzlich nachweisen, dass sie zu Beginn des Studiums über einen Betrag von mindestens 12.000 Pfund verfügen. Für Studierende aus Deutschland besteht insoweit der Vorteil, dass sie als sogenannte „low risk applicants" eingestuft werdem und den Nachweis der Finanzierung nur auf Nachfrage erbringen müssen.[19]

19 Weitere Informationen hierzu unter: www.britishcouncil.de/studium-uk/eu-austritt-informationen-fuer-studierende

3. Suche nach einem geeigneten LL.M.-Programm im Ausland

von Prof. Dr. Martin Heckelmann

Der LL.M. im Ausland

Hat man sich für eine bestimmte Art von Programm im Ausland entschieden, stellt sich die Frage, in welchem Land und an welcher Universität man studiert. Am besten geht man in mehreren Schritten vor und legt zunächst den Kulturraum fest, in dem man studieren möchte. Im Anschluss daran sollte man definieren, welche Eigenschaften die Universität aufweisen sollte. Es folgt ein Abgleich mit den infrage kommenden Instituten, an dessen Ende eine Liste von bis zu 15 Universitäten stehen sollte. Nun gilt es, die Programme dieser Universitäten zu vergleichen und auf Übereinstimmungen mit den eigenen Interessen zu überprüfen. Fällt die Auswahl auch dann noch schwer, hilft meist eine tabellenförmige Aufstellung der Vor- und Nachteile der einzelnen Programme.

Bei der Recherche nach dem passenden Angebot ist darauf zu achten, dass ein Teil der LL.M.-Programme jedenfalls in Europa noch auf den Master-Abschluss aufbaut, ein anderer Teil aber bereits mit einem Bachelor-Abschluss belegt werden kann. Hintergrund ist, dass bis vor einigen Jahren die LL.M.-Programme noch überwiegend ein Staatsexamen voraussetzten, mittlerweile aber die Studiengänge in der Europäischen Union gemäß dem Bologna-Prozess auf Bachelor- und Master-Programme umgestellt werden. Der LL.M. reiht sich auch in Deutschland zunehmend in die Riege der anderen Master-Programme ein. Im angelsächsischen Raum stand der LL.M. schon immer für das, was hierzulande der Master ist, und folgt traditionell direkt dem Bachelor-Studium. Insbesondere in den USA ist es aber für Einheimische nicht besonders attraktiv, einen LL.M. zu absolvieren. Als Rechtsanwältin oder Rechtsanwalt startet man möglichst jung und unmittelbar im Anschluss an den Bachelor (J.D.). Angehende Wissenschaftler:innen lassen den LL.M. typischerweise aus und nehmen als nächsten Schritt gleich den Ph.D. in Angriff. Vermehrt können in Deutschland LL.M.-Programme beobachtet werden, die auf Betriebswirt:innen und andere Nicht-Jurist:innen zugeschnitten sind. Der LL.M.-Titel wird hier an Wirtschaftsjurist:innen oder Steuerexpert:innen verliehen, die später in Unternehmen beispielsweise als Vertragsmanager:in oder Personaler:in eingesetzt werden, aber auch bei Wirtschaftsprüfungen, Steuerberatungen oder in der Insolvenzverwaltung, und sich z. B. über die Steuerberaterprüfung weiterqualifizieren.

Wenn man die Zulassungsvoraussetzungen der Hochschule problemlos erfüllt, hat man an dieser Stelle sein LL.M.-Programm bereits gefunden. Wer sich an sehr begehrten Hochschulen bewirbt, muss dagegen mehr Geduld aufbringen. Insbesondere an den traditionellen Universitäten in Europa und Amerika konkurrieren nicht selten 20 bis 50 Bewerbende um einen Platz. Die zunächst entmutigend erscheinende Zahl relativiert sich jedoch, wenn man bedenkt, dass sich viele Interessierte gleichzeitig an mehreren Universitäten bewerben und am Ende natürlich nur jeweils einen Platz annehmen können. Anhand der oben angesprochenen Kriterien sollte man daher eine sinnvolle Auswahl an Universitäten treffen, denen man seine Bewerbung schickt.

TIPP: In der Praxis hat sich eine Zahl von drei bis sechs Bewerbungen als günstig erwiesen. Dadurch werden die Kosten (Materialkosten und Bewerbungsgebühren) und der Zeitaufwand für die Bewerbungen in eine vernünftige Relation zum Risiko einer Ablehnung gesetzt. Dabei sollte man sich bei mindestens einer Universität bewerben, mit deren Zusage man in jedem Fall rechnen kann. Dann steht nur noch der Studienort in Frage, nicht aber das Vorhaben des LL.M.-Studiums als solches.

Wahl des Sprach- und Kulturraums

Am Anfang steht die Entscheidung, in welchem Land man seinen LL.M.-Titel erwerben will. Kulturelle Interessen können hier ebenso ausschlaggebend sein wie die Karrierechancen.

In Bezug auf ein LL.M.-Studium genießen bestimmte Länder bei Arbeitgebern eine höhere Wertschätzung als andere. Außerhalb Deutschlands sind etwa die Vereinigten Staaten, Großbritannien und Kanada sehr beliebt. Die Gründe hierfür liegen nicht nur darin, dass man in diesen Ländern seine Englischkenntnisse professionalisieren kann. Die USA und Großbritannien verfügen auch über die ältesten und renommiertesten Schulen (wobei Deutschland und der Rest der Welt in den vergangenen Jahren freilich aufgeholt haben). Zudem wickelt Deutschland einen Großteil seines internationalen Geschäfts und seiner internationalen Beratungstätigkeit mit Investoren aus den drei genannten Ländern ab. Mit einem amerikanischen oder englischen LL.M.-Titel verbindet ein wirtschaftsrechtlich orientierter Arbeitgeber daher oft die Erwartung, dass Absolvent:innen Gelegenheit hatten, sich mit der Geschäftskultur und der Rechtspraxis der entsprechenden Mandant:innen vertraut zu machen.

Da solide englische Sprachkenntnisse für deutsche Arbeitgeber eine große Rolle spielen[1], stellen englischsprachige Länder wie Australien, Südafrika und Neuseeland ebenfalls eine bedeutende Gruppe von LL.M.-Anbietern dar. Indessen kann auch ein LL.M. in einem skandinavischen, osteuropäischen oder asiatischen Staat von großem Reiz für Bewerbende wie auch Arbeitgeber sein.

Deutsche Unternehmen und Kanzleien sind längst in Ländern wie China, Japan, Indien, Brasilien und Mexiko angekommen und suchen nach Jurist:innen, die sich durch Landeskenntnisse von ihren Kolleginnen und Kollegen abheben. Hier kann der LL.M. einen entscheidenden Vorsprung im Bewerbungsverfahren darstellen.

Außerdem bietet ein Auslandsstudium die Chance, mit einer fremden Kultur in Berührung zu kommen und hiervon in persönlicher Hinsicht zu profitieren. Dabei können zum Beispiel die kulturellen Besonderheiten eines Landes, dessen Geschichte und Gesellschaftsstruktur oder landschaftliche Reize individuelle Bedeutung erlangen. Eindrucksvoll ist in diesem Zusammenhang z. B. der Bericht von Timo Knäbe (*JuS*-Magazin 2008, Heft 5, S. 10 ff.), der nach 25 Jahren der erste nichtafrikanische LL.M.-Student an der University of Daresalam in Tansania war. Interessant ist auch der Bericht von Oliver Kerpen über das LL.M.-Studium in Peking, dessen Vorlesungen ausschließlich als Blockveranstaltungen am Wochenende stattfanden (*JuS*-Magazin 2009, S. 13).

Darüber hinaus eröffnen nicht englischsprachige Länder die Möglichkeit, gleich zwei Fremdsprachen zu erlernen. Während auch chinesische oder japanische Professor:innen ihre LL.M.-Vorlesungen meist auf Englisch halten, können im Alltag die Kenntnisse der Landessprache vertieft werden. Besonders interessant kann ein

---

1 Nach der inzwischen schon etwas älteren Ansicht einer Personalberaterin ziehen zumindest internationale Großkanzleien den im Ausland erworbenen LL.M. dem deutschen LL.M. vor (*JuS* 2011, Heft 4, S. XLIV).

LL.M.-Studium in einem ausgefalleneren Land für denjenigen sein, der sich im späteren Berufsleben auf den internationalen Kontakt mit eben diesem Land spezialisieren will oder sogar bereits geschäftliche Verbindungen dorthin unterhält. Dass man in Nischen sehr erfolgreich sein kann, gilt nicht nur für Unternehmen, sondern auch für Bewerber:innen. Leider können zu LL.M.-Programmen außerhalb der USA und Großbritannien nur wenige belastbare allgemeine Aussagen getroffen werden. Hier müssen Bewerber:innen die stark variierenden Bedingungen der Universitäten selbst recherchieren.[2] Etabliert sind selbstverständlich auch LL.M.-Programme in Europa. Sie sollten auf jeden Fall in Betracht gezogen werden, wenn Bewerber:innnen später im öffentlichen Sektor arbeiten möchten oder sich für gemeinschaftsrechtliche Materien (z. B. Beihilferecht) interessieren. Großes Renommee genießen das Europakolleg Brügge, das Europäische Hochschulinstitut in Florenz und natürlich die Université Paris Panthéon-Sorbonne. Dank der Fördertätigkeit der Deutsch-Französischen Hochschule gibt es eine ganze Reihe deutsch-französischer Kooperationen. In diesem Zusammenhang zu erwähnen ist auch das Frankreich-Programm des Justizministeriums Nordrhein-Westfalen zur Ausbildung deutscher Rechtsreferendarinnen und Rechtsreferendare in Paris – ein jeweils im März und Oktober eines jeden Jahres stattfindendes Seminar (*JuS* 2014, Heft 1, S. 26; www.rechtsreferendare-frankreich.nrw.de).

Die Europäische Kommission bietet unter ec.europa.eu/ploteus Informationen zu europäischen LL.M.-Programmen an. Informationen für die USA, China, Australien und Neuseeland bieten die privaten Websites www.in-usa-studieren.de, www.studieren-in-china.de und www.studium-downunder.de.

Während beim ausländischen LL.M. eher die Förderung der Sprachkenntnisse im Vordergrund steht, entwickeln sich deutschsprachige LL.M.-Programme mehr und mehr zu Expertenschulen. Ihr Renommee steht dem führender ausländischer Schulen in nichts nach. Weil sie einen Gegenpol zu der Schmiede der Einheitsjurist:innen bilden wollen, vermitteln sie Spezialkenntnisse auch in solchen Rechtsgebieten, die noch nicht einmal in Grundzügen Gegenstand des Studiums waren. Außerdem tritt in den vergangenen Jahren zunehmend die Vermittlung von Kompetenzen wie z. B. Führung von Menschen und Zeit-Management neben den Wissenstransfer. Wichtig ist in Deutschland, auf die staatliche Anerkennung der Abschlüsse zu achten. Auch eine Akkreditierung durch eine dem Deutschen Akkreditierungsrat angehörende Agentur kann eine Rolle für die Studienwahl spielen.

2 Zahlreiche Adressen ausländischer Universitäten finden sich bei Lundmark, *LL.M.-Programme weltweit*, 2. Auflage 2008, dessen Daten überwiegend auf www.llm-programm.de eingestellt sind.

Beispiele für deutschsprachige LL.M.-Programme

- Düsseldorf Law School: Medizinrecht, Gewerblicher Rechtsschutz (*JuS* 2009, S. XII, Heft 6, S. XII; *JA* 2011, Heft 3, S. VIII)
- Technische Hochschule Köln: Master in Medienrecht und Medienwirtschaft (*Jura* 2010, Heft 7, S. 558; *JuS* 2010, Heft 6, S. XIII und XXXVI; *JA* 2011, Heft 5, S. VIII)
- Universität Halle-Wittenberg: Medizin-Ethik-Recht (*JA* 2011, Heft 1, S. VI), allerdings „M.mel."
- Universität Hamburg: Versicherungsrecht (*Jura* 2007, Heft 4, S. 318 f.)
- Universität Hannover: IT-Recht und Recht des geistigen Eigentums oder Europäische Rechtspraxis (*JuS* 2007, Heft 4, S. XXII ff.)
- Universität Heidelberg: Legum Magister Unternehmensrestrukturierung (*JA* 2009, Heft 6, S. VIII)
- Universität Münster: Mergers & Acquisitions, Steuerwissenschaften, Versicherungsrecht, Wirtschaftsrecht, Immobilienrecht, Medizinrecht, Arbeitsrecht, Erbrecht und Unternehmensnachfolge (vgl. *JA* 2008, Heft 7, S. IV)
- TH Nürnberg: Wirtschaftsrecht (www.th-nuernberg.de/llm)
- TU Dresden: International Studies in Intellectual Property Law (*JA* 2012, Heft 7, S. IV ff.)

Weitere Informationen zu deutschsprachigen LL.M.-Programmen finden sich unter www.hochschulkompass.de.

Da sich alle Jurist:innen ohnehin früher oder später die Frage stellen müssen, ob und in welche Richtung sie sich spezialisieren wollen, lässt sich hier bereits der Grundstock einer späteren Expertise erwerben. Nicht immer geht es um ein bestimmtes Rechtsgebiet. Auch bestimmte Arbeitsweisen und -techniken oder Querschnittsgebiete können Gegenstand eines deutschen LL.M.-Studiums sein. Als Beispiele seien hier die Studiengänge „Legal Management" an der Hochschule Konstanz (www.htwg-konstanz.de/master/legal-management) und „Verhandeln und Gestalten von Verträgen" an der Frankfurt University of Applied Sciences (www.frankfurt-university.de/de/studium/master-studiengange/verhandeln-und-gestalten-von-vertragen-llm) genannt.

TIPP: Wer sich für das Recht der mittel- und osteuropäischen Staaten interessiert, der sollte ein LL.M.-Studium an der Universität Hamburg oder einer österreichischen Hochschule in Erwägung ziehen. Früher als andere hat sich unser Nachbarland politisch und wirtschaftlich auf die Osterweiterung der EU eingestellt und gilt in vielen Bereichen als Tor zu den neuen Beitrittsstaaten. Entsprechend dicht ist das an den Universitäten zusammengetragene Wissen über die in diesen Ländern anzutreffenden Rechtssysteme. Noch konsequenter ist es, direkt eines der LL.M.-Programme in einem der neuen Mitgliedstaaten aufzunehmen (etwa in Lettland, vgl. *JuS* 2014, Heft 1, S. 22).

Zu den Rahmenbedingungen, die bei der Bestimmung des Ziellands eine Rolle spielen, zählen auch die Lebenshaltungskosten. Wohl am höchsten sind sie in den USA, in Großbritannien und in Japan, wo sie selbst in kleinen Universitätsstädten erheblich über dem deutschen Durchschnitt liegen. Obwohl die Kosten stark von den eigenen Lebensgewohnheiten abhängen, muss man mit mindestens 15.000 Euro pro Jahr rechnen. Deutlich preiswerter gestaltet sich das Leben in Ländern wie Südafrika und Neuseeland - oder eben auch Deutschland. Hier sind auch Reisen und ein eigenes Auto erschwinglich.

In die Entscheidung über das Studienland sollte auch der Aspekt der Arbeitsbelastung einfließen. Schließlich eröffnet ein hohes Maß an Freizeit auch die Möglichkeit, Land und Leute näher kennenzulernen. Mit wie viel Mühe ein Studium verbunden ist, hängt weniger vom Land als von der jeweiligen Hochschule und vor allem von der eigenen Lernbegierde ab. In der Spitze muss man mit einem Pensum von 200 bis 400 Seiten Lesestoff pro Woche rechnen. Das ist zwar auch mit bescheidenen Fremdsprachenkenntnissen machbar, bedeutet aber zumindest in der Eingewöhnungsphase eine Arbeitszeit von bis zu 80 Stunden. Danach reduziert sich der Aufwand auf etwa 50 bis 60 Stunden pro Woche.

Wie mühsam ist ein LL.M.-Studium?
Der Abschluss als Master of Laws ist teils mit erheblichen Anstrengungen verbunden. Gleichzeitig empfinden viele Kandidat:innen das LL.M.-Studium im Vergleich zur klassischen juristischen Ausbildung als deutlich angenehmer. Das gilt unabhängig davon, ob der LL.M. im Ausland oder in Deutschland erworben wird. Lern- und Übungseinheiten werden nämlich klar vorgegeben und Lernerfolge zeitnah geprüft. Hinzu kommt, dass man viel öfter mit aktuellen Fällen und Sachverhalten arbeitet. Die sich daraus speisende Freude trägt durch den Lernalltag.

Manche Kandidat:innen berücksichtigen bei der Wahl des Studienorts die Möglichkeit der Kontaktaufnahme mit späteren Arbeitgebern. Beispielsweise nutzen amerikanische und deutsche Kanzleien den Umstand, dass es an der US-amerikanischen Ostküste viele renommierte Law Schools gibt, indem sie an lokalen Job-Messen teilnehmen oder Dinner-Einladungen an die dortigen Schulen versenden, um möglichst frühzeitig Gespräche mit künftigen Absolvent:innen aufzunehmen. Zwar werden hier noch längst keine Arbeitsverträge abgeschlossen, doch die Veranstaltungen sind gut geeignet, um einen ersten Eindruck von den jeweiligen Anwaltssozietäten zu bekommen.

Ferner kann das Klima den Ausschlag geben für die Entscheidung zugunsten bestimmter Regionen (oder auch gegen sie). Zu beachten sind etwa die Regenzeiten in Äquatorgebieten, die gegenläufigen Jahreszeiten auf der Südhalbkugel oder die stärker schwankenden Wetterbedingungen außerhalb Europas.

LL.M.-Programme beginnen auf der Nordhalbkugel meist zum Wintersemester, d.h. zwischen August (USA) und Oktober (Großbritannien). In Südafrika, Australien, Neuseeland und anderen Ländern der südlichen Hemisphäre dagegen starten die Programme regelmäßig zum Sommersemester. Da die Kurse des zweiten Semesters häufig auf den Erstsemesterveranstaltungen aufbauen und sich das Rahmenprogramm über beide Semester erstreckt, ermöglichen nur wenige Universitäten einen Einstieg zum zweiten Semester. In besonderen Fällen - etwa bei krankheitsbedingtem Ausfall - lassen viele Hochschulen jedoch mit sich reden.

Wer sich - etwa aus familiären Gründen - nicht von seinem Heimatort entfernen kann, sollte neben den lokal verfügbaren Angeboten ein Fernstudium in Erwägung ziehen (z.B. an der FernUniversität Hagen). Durch die Möglichkeiten des E-Learning erlebt das Fernstudium schon seit einigen Jahren eine Renaissance. So bietet die Hamburger Fernhochschule schon lange einen didaktisch konzipierten Online-Studiengang an, der in vier Semestern auf den LL.M. in der Fachrichtung Wirtschaftsrecht vorbereitet. Freilich mussten die Klausuren handschriftlich in einem der Prüfungszentren geschrieben werden (*JuS* 2013, Heft 5, Seite 11). Auch bieten viele deutsche Universitäten LL.M.-Programme mit begrenzter Präsenzpflicht an. Mitunter finden die Kurse als Blockveranstaltung am Wochenende statt oder können als Lerneinheit zu Hause absolviert werden. Einen großen Schub hat das Thema seit 2020 durch die Pandemie erhalten. Praktisch alle Hochschulen haben ihr Angebot mit zuvor nie erreichtem Tempo auf digitale Lehre umgestellt und werden auch nach der Rückkehr zur Präsenzlehre die Früchte dieser Digitalisierung nutzbar machen. Auf diese Weise ist der LL.M. auch berufsbegleitend oder für solche Personen möglich, die aufgrund von Kindererziehung, Angehörigenpflege oder eigenen Leiden das klassische Präsenzstudium gar nicht leisten können.

TIPP: Summer Schools haben im angloamerikanischen Rechtskreis eine große Tradition und erfreuen sich auch in Europa zunehmender Beliebtheit. Fast jede US-amerikanische Universität bietet eine oder mehrere themenbezogene Summer Schools an, so z.B. die University of Washington in Seattle mit dem Programm „Patent and Intellectual Property Law“ (*JuS* 2010, Heft 11, Seite XXXVIII). Ist der Sommer nicht schon komplett mit Praktika bei Kanzleien, Richter:innen oder Behörden verplant, besuchen viele Studierende die meist zwei- bis vierwöchigen Blockveranstaltungen. Auch Berufstätige und Rentner:innen findet man unter den Teilnehmenden. Zur Vorbereitung oder als Alternative zu einem LL.M.-Studium kommt daher auch der Besuch einer Summer School in Betracht, zumal sich ein solcher Kurs mit einem Urlaub verbinden lässt. In Deutschland gibt es Summer Schools etwa an der Universität Freiburg, an der Universität Bayreuth („Einführung in das spanische Recht“, *JuS* 2010, Heft 6, S. XIII) oder in wechselnden Städten wie zum Beispiel die „Herbstakademie Mietrecht“ des Deutschen Mietgerichtstag e.V.

Wahl der Universität

Hat man sich für einen Kulturkreis entschieden, fällt der Blick auf die dort vorhandenen Universitäten. Die Suche nach dem richtigen Institut ist auf beiden Seiten von Wettbewerb geprägt: Während man selbst den Zugang zur bestmöglichen Law School anstrebt, liegt es im Interesse der Universität, die klügsten und auf lange Sicht zahlungskräftigsten Studierenden für sich zu gewinnen.

Als Informationsquelle eignet sich in erster Linie das Internet. Hilfreich sind aber auch Veranstaltungen, auf denen man unmittelbar mit Vertreter:innen der Law Schools in Kontakt kommt, etwa der LL.M. Day von e-fellows.net.

Anforderungen an Bewerber:innen

Die Wahl der Universität ist zunächst begrenzt durch die Zugangsvoraussetzungen. Diese sind in Deutschland und anderen europäischen Staaten in der Regel leicht online recherchierbar. Auch die Anerkennung bereits erbrachter Leistungen kann meist gut im Vorfeld abgeschätzt werden. Das European Credit Transfer System (ECTS) sorgt für Vergleichbarkeit und Umrechenbarkeit beim Gewicht der einzelnen Veranstaltungen und beim Gesamtaufwand, mit dem die Studiengänge verbunden sind. In Deutschland gibt es frappierende Unterschiede hinsichtlich der vorausgesetzten Rechtskenntnisse. Während einige LL.M.-Studiengänge LL.B.-Absolvent:innen vorbehalten sind, stehen viele andere Programme auch Betriebswirtschafts-Absolvent:innen offen, seltener auch Personen mit einem Bachelor in Politologie (etwa der Wirtschaftsrecht-LL.M. der Martin-Luther-Universität Halle-Wittenberg). Da die fachliche Herkunft und das Alter der Kommiliton:innen den Charakter des Studiengangs definieren, sollte man sich die Zulassungsvoraussetzungen in jedem Fall genauer ansehen.

Außerhalb Europas sind die Zugangsvoraussetzungen leider häufig intransparent, sodass die Bewerber:innen ihre Chancen auf einen Studienplatz kaum einschätzen können. Auch stehen die Zulassungshürden etwa der US-amerikanischen Law Schools nicht von vornherein fest, sondern ergeben sich erst später durch die Auswahl der angenommenen Kandidat:innen aus dem Pool der Bewerbenden. Hinzu kommt, dass einige Universitäten aufgrund der starken Nachfrage nur ein bestimmtes Kontingent an Studienplätzen an Deutsche vergeben. Von den Universitäten werden hierzu wenige bis gar keine Informationen herausgegeben. Dementsprechend schwierig sind Aussagen über die für die erfolgreiche Bewerbung erforderliche Punktezahl in Staatsexamen, Bachelor oder Master zu treffen. Zum einen gehört die Bewerbendenauswahl zu den bestgehüteten Geheimnissen der Fakultäten. Zum anderen kann von einem guten oder schlechten Platz einer Law School in den gängigen Rankings nicht ohne Weiteres auf die Erfolgsquote im Bewerbungsverfahren geschlossen werden, da Faktoren wie die Größe des LL.M.-Programms oder die Attraktivität des Standorts unberücksichtigt bleiben. Angeblich erhält in den USA beispielsweise Berkeley wegen des milden Klimas und der Anbindung an San Francisco etwa dreimal so viele Bewerbungen wie Cornell. Obwohl beide Universitäten in den Rankings etwa gleichauf liegen, sind folglich die Chancen, in Cornell genommen zu werden, erheblich größer.

LL.M.-Programme sind außerhalb Kontinentaleuropas eine wichtige Finanzquelle der Law Schools, sodass grundsätzlich auch Bewerbende mit der Note „ausreichend" im ersten Abschluss gern gesehen sind.[3] Ein Prädikat wird vermutlich von den Top-15-Universitäten in den USA und den Top-5-Universitäten in Großbritannien vorausgesetzt.[4] Wer auch hier noch an die Spitze will, muss bedenken, dass bei den ganz großen Namen ein beträchtlicher Teil der Studienplätze inoffiziell im Rahmen bestehender Kontakte vergeben wird. In seltenen Fällen richten sich Studiengänge an bestimmte Bewerbendenkreise; die Yale Law School beispielsweise öffnet ihre Pforten in erster Linie dem akademischen Nachwuchs und weniger den hochtalentierten angehenden Anwältinnen und Anwälten.

Berufserfahrung, Motivation und sonstige Qualitäten können die Bedeutung des ersten Abschlusses in den Hintergrund rücken lassen. Obwohl Stipendien im Ausland trotz ihrer ausführlichen Darstellung auf den Hochschul-Websites äußerst selten gewährt werden, gelingt es besonders qualifizierten Bewerber:innen gelegentlich, einen (Teil-)Erlass der Studiengebühren zu erhalten.

Fazit: Auch wenn die Wunschuniversität ein namhaftes Institut ist, sollten sich Bewerber:innen in ihrer Bewerbung mutig und selbstbewusst präsentieren. Entscheidend ist, ob sie schlüssig erklären können, warum ihr Studium an genau dieser Universität für beide Seiten von Nutzen ist.

Rankings

Traditionsschulen sind häufig teurer und stellen höhere Anforderungen an die Bewerbenden. Sie locken aber auch mit klangvollen LL.M.-Titeln, prominenten Hochschullehrenden, einer besseren universitären Ausstattung und dem späteren Eintritt in einflussreiche Alumni-Vereine. Um herauszufinden, welchen Ruf einzelne Universitäten genießen, bietet sich der Blick auf Hochschul-Rankings an. In Europa und insbesondere Deutschland spielen Rankings zwar noch keine bedeutende Rolle, wohl aber im angloamerikanischen Rechtskreis. Der Klassiker unter den US-Rankings ist das Ranking von *U.S. News*; weitere Rankings sind dargestellt unter www.top-law-schools.com/rankings.html. Interessant ist auch der Versuch, die Reputation der Hochschulen in Relation zu den Lebenshaltungskosten zu setzen: www.ilrg.com/schools/analysis.

Bewertungen britischer Universitäten findet man im „University Guide" von *The Guardian* (www.theguardian.com/education/universityguide). Weitere Rankings sind einsehbar unter llm-guide.com. Rankings versuchen, die Fakultäten anhand von Kriterien wie der finanziellen Ausstattung der Universität, der Reputation der

3 In diese Richtung auch Adams, *Jura* 2008, S. 636 f. Überzogen dagegen die Aussage von Fenner, *Jura* 1995, S. 17, dass in den USA „fast jede Provinzuni gerne ein Prädikatsexamen und erstklassige Sprachkenntnisse sehen möchte".

4 Ähnliche Einschätzung von Fenner, *Jura* 1995, S. 17 f. hinsichtlich der UK-Law-Schools. Dem Vernehmen nach genügt aber beispielsweise für das King's College ein Punktedurchschnitt von 8,0.

Professorinnen und Professoren, dem Kursangebot und Ähnlichem zu vergleichen. Die Tabellen spiegeln im Wesentlichen wider, ob eine Universität zur Spitzengruppe, zum Mittelfeld oder zur großen Masse gehört. Auch in bestimmten Ländern Asiens und Afrikas wird die Güte der Ausbildung häufig an den Namen der Hochschule geknüpft. So nehmen beispielsweise die Todai in Japan und die University of Capetown in Südafrika eine Spitzenstellung ein. Allerdings ist stets zu berücksichtigen, dass nur wenige rein deutsche Arbeitgeber etwas mit anderen Namen anfangen können als mit Oxford, Cambridge, Harvard und Yale.

Was ist die Ivy League?
Schon in der ersten Hälfte des 20. Jahrhunderts war der Sport ein wichtiges Aushängeschild für US-amerikanische Universitäten. Mit immer mehr Stipendien versuchten die Hochschulen, die besten Nachwuchssportler:innen des Landes an sich zu binden. Als dies für Forschung und Lehre zur finanziellen Belastung zu werden drohte, scherten acht Institutionen aus und gründeten einen eigenen Ligabetrieb, in dem die Vergabe von Sportstipendien untersagt war. So schlossen sich im Jahr 1945 Harvard, Yale, Columbia, Princeton, Brown, Cornell, Dartmouth und Pennsylvania zur Ivy League zusammen. Die Assoziation dieses Begriffs mit akademischer Elite entstand erst im Laufe der Zeit.

Aus verschiedenen Gründen sind Ranglisten mit Vorsicht zu genießen. Zunächst einmal beziehen sich die meisten Rankings auf das Bachelor-Studium (in den USA: „J.D.") an der jeweiligen Law School, während die Qualität des LL.M.-Programms nur selten einer eigenständigen Prüfung unterzogen wird. Zweitens wird in den Rankings von *U.S. News* dem jährlichen Budget der Universitäten ein sehr hohes Gewicht beigemessen, sodass sich Universitäten mit großem Stiftungsvermögen automatisch oben in den Listen wiederfinden. Weitere Faktoren wie die Berücksichtigung von Research Professors, die den LL.M.-Studierenden im Studium überhaupt nicht zur Verfügung stehen, verfälschen die Ergebnisse zusätzlich.

Zudem unterliegen die Ranglisten starken Schwankungen. Sollte man auf einen großen Namen Wert legen, ist es wichtig zu prüfen, ob einer Law School über einen langen Zeitraum hinweg eine hohe Reputation beigemessen wurde. Ferner bergen Rankings die Gefahr, dass sie messbare Kriterien in den Vordergrund stellen und die nicht minder wichtigen weichen Faktoren außer Acht lassen.

Ein Vergleich der Rankings von *The Guardian* und *The Times* verdeutlicht die Problematik auf anschauliche Art und Weise. Beide Rankings speisen sich aus den Bewertungen von Undergraduates, bewerten also zunächst einmal keine LL.M.-Programme für Postgraduates.

The Guardian: University Guide

Rang	Einrichtung
1	Oxford
2	University College London
3	Cambridge
4	London School of Economics
5	Glasgow
6	King's College London
7	Durham
8	Solent
9	Leeds
10	Aberdeen

The Times: Good University Guide

Rang	Einrichtung
1	Cambridge
2	University College London
3	Glasgow
4	Oxford
5	Durham
6	London School of Economics
7	Edinburgh
8	King's College London
9	Aberdeen
10	Dundee

Die Top 10 der rechtswissenschaftlichen Fakultäten in Großbritannien, basierend auf den Rankings von *The Guardian* und *The Times* (*Good University Guide)*, Stand 2021.

Die Rankings basieren zum Teil auf den gleichen statistischen Erhebungen, etwa dem National Student Survey der Higher Education Statistics Agency. Verschiedene Gewichtungen der Beurteilungskriterien haben allerdings zur Folge, dass einige der Universitäten in einem Ranking auf den vorderen Rängen landen, während sie im anderen Ranking deutlich weiter hinten liegen.

Aufgrund dieses bei Business Schools gleichgelagerten Problems haben sich daher bereits einige wirtschaftswissenschaftliche Fakultäten führender Hochschulen wie Wharton und Harvard zu einem Boykott der einschlägigen Rankings entschlossen. Des Weiteren spielen Rankings in Deutschland keine so große Rolle wie in den Ländern, in denen die Arbeitgeber mehr auf den Namen der Hochschule als auf die Abschlussnote achten. Schließlich gibt es auch an weniger angesehenen Universitäten gute Programme, und der Lernerfolg hängt gerade beim LL.M.-Studium maßgeblich vom eigenen Einsatz ab. Aus alledem folgt, dass Bewerbende dem Stellenwert der Law School in den einschlägigen Rankings keine allzu große Bedeutung beimessen sollten.

Wer Wert auf einen wohlklingenden Namen legt, sucht sich in den USA eine der Universitäten, die in den vergangenen Jahren häufig zu den oberen zwanzig zählten, in Großbritannien eine der oberen fünf, in anderen Ländern die nach den vor Ort geltenden Meinungsbildern besten. Zu den beliebtesten Universitäten der Ostküste der USA gehören nach wie vor die Ivy-League-Schulen. Von diesen haben folgende ein LL.M.-Programm: Harvard, Yale, Columbia, die University of Pennsylvania und Cornell. Universitäten wie NYU, Virginia oder Georgetown liegen jedoch in der Gunst der Bewerbenden inzwischen etwa gleichauf. Große Konkurrenz herrscht im Süden vor allem an der Duke University und in Texas/Austin, im Norden in Chicago, Michigan/Ann Arbor und an der Northwestern University sowie an der Westküste in Stanford, Berkeley und an der UCLA. In Großbritannien gehören Cambridge, Oxford, King's College (London), Manchester, die London School of Economics, das University College London, Nottingham, Sheffield, Warwick, Leicester, Durham, Bristol, Liverpool,

Queens (Belfast), Essex, East Anglia, Glasgow, Strathclyde, Aberdeen, Edinburgh und die School of African and Oriental Studies (London) zu den beliebtesten der insgesamt etwa 130 Universitäten, an denen man einen LL.M. erwerben kann.

Persönliche Aspekte bei der Entscheidungsfindung

Bewerber:innen sollten bei der Wahl der Universität eine Reihe weiterer Aspekte mit ihren persönlichen Bedürfnissen abgleichen. Zum einen handelt es sich beim LL.M. nicht nur um einen akademischen Grad, sondern auch um einen Titel, der sich zum Schmücken des Kanzleibriefs und der Visitenkarte eignet. Da der Name der Universität dem Titel in aller Regel beigefügt wird, sind die Absolvent:innen bekannter Lehrinstitute nochmals im Vorteil.

Ein anderer wichtiger Punkt bei der Universitätswahl ist die Sicherheit. Während England und Asien generell relativ sicher zu sein scheinen, gibt es an amerikanischen oder afrikanischen Hochschulen immer wieder Probleme mit der Kriminalität. Manche Universitäten haben eine eigene Campuspolizei, die innerhalb der Grenzen der (teilweise weitläufigen) hochschuleigenen Gebiete für Ordnung sorgt. Ebenfalls ganz unterschiedlich handhaben die Universitäten das Thema Familie. Viele Universitäten bieten Betreuungseinrichtungen auf ihrem Campus und spezielle Wohnheime für Familien. Mitunter gibt es für Angehörige sogar eigene Fortbildungs- und Freizeitprogramme sowie die Möglichkeit, in die universitätseigene Gesundheitsversorgung eingebunden zu werden. Eine gewisse Bedeutung sollte auch den Erholungsmöglichkeiten beigemessen werden. Sportbegeisterte Studierende sind oft vom traditionell vielfältigen Sportangebot der amerikanischen Universitäten fasziniert. Typisch für die USA ist auch, dass sich ethnische oder anderweitig verbundene Gruppen zu Zirkeln zusammenschließen und in Eigenregie Veranstaltungen im kleineren oder größeren Kreis organisieren. Großen Freizeitwert haben selbstverständlich auch die Nähe zu einer Metropole, kulturelle Angebote und Reisemöglichkeiten.

Wahl des Programms

TIPP: Stehen die infrage kommenden Universitäten fest, gilt es, die Konditionen des jeweiligen LL.M.-Programms zu prüfen. Neben der Größe des Programms und der Zusammensetzung der Teilnehmenden sind dabei auch die Ausstattung der Universität, die Existenz eines Alumni-Netzwerks und die Wahlmöglichkeiten bei den Kursen wichtig. Die meisten Informationen sind mittlerweile auf den Websites der Universitäten abrufbar. Aufschlussreiche Eindrücke vermitteln auch die zahlreichen Erfahrungsberichte, die in Zeitschriften und Büchern wie dem vorliegenden veröffentlicht werden.[5] Sollten Fragen offenbleiben, ist es absolut angemessen und üblich, den jeweiligen Leiter:innen oder Betreuer:innen des LL.M.-Programms eine kurze E-Mail zu schicken. Wenn für das LL.M.-Programm ein eigener „Dean" bestellt ist, handelt

---

5 Eine Fülle von Erfahrungsberichten über LL.M.-Studiengänge in den USA findet sich bei Biene/Eumann, DAJV, *USA Studienführer für Juristen,* 6. Aufl., 2005. Erfahrungsberichte der vergangenen Auflagen von *Der LL.M.* finden sich unter www.e-fellows.net/llm-erfahrung.

es sich dabei häufig nicht um eine dem deutschen Dekan vergleichbare Person, sondern um eine:n Verwaltungsmitarbeiter:in. Diese:r ist Ansprechpartner:in für fast alle Belange der künftigen, aktuellen und ehemaligen LL.M.-Kandidat:innen.

Verlässliche Informationen können mitunter auch in Erfahrung gebracht werden, indem man bei der Fakultät um Kontakt zu ehemaligen LL.M.-Studierenden bittet. Die Vorteile liegen darin, dass man detaillierte Fragen stellen und Eindrücke aus erster Hand bekommen kann. Zu berücksichtigen bleibt andererseits, dass die Universität möglicherweise nur solche Alumni und Alumnae benennt, die eine positive Einstellung zum Programm hatten und mit der Empfehlung letztlich ihr eigenes Studienjahr rechtfertigen.

Anzahl und Zusammensetzung der Teilnehmenden eines Jahrgangs

Einen ganz entscheidenden Faktor für die Wahl des geeigneten Programms bildet die vorgesehene Anzahl an Studierenden. Ob man ein größeres oder kleineres Programm wählt, richtet sich ganz nach den persönlichen Präferenzen. Die Größe der LL.M.-Programme in den USA reicht von 25 (Yale und Denver) bis zu 500 Studierenden (New York University, die alleine neun verschiedene LL.M.-Programme und zusätzlich noch einen Executive LL.M. hat). In europäischen LL.M.-Programmen werden üblicherweise nur 20 bis 60 Studierende pro Semester zugelassen.

Kleinere Schulen bieten den Charme einer überschaubaren Gemeinschaft von Kommiliton:innen, umfangreichere Programme dagegen eine breitere Palette von Kursen, wodurch sich maßgeschneiderte Studien leichter realisieren lassen. Durch die Popularität des LL.M. bei deutschen Studierenden läuft man bei großen Programmen im Ausland aber auch leicht Gefahr, fast ausschließlich mit deutschen Teilnehmenden zusammen zu sein, was sich nachteilig auf die Fortschritte in der englischen Sprache auswirken kann. Auch sollte vorab in Erfahrung gebracht werden, aus welchen Ländern die LL.M.-Studierenden kommen und welche Schwerpunkte bei der Vergabe der Studienplätze gesetzt werden. Gute Universitäten achten auf eine international ausgewogene Mischung, um die Kommunikation unter den Studierenden zu erleichtern. An Law Schools, die die Studierenden ausschließlich nach ihren eigenen Interessen aussuchen, kann die Zusammenstellung der unterschiedlichen Nationalitäten jedoch auch unglücklich ausfallen, beispielsweise sehr einseitig. In den USA ist die Tendenz festzustellen, dass an der Ostküste viele Europäer:innen studieren, während sich an den Hochschulen der Westküste viele Asiat:innen finden.

Lehrpersonal und Ausstattung der Fakultät

Zwischen dem Ruf und der Ausstattung der Fakultät besteht häufig ein Zusammenhang. Bessere Law Schools verlangen zwar häufig höhere Studiengebühren, bieten dafür allerdings auch ein breiteres Kursangebot und namhafte Professorinnen und Professoren. In Kursen mit kleinen Hörer:innenzahlen zu sitzen ist zwar anstrengend, steigert aber den Lernerfolg ganz erheblich. Daher kommt dem Zahlenverhältnis von Studierenden und Professor:innen eine kaum zu überschätzende Bedeutung zu. Während an deutschen Universitäten häufig ein Verhältnis von 200 zu eins anzutreffen ist, kommen an guten britischen und amerikanischen Universitäten gerade einmal zehn bis 15 Studierende auf eine Professorin oder einen Professor. Die Spitze markiert wohl die Pace University (White Plains, USA) mit einer Faculty-Student-Ratio von etwa sieben zu eins. Eine aus Studierendensicht günstigere Quote als die Universitäten erreichen in Deutschland die Fachhochschulen. Außerdem sehen deutsche LL.M.-Programme häufig eigene Veranstaltungen vor, die nichts mit dem Massenbetrieb mancher Bachelor-Vorlesungen zu tun haben und bei Gruppengrößen von 20 Personen einen echten seminaristischen Unterrichtsstil erlauben.

Renommierte Schulen verfügen oft über hervorragend ausgestattete Bibliotheken. Angesichts der Entwicklung der vergangenen Jahre hin zu elektronischen Quellen spielt die Zahl der in der Universitätsbibliothek vorgehaltenen Bände freilich nicht mehr dieselbe Rolle wie noch vor zehn Jahren. Während Lehrbücher noch häufig erworben werden, findet die Recherche von Urteilen heutzutage nur noch elektronisch statt – in Deutschland über juris und beck-online, in den USA traditionell über Westlaw und LexisNexis, in anderen Ländern über die dort vorherrschenden Quellen. Meist können die Studierenden die Datenbanken für die Dauer des Studiums kostenlos nutzen. Die professionellen Einführungskurse sind sehr hilfreich und unbedingt zu empfehlen.

Kursangebot und Flexibilität bei der Kurswahl

Eine besonders wichtige Rolle bei der Wahl des geeigneten Programms spielt das Spektrum der angebotenen Kurse. Die Internetseiten der Law Schools bieten in der Regel einen Einblick in die Veranstaltungsliste des aktuellen Jahrgangs. So kann man dort prüfen, ob sich die eigenen Interessen im Lehrangebot der Fakultät wiederfinden. Je größer die Fülle der Vorlesungen und Seminare, desto besser für die Studierenden.

Wirtschaft, Wirtschaft, Wirtschaft …
Betrachtet man das Kursangebot von LL.M.-Studiengängen näher, fällt die Betonung wirtschaftsrechtlicher Themen auf. Hierfür gibt es mehrere Gründe. Das Jurastudium ist gerade in angloamerikanischen Ländern und speziell in LL.M.-Programmen deutlich praxisnäher. Und am größten ist nun einmal der Nachwuchsbedarf in Unternehmen und wirtschaftsrechtlich orientierten Kanzleien. US-amerikanische Universitäten beispielsweise wachen sorgfältig darüber, dass ein möglichst hoher Teil ihrer Absolvent:innen in große Wirtschaftsrechtskanzleien einsteigt. Nur dort können die Absolvent:innen das Geld verdienen, mit dem sie ihre Studienkredite zurückzahlen können. Wen es doch einmal in den Bereich des öffentlichen Rechts verschlägt, dem erlässt die Universität nachträglich einen Teil seiner Hochschulgebühren. Auch in Deutschland interessieren sich die meisten Kandidat:innen für einen wirtschaftsrechtlich geprägten LL.M. Sie folgen damit den Wünschen der Arbeitgeber: Ein LL.M. ist Großkanzleien wichtiger als der öffentlichen Hand. Kandidat:innen mit Interesse an internationalem Recht, öffentlichem Recht oder Strafrecht sollten sich davon zwar keinesfalls abschrecken lassen – sie müssen aber damit rechnen, dass das Kursangebot kleiner ist und dass künftige Arbeitgeber ihrem Abschluss nicht die gebührende Wertschätzung entgegenbringen werden.

Unbedingt in Erwägung zu ziehen ist die Möglichkeit, Kurse an anderen Fakultäten der Universität zu besuchen. Die Teilnahme etwa an Veranstaltungen der benachbarten Business School ist in aller Regel zulässig und wird bei ausreichendem rechtlichen Bezug oft sogar auf die zu erbringende Anzahl von Credits angerechnet. In besonderen Fällen ergänzen mehrere Universitäten gegenseitig ihr Angebot, indem sie freie Plätze für bestimmte Kurse an die Studierenden kooperierender Institute vergeben.

Wieder etwas anders gelagert sind LL.M.-Programme, die verpflichtend in verschiedene - meist zwei - Blöcke eingeteilt werden. Dies kann etwa bedeuten, dass im Wechsel je ein Semester an einer der beiden Universitäten oder zumindest der Sommer an einer anderen Hochschule verbracht wird (so z. B. das gemeinsame Programm von McGeorge/Sacramento und der Uni Salzburg). Seltener sind die LL.M.-Programme mit einem obligatorischen Internship in einem Unternehmen verbunden. Anders als (noch) an vielen deutschen Universitäten kann man seine Kurse an ausländischen Unis meist sehr flexibel zusammenstellen. Ungewöhnliche Kombinationen verschiedener Fächer kommen häufig vor, da sie mehr Abwechslung in den Lernalltag bringen. Die formalen Voraussetzungen beschränken sich in der Regel darauf, eine bestimmte Mindestanzahl an Credits zu erbringen und wenigstens eine größere schriftliche Arbeit anzufertigen. Sofern neben dem LL.M. auch eine Promotion angestrebt wird, kann mit der Master-Arbeit bereits die Grundlage für eine rechtsvergleichende Dissertation gelegt werden. Die hierbei erzielbaren Synergien werden mitunter jedoch dadurch aufgehoben, dass rechtsvergleichende Dissertationen häufig einen höheren Aufwand erfordern als rein auf das deutsche Recht bezogene Arbeiten. Zusätzlich ist zur Kurswahl zu sagen, dass insbesondere in den USA häufig die Teilnahme an spezifischen LL.M.-Kursen, die etwa auf die amerikanische Rechtssprache vorbereiten oder den Umgang mit Recherchewerkzeugen vermitteln, vorgeschrieben ist.

Zusammenstellung der Kurse

Die eigentliche Zusammenstellung der Kurse geschieht erst unmittelbar vor Studienbeginn, sodass sich Bewerber:innen noch nicht unbedingt Gedanken darüber machen müssen. Dennoch seien an dieser Stelle ein paar Hinweise gegeben.

LL.M.-spezifische versus allgemeine Kurse

Selbstverständlich bietet es sich an, ein LL.M.-Programm zu wählen, dessen Kursangebot den eigenen beruflichen oder persönlichen Interessen entspricht. Gerade im Ausland kann es reizvoll sein, statt der LL.M.-eigenen Angebote einen der Bachelor-Kurse zu besuchen. Wer sich von dem hier oft höheren Arbeitsaufwand nicht abschrecken lässt, kann bei diesen Veranstaltungen Kontakte zu einheimischen Studierenden knüpfen und etwa im angloamerikanischen Rechtskreis die klassische Socratic Method kennenlernen. Bei diesem Unterrichtsstil vermitteln Professor:innen das Wissen nicht in Form einer klassischen Vorlesung, sondern leiten die Studierenden im Frage-Antwort-Spiel zur Erkenntnis. Bei Kursen für fortgeschrittenere Studierende sowie bei den speziellen LL.M.-Kursen steht weniger das Auswendiglernen als vielmehr das eigenständige Lösen juristischer Sachverhalte im Vordergrund.

Zusammenstellung der Kurse nach beruflichen Aspekten
LL.M.-Studierende mit einer bestimmten beruflichen Perspektive können ihre Kurswahl entsprechend treffen. Die Zielsetzung der angloamerikanischen Law Schools, die Studierende auf den Beruf vorzubereiten, ist hier eine gute Basis. Deutsche LL.M.-Studierende zeigen sich häufig überrascht vom hohen Praxisbezug der Veranstaltungen, während selbst Eliteschulen die wissenschaftliche Tiefe des deutschen Jurastudiums nicht erreichen. Ursache dafür ist die unterschiedliche Konzeption deutscher und angloamerikanischer Rechtsfakultäten. In Großbritannien und den USA geht es nicht um die umfassende Vermittlung von Inhalten, sondern um die zielgenaue Vorbereitung auf den Job. Dementsprechend gehören die Law Schools nicht zu den klassischen wissenschaftlichen Instituten, sondern bilden zusammen mit den Business Schools und Medical Schools die Professional Schools. Nicht selten tragen Richter:innen oder erfolgreiche Anwältinnen und Anwälte als Gastprofessor:innen hochaktuelle juristische Sachverhalte in die Universität hinein. Diese konsequente Ausrichtung der Ausbildung auf die Rechtspraxis macht das Lernen nicht nur plastischer, sondern informiert gleichzeitig über die aktuellen Entwicklungen im jeweiligen Rechtsgebiet.

Wer im Ausland bleiben will, sollte sich darüber informieren, welche Spezialisierungen dort gefragt sind. Ein in England absolvierter Tax LL.M. kann den Einstieg in eine britische Kanzlei erheblich erleichtern. Allerdings muss seit dem Brexit genau verfolgt werden, welche Einschränkungen sich für das Studium und die spätere Arbeit ergeben. Hilfreich ist auch die Wahl von Kursen im internationalen Recht, da hier keine Grenzen zwischen den Rechtsordnungen bestehen. Wer sich mit dem LL.M.-Studium auf eine spätere Berufstätigkeit in Deutschland vorbereiten will, muss die gewählten Fächer im Zusammenhang mit der Bedeutung des Ziellandes für die deutsche Rechtsordnung sehen. So findet aufgrund des großen Einflusses des amerikanischen Gesellschaftsrechts auf die deutsche Rechtsordnung ein LL.M. in U.S. Corporate Law auch bei deutschen Großkanzleien Anklang. Auf der anderen Seite darf die Bedeutung der Kurswahl für potenzielle Arbeitgeber nicht überschätzt werden. Deutsche Kanzleien interessieren sich überwiegend für den Titel und die Englischkenntnisse, die mit einem LL.M.-Studium erworben werden. Daher sollten sich künftige LL.M.-Studierende bei der Wahl der Kurse vor allem von ihren persönlichen Neigungen leiten lassen. Das LL.M.-Studium bietet die Gelegenheit, sich in neue Bereiche einzulesen oder auch spannende Einzelthemen zu erforschen. Wer plant, nach dem LL.M.-Studium das Bar Exam abzulegen, könnte dies schon bei der Kurswahl berücksichtigen und dafür relevante Kurse abdecken.

Prüfungen im LL.M.-Studium

Die Universitäten stellen unterschiedliche formale Anforderungen an die Verleihung des Master of Laws. In Europa gilt das ECTS (siehe oben). In der übrigen Welt wird meist eine von der jeweiligen Hochschule festgelegte Anzahl an Credits verlangt, die sich zu bestimmten Teilen aus mündlichen und schriftlichen Leistungen zusammensetzt. Zu den Veranstaltungen, bei denen man Credits erwerben kann, zählen Vorlesungen und Seminare. Zudem werden selbstständig verfasste schriftliche Arbeiten angerechnet. Diese müssen einen bestimmten Umfang haben, der in der Regel bei 20 Seiten pro Credit liegt. Vorlesungen schließen mit schriftlichen Tests ab und behandeln in vergleichsweise kurzer Zeit eine große Bandbreite an Themen. Angesichts dessen wird den Studierenden in Klausuren keine dem deutschen Studium vergleichbare präzise Bearbeitung abverlangt. Ausschlaggebend für den Erfolg einer Klausur ist vielmehr das Ansprechen möglichst vieler Problemschwerpunkte, während deren Lösung allenfalls mit ein paar Zusatzpunkten honoriert wird.

Viele Bewerbende sorgen sich um die Durchfallquoten beim LL.M.-Studium. Hier gilt es abermals zwischen kontinentaleuropäischen und angelsächsisch geprägten Rechtskulturen zu unterscheiden. Während in Ländern der ersteren Prägung Leistungen vor allem im Studium erbracht werden müssen, liegt etwa in Japan oder England die eigentliche Leistung vor dem Studium, weil hier die Zulassung zum Studium die höchste Hürde darstellt. In angelsächsisch geprägten Ländern kommt es daher kaum vor, dass jemand durch eine Prüfung fällt. Dies gilt gleichermaßen für Eliteschulen wie für weniger bekannte Law Schools. Auf den ersten Blick erstaunt es, dass dieser Umstand keinen Einfluss auf den ungebrochenen Arbeitseifer hat, der zumindest an den Top-Universitäten an den Tag gelegt wird. Die Motivation erwächst an angloamerikanischen Rechtsschulen nicht so sehr aus dem Prüfungsdruck, sondern wohl eher aus der Gefahr, in der nächsten Unterrichtsstunde von der Professorin oder vom Professor aufgerufen zu werden. Zudem wollen viele den Lernertrag eines Studiums maximieren, für das sie Gebühren von bis zu 100.000 Euro entrichten müssen. Wer in einzelnen Prüfungen dennoch durchfällt, dem wird in der Regel die Möglichkeit geboten, die erforderlichen Credits beispielsweise mit einer zusätzlichen Arbeit zu erwerben. Man muss daher im angelsächsischen Raum nicht befürchten, aufgrund von einzelnen Misserfolgen den LL.M.-Titel nicht verliehen zu bekommen.

4. Erfolgreich bewerben um Studienplatz und Stipendien

von Steffi Balzerkiewicz

Bewerbung um einen LL.M.-Studienplatz

Hat man sich für eine Universität und ein LL.M.-Programm entschieden, folgt als nächster Schritt die Bewerbung um einen Studienplatz. Die Zulassung zum gewünschten Programm zu erreichen ist keine reine Formsache – die Hürden werden von den Studieninteressierten jedoch manchmal überschätzt. Voraussetzung für eine erfolgreiche Bewerbung ist, dass sie die von der Universität gestellten formalen Anforderungen erfüllt und die Stärken der Bewerberin oder des Bewerbers hervorhebt. Es ist daher wichtig, die Bewerbung mit großer Sorgfalt anzufertigen und schon im Vorfeld ausreichend Zeit hierfür einzuplanen. Für viele Bewerber:innen ist die Zusammenstellung der Bewerbungsunterlagen noch ungewohnt. Die mangelnde Erfahrung auf diesem Gebiet führt häufig zu Unsicherheiten bei inhaltlichen und formalen Fragen. Die folgenden Hinweise sollen Vorschläge und Vorlagen bieten und helfen, die Unsicherheiten zu beseitigen. Sie sind jedoch nur als Richtlinien zu verstehen. Jede Bewerbung sollte individuell auf die entsprechende Person und das mit der Bewerbung verfolgte Ziel zugeschnitten sein.

TIPP: Auch wer den Großteil der Bewerbung allein vorbereitet, sollte sich beraten und helfen lassen. Dies gilt insbesondere bei geringer Erfahrung mit Bewerbungsunterlagen oder unzureichenden Sprachkenntnissen. Die Bewerbung Korrektur lesen zu lassen, schadet in keinem Fall.

Grundsätzlich stellen alle Universitäten vergleichbare Anforderungen an eine Bewerbung. Neben Abschlusszeugnissen (Abitur und Studium) und Leistungsnachweisen aus dem Studium werden in der Regel ein tabellarischer Lebenslauf, ein Nachweis über die Sprachkenntnisse und oft auch Empfehlungsschreiben verlangt. Amerikanische Universitäten erwarten darüber hinaus häufig, dass Bewerber:innen ihre Motive für das Studium in einem Essay darlegen. Darüber hinaus gibt es Programme, die ausschließlich Studieninteressierten mit Berufserfahrung offenstehen. Wegen der großen Zahl der Programme und der damit verbundenen unterschiedlichen Anforderungen können die Darstellungen im Folgenden nur einen ersten Überblick bieten.

Die inhaltlichen Anforderungen an die Bewerbungsunterlagen variieren zum Teil stark, beispielsweise bezüglich des Umfangs und Inhalts des Lebenslaufs. Auch werden den Bewerbungen außerhalb Deutschlands meist keine Fotos beigefügt. Aus diesem Grund sollten sich Bewerber:innen im Vorfeld über die von den jeweiligen Universitäten gestellten Vorgaben an die Bewerbung genau informieren.

Die Internetseiten der Universitäten geben detaillierte Informationen zum Studium und zu den Zugangsvoraussetzungen der einzelnen Studiengänge. Die postalische Übersendung von Broschüren für potenzielle Studierende erfolgt nur noch in Einzelfällen. Die Broschüren werden jedoch häufig auf den Webseiten zum Herunterladen bereitgestellt. Allerdings sollte man nicht vergessen, dass es sich sowohl bei Internetauftritten als auch in den Broschüren um eine werbende Außendarstellung handelt und die Universität sich den potenziellen Studierenden natürlich im besten Licht präsentieren will.

Die Bewerbung erfolgt bei den meisten ausländischen Universitäten online. Bewerbungsportale leiten Interessenten detailliert durch den Prozess. Sollten dennoch Fragen offen bleiben, beantworten die Universitäten diese in der Regel schnell und unkompliziert per E-Mail.

Bewerbungsunterlagen werden in der jeweiligen Landessprache oder auf Englisch erstellt. Bewerber:innen, deren Sprachkenntnisse für das Anfertigen einer Bewerbung nicht ausreichen, können diese notfalls professionell übersetzen oder lektorieren lassen. Mangelnde Sprachkenntnisse zum Zeitpunkt der Bewerbung sind daher kein Hindernis.

Mindestvoraussetzungen für eine Bewerbung

Für die Bewerbung ist es zunächst wichtig, dass die formalen Voraussetzungen für die Zulassung zu einem LL.M.-Programm erfüllt sind. Diese stellen keine große Hürde dar. Man muss für die Bewerbung um einen Studienplatz ein abgeschlossenes rechtswissenschaftliches Studium und ausreichende Sprachkenntnisse vorweisen. Alle weiteren Anforderungen wie Lebenslauf, Gutachten etc. sind keine formalen Zulassungsvoraussetzungen, sondern dienen dazu, sich von anderen Bewerberinnen und Bewerbern abzuheben und die Universität von den eigenen Qualitäten zu überzeugen.

Studienabschluss

Erste Voraussetzung für die Zulassung zu einem LL.M.-Studium ist der Bachelor-Abschluss mit rechtlichem Schwerpunkt. Die Erste Juristische Prüfung gilt als gleichwertig. Auf die Note kommt es zunächst nicht an. Die Note oder der Abschluss der Zweiten Juristischen Staatsprüfung sind in der Regel keine Bewerbungsvoraussetzungen. An einigen Universitäten, insbesondere in Deutschland, berechtigt auch ein (studienbegleitend erworbener) deutscher Bachelor of Laws oder ein Diplom-Wirtschaftsjurist zur Zulassung. Dies sollte im Vorfeld unbedingt geklärt werden.

Die Note der Ersten Juristischen Prüfung ist vor allem für die Bewerbungstaktik entscheidend. Nicht alle, aber viele Universitäten verlangen eine Mindestpunktzahl. Wird keine Mindestpunktzahl vorausgesetzt, ist eine Bewerbung unproblematisch und kann zunächst auch auf Basis der Noten der Scheine erfolgen. Bewerber:innen müssen das Abschlusszeugnis der Universität als (gegebenenfalls beglaubigte) Übersetzung vor Beginn des Studiums vorlegen. Ein Beispiel für eine solche Übersetzung ist am Ende des Kapitels abgedruckt.

Wird keine bestimmte Note verlangt, kann man seine Qualifikation dadurch hervorheben, dass man seine Prüfungsnote gewichtet. Bewerber:innen können von den Justizprüfungsämtern auf Anfrage erstellte Rankings beifügen und dadurch belegen, dass sie zum Beispiel zu den besten 20 Prozent ihres Jahrgangs gehören. Liegt kein Ranking vor, kann ein solches mithilfe der Prüfungsstatistiken, die auf der Website des Bundesamts für Justiz[1] veröffentlicht werden, selbst erstellt werden.

1 www.bundesjustizamt.de/DE/Themen/Buergerdienste/Justizstatistik/Juristen/Ausbildung.html; abgerufen am 15.08.2021.

Vor allem renommierte Universitäten verlangen eine bestimmte Punktzahl in der Ersten Juristischen Prüfung. Diese kann von Fall zu Fall variieren. LL.M.-Bewerber:innen sollten ihre Note bei der Auswahl der Universität nicht völlig außer Acht lassen, sich jedoch von einer Mindestpunktzahl nicht abschrecken lassen. Viele Universitäten lassen Ausnahmen zu, etwa wenn die Nachfrage gering ist oder die Bewerbung ansonsten überzeugt.

Wer zum Zeitpunkt der Bewerbung noch keinen Studienabschluss vorweisen kann, reicht zunächst nur eine Übersicht der im Studium besuchten Veranstaltungen mit Leistungsnachweisen bei der Universität ein. Die Bewerbung mit Übungs- und Seminarnoten ist vorteilhaft, wenn man gute Ergebnisse vorweisen kann. Die Zusage wird dann häufig schon vor Abschluss der Ersten Juristischen Prüfung unter der Bedingung erteilt, dass die Prüfung bestanden oder eine bestimmte Punktzahl erreicht wird. Es ist also nicht zwingend erforderlich, dass das Abschlusszeugnis bereits zum Zeitpunkt der Bewerbung vorliegt. Dies ist wegen der langen Vorlaufzeiten für Bewerber:innen, die ihr LL.M.-Studium direkt im Anschluss an die Erste Juristische Prüfung aufnehmen wollen, oft auch gar nicht möglich, denn der Bewerbungsschluss für Studienplätze liegt häufig vor den Terminen für die mündlichen Prüfungen.

TIPP: Eine Übersicht über die im Studium besuchten Veranstaltungen kann beim Studienbüro der Heimatuniversität angefordert werden. Viele Universitäten bieten (gegen eine Gebühr) an, eine entsprechende Übersicht auf Englisch zu erstellen und diese zu beglaubigen.

Auch wenn die Prüfungsnote hinter den Erwartungen zurückbleibt oder man die Anforderungen der Universität verfehlt, muss das kein Ausschlusskriterium sein. Selbst wenn nur eine bedingte Zusage (Conditional Offer) gegeben wurde, hat die Universität letztlich den Platz im Programm für die Bewerberin oder den Bewerber reserviert. Daher bestehen häufig Verhandlungsspielräume.

Bewerber:innen, die die von der Wunschuniversität geforderte Mindestpunktzahl nicht nachweisen können, sollten auf jeden Fall ihr Studienvorhaben absichern, indem sie sich parallel an anderen Universitäten bewerben. Es ist sinnvoll, sich drei bis fünf Programme, ggf. mit unterschiedlichen Mindestvoraussetzungen, auszusuchen und Bewerbungen dafür vorzubereiten. Sollte die Wunschuniversität absagen, bleibt damit immer noch die Möglichkeit, das Studium andernorts zu absolvieren.

Fazit: Bewerber:innen sollten sich keinesfalls von Anforderungen wie einer Mindestnote in der Ersten Juristischen Prüfung entmutigen lassen. Die Note kann, muss aber nicht entscheidend dafür sein, an welcher Universität man sein LL.M.-Programm absolvieren kann. Man sollte die Note lediglich bei der Bewerbungsstrategie berücksichtigen.

Nachweis der Sprachkenntnisse

Neben der fachlichen Qualifikation (Erste Juristische Prüfung) müssen Bewerber:innen in der Regel auch die für das Studium erforderlichen Sprachkenntnisse nachweisen. Auch das ist keine unüberwindbare Hürde.

Wer noch keinen Abschluss einer englischsprachigen Universität hat, muss einen anerkannten Sprachtest ablegen. Die Universitäten wollen so sicherstellen, dass Studierende den Vorlesungen folgen und Seminararbeiten verfassen können. Der Sprachtest wird in der Regel nur für die Unterrichtssprache verlangt.

Sofern die Landessprache von der Unterrichtssprache abweicht, ist in der Regel kein weiterer Sprachnachweis für die Landessprache erforderlich. Dennoch sind zumindest Grundkenntnisse der Landessprache sinnvoll, um sich in Alltagssituationen verständigen zu können.

Da die überwiegende Zahl der LL.M.-Interessierten ein Studium in einem englischsprachigen Land anstrebt, beschränken sich die Ausführungen im Folgenden auf Englischtests. Für Englisch gibt es eine Vielzahl von Sprachprüfungen und -zertifikaten, die aber nicht alle von den Universitäten anerkannt werden. Oft haben sie einen bevorzugten Test, akzeptieren aber auch andere Nachweise. Um Überraschungen zu vermeiden, sollten sich Bewerber:innen im Vorfeld bei den entsprechenden Universitäten über die anerkannten Tests informieren. Meist reichen die Schulenglischkenntnisse aus, um den Test zu bestehen. Allerdings muss man den Test nicht nur bestehen, sondern eine Mindestpunktzahl nachweisen. Mit gezielter Vorbereitung kann man mit überschaubarem Aufwand seine Wunschpunktzahl erreichen.

Die am weitesten verbreiteten und an den meisten Universitäten akzeptierten Tests sind der Test of English as a Foreign Language (TOEFL) und der International English Language Testing Service (IELTS).

Der TOEFL ist ein vom Educational Testing Service (ETS) in Princeton, USA, entwickelter und international anerkannter Sprachtest für den Hochschulzugang. Näheres hierzu findet man unter www.ets.org. Für ein Studium an einer US-amerikanischen Universität ist er unerlässlich, aber auch die meisten anderen Universitäten im englischsprachigen Ausland akzeptieren den TOEFL. Seit 2006 wird er als internetbasierter Test (iBT) durchgeführt. Im Gegensatz zum alten computerbasierten Testverfahren ist der internetbasierte TOEFL-Test nicht adaptiv, das heißt, das Testprogramm passt sich nicht der individuellen Leistungsfähigkeit jedes Prüflings an. Die älteren Formate – CBT (computer-based) und PBT (paper-based) – wurden in Deutschland eingestellt.

An britischen Universitäten oder an Universitäten des Commonwealth, z. B. in Australien oder Neuseeland, wird anstelle des TOEFL möglicherweise der IELTS-Test für die Zulassung verlangt. Dieser Test wurde vom British Council, dem IDP Australia und dem University of Cambridge ESOL Examination Board entwickelt. Es gibt zwei verschiedene Formen des Tests, den Academic Test und den General Test, wobei für die Bewerbung an einer Hochschule im englischsprachigen Raum nur ersterer akzeptiert wird. Näheres hierzu unter www.ielts.org.

TIPP: Obwohl die meisten Universitäten des Commonwealth den IELTS bevorzugen, akzeptieren sie in der Regel auch den TOEFL als Sprachnachweis. Insbesondere wer sich an englischen und amerikanischen Universitäten bewerben will, sollte sich im Vorfeld erkundigen, ob beide Tests akzeptiert werden. Doppelte Sprachtests lassen sich so vermeiden.

Der TOEFL kann in Test-Centern in mehr als 30 deutschen Städten, darunter Berlin, Frankfurt am Main, Hamburg und München, in der Regel freitags und/oder samstags abgelegt werden.[2] Es empfiehlt sich allerdings, den Termin rechtzeitig zu vereinbaren, da manche Test-Center relativ häufig ausgebucht sind. Die Anmeldung für den internetbasierten Test erfolgt online, über die offizielle TOEFL-App, telefonisch oder per Post zentral bei einem Büro in Irland.[3]

Der IELTS kann beim British Council in Aachen, Berlin, Bremen, Dortmund, Dresden, Düsseldorf, Frankfurt am Main, Freiburg, Hamburg, Hannover, Heidelberg, Köln, Leipzig, Mannheim, München, Nürnberg und Stuttgart an bestimmten Terminen (je nach Test-Center in der Regel ein bis drei Termine pro Monat) abgelegt werden.[4] Die Terminvereinbarung erfolgt online.[5]

TOEFL und IELTS haben gemeinsam, dass sie aus vier Teilen – Hörverständnis, Sprechen, Textverständnis und Schreiben – bestehen, die sich im Wesentlichen ähnlich zusammensetzen. In der Listening Section hört der Prüfling per Kopfhörer kurze Ausschnitte aus Gesprächen und beantwortet anschließend Fragen zum Inhalt. In der Reading Section muss er Verständnisfragen zu kurzen, akademischen Texten beantworten. Die Writing Section besteht aus zwei Teilen: Im ersten Teil beantwortet man schriftlich Fragen zu Textpassagen und diskutiert das zentrale Thema oder die Kernaussage des Textes. Im zweiten Teil schreibt man einen Essay zu einem gegebenen Thema. Schließlich wird das gesprochene Englisch getestet. Einen Überblick über die Anforderungen beider Tests gibt die folgende Tabelle.

---

2 Eine täglich aktualisierte Übersicht über Testtermine, unterteilt in Regionen, findet sich unter: www.ets.org/bin/getprogram.cgi?test=toefl; abgerufen am 15.08.2021. Die einzelnen Testzentren sind nur für registrierte Benutzer einsehbar.

3 Prometric, Building 3, Finnabair Technology Park, Dundalk, Co Luth, Ireland, Telefon: +31 320 239-540, Fax: +31 320 239-541.

4 Eine Übersicht über Testzentren und -termine findet sich unter https://www.britishcouncil.de/pruefung/ielts/termine, abgerufen am 15.08.2021.

5 https://ielts.britishcouncil.org/germany, abgerufen am 15.08.2021.

	TOEFL*	IELTS**
Getestete Sprachfertigkeiten	• Hörverständnis • Textverständnis • Schreiben • Sprechen	• Hörverständnis • Textverständnis • Schreiben • Sprechen
Gesamtdauer	ca. dreieinhalb Stunden	ca. drei Stunden
Notizen	Handschriftliche Notizen sind erlaubt.	Handschriftliche Notizen sind erlaubt.
Hörverständnis	• drei bis vier Ausschnitte aus Vorlesungen, einige mit Diskussionen, jeweils drei bis fünf Minuten lang, mit sechs Fragen pro Aufgabe • zwei bis drei Gespräche von drei Minuten, fünf Fragen pro Aufgabe • verschiedene englische Akzente • Gesamtdauer: 41–57 Minuten • maximal erreichbare Punktzahl: 30 • Die Aufgaben messen nicht nur das allgemeine Sprachverständnis, sondern auch, ob die Einstellung des Sprechenden zu dem ausgewählten Thema, die Ziele oder Motive richtig erfasst wurden.	• vier Abschnitte mit jeweils 10 Fragen • zwei Gespräche oder Monologe zu allgemeinen Themen • zwei Abschnitte mit akademischem Bezug • verschiedene englische Akzente • Gesamtdauer: 30 Minuten • maximal erreichbare Punktzahl: neun • Die Aufgaben messen nicht nur das allgemeine Sprachverständnis, sondern auch, ob die Einstellung des Sprechenden zu dem ausgewählten Thema, die Ziele oder Motive richtig erfasst wurden.
Textverständnis	• drei bis vier Passagen aus akademischen Texten, jeweils etwa 700 Wörter lang • beinhaltet Passagen mit multiplem Fokus (vergleichen/gegenüberstellen/Ursache/Wirkung) • 10 Fragen pro Passage • Dauer: 54–72 Minuten • maximal erreichbare Punktzahl: 30	• drei Textpassagen mit akademischem Bezug, geschrieben für Fachfremde; Gesamtlänge: 2.150–2.750 Wörter • Insgesamt sind 40 Fragen zu beantworten. • Dauer: 60 Minuten • maximal erreichbare Punktzahl: neun

Sprechen	• eine Frage zur eigenen Meinung, bei der eine Auswahl begründet wird
	• drei Fragen bei denen Text- und Hörverständis mit der Sprachfähigkeit kombiniert wird
	• 15–30 Sekunden zur Vorbereitung vor jeder Antwort; 45–60 Sekunden für die Antwort
	• Dauer: 17 Minuten
	• maximal erreichbare Punktzahl: 30
		• Gespräch mit einem Prüfenden in drei Teilen:
		  • Teil 1: allgemeine Fragestellungen zu Person, Familie, Beruf, Hobbys
		  • Teil 2: Präsentation zu einem bestimmten Thema; Vorbereitungszeit: eine Minute; Sprechzeit: zwei Minuten
		  • Teil 3: Diskussion mit dem Prüfenden zum Thema von Teil 2
		• Dauer: 11–14 Minuten
		• maximal erreichbare Punktzahl: neun

* https://www.ets.org/toefl/test-takers/ibt/about/content/; abgerufen am 15.08.2021.

** https://www.ielts.org/about-the-test/test-format; abgerufen am 15.08.2021.

	TOEFL	IELTS
Schreiben	• eine Meinungsäußerung mit Bezug zu Textabschnitten und kurzen Vorträgen • ein Essay zu einem persönlichen Erlebnis oder Meinung zu einem Thema • Dauer: 50 Minuten (20 Minuten für die erste Aufgabe, 30 Minuten für den Essay) • getippte Form; in manchen Ländern auch handschriftlich möglich • maximal erreichbare Punktzahl: 30	• zwei Aufgaben: eine Erläuterung von vorgegebenen Informationen in Tabellenform, als Diagramm oder Grafik; ein Essay zu einem allgemeinen Thema • Dauer: 60 Minuten (empfohlen werden 20 Minuten + mind. 150 Wörter für die erste Aufgabe; 40 Minuten + mind. 250 Wörter für die zweite) • nur in handschriftlicher Form • maximal erreichbare Punktzahl: neun
Grammatik	kein separater Testabschnitt, Grammatikkenntnisse werden in den Prüfungsabschnitten Schreiben und Sprechen bewertet	kein separater Testabschnitt, Grammatikkenntnisse werden in den Prüfungsabschnitten Schreiben und Sprechen bewertet
Maximal erreichbare Punktzahl	120 (alle vier Prüfungsbereiche werden addiert)	neun Leistungsstufen (9 = expert user, 1 = non-user); Durchschnitt aus allen vier Prüfungsbereichen
Leistungsbeschreibung	Leistungsbeschreibung in den jeweiligen Testabschnitten	allgemeine Beschreibung der Anforderungen jeder Leistungsstufe
Übermittlung der Testergebnisse	Je nach Testart sind die Ergebnisse 6–13 Tage nach dem Testtermin online verfügbar. Physische Kopien werden innerhalb von 11–15 Tagen verschickt.	Je nach Testart sind die Ergebnisse 3–13 Tage nach dem Testtermin online verfügbar. In den darauffolgenden Tagen werden sie auch per Post verschickt.

Vergleich der Sprachtests TOEFL und IELTS

Auch bei guten Englischkenntnissen ist eine Vorbereitung empfehlenswert, da die Tests häufig eigenen Regeln folgen. Beispielsweise haben die Themen in den verschiedenen Prüfungsteilen stets akademischen Bezug, es werden etwa Gespräche zwischen Studierenden oder Ausschnitte aus Vorlesungen vorgespielt. Anschließend werden häufig Details aus den Gesprächen abgefragt, wobei es meist weniger darauf ankommt, sein Sprachverständnis unter Beweis zu stellen, als sich vielmehr die richtigen Details zu merken.

TIPP: Auf den Internetseiten, die über die Tests informieren, gibt es oft kostenlose Probetests oder Übungsmaterial. Darüber hinaus ist eine große Zahl an Büchern zur Vorbereitung auf verschiedene Tests erschienen. Einige der Bücher enthalten Medien oder Online-Zugänge mit Tests, die den Originalen nachempfunden sind. Dies erleichtert die Vorbereitung. Schließlich gibt es inzwischen neben Präsenzkursen zur Vorbereitung auf die Tests, z. B. an Sprachzentren der Universitäten oder Volkshochschulen, auch zahlreiche Anbieter von Online-Kursen.

Generell sollte man keine übertriebene Ehrfurcht vor den Tests haben. Mit ausreichender Vorbereitung lassen sich die gewünschten Ergebnisse meist ohne Weiteres erzielen. Sollte man bei einem Test dennoch beim ersten Versuch kein zufriedenstellendes Ergebnis erreichen, kann er beliebig oft wiederholt werden. Dies kostet allerdings Zeit und Geld. Beim TOEFL müssen zwischen zwei Tests mindestens drei Tage liegen. Offiziell sind die Ergebnisse von TOEFL und IELTS zwar bis zu zwei Jahre lang gültig. Einige Universitäten verlangen aber Ergebnisse, die nicht älter als sechs bis zwölf Monate sind. Dies sollte bei der Zeitplanung für die Bewerbung unbedingt beachtet werden.

Am Ende des jeweiligen Tests kann man beim TOEFL bis zu vier und beim IELTS bis zu fünf Stellen angeben, an die das Ergebnis kostenlos geschickt wird, zum Beispiel an die Admissions Offices der Universitäten, an denen man sich bewirbt. Für weitere Kopien wird eine Gebühr in Rechnung gestellt.

TIPP: Steht bereits nach dem ersten Teil des Tests fest, dass die Mindestpunktzahl nicht erreicht wurde, sollte das Testergebnis nicht an die Universität verschickt werden. Will man ein Studium im englischsprachigen Ausland aufnehmen, empfiehlt es sich, den Test einige Monate vor der Bewerbung zu absolvieren. Auf diese Art und Weise kann man sich in Ruhe auf den Test vorbereiten und hat genügend Zeit, ihn zu wiederholen, falls das Ergebnis zu schlecht ausfällt.

Universitäten in Großbritannien und in einigen Commonwealth-Ländern akzeptieren auch bestimmte Sprachzertifikate der Universität Cambridge. Im Einzelnen handelt es sich um das Cambridge C1 Advanced (bisher: Cambridge English: Advanced bzw. Certificate in Advanced English (CAE)) und das Cambridge C2 Proficiency (bisher: Certificate of Proficiency in English (CPE)). Es handelt sich hierbei um die zwei höchsten Prüfungen des Cambridge Assessment English (früher: Cambridge English Language Assessment der University of Cambridge (ESOL)).

Häufig bieten ausländische Universitäten den künftigen Studierenden auch Kurse an universitätseigenen Sprachinstituten an. Diese Kurse bereiten entweder gezielt auf einen der oben genannten Sprachtests vor, oder aber die Universität prüft die Bewerber:innen nach ihren eigenen Kriterien auf die Eignung zum Studium. Hierbei besteht jedoch die Gefahr, dass man sein Jahr im Ausland intensiv vorbereitet hat und am Ende den Test an der Universität nicht besteht und daher das Studienvorhaben abbrechen muss. Auf keinen Fall sollte man davon ausgehen, dass die Universität „einen schon bestehen lässt“.

Andere als die oben genannten Sprachzeugnisse werden von den ausländischen Universitäten in der Regel nicht als Sprachnachweis akzeptiert. Für die Bewerbung um Stipendien können manchmal allerdings auch universitäre Sprachzeugnisse als Nachweise vorgelegt werden.

Zusammenstellung der übrigen Bewerbungsunterlagen

Sind die oben genannten Mindestvoraussetzungen erfüllt, hat man das Pflichtprogramm absolviert. Mit der Zusammenstellung der übrigen Bewerbungsunterlagen folgt nun die Kür. Grundsätzlich steht es der Universität frei, Bewerber:innen abzulehnen. Auf der anderen Seite erlaubt der Ermessensspielraum der Universität, unter Umständen Bewerber:innen zuzulassen, die eine der Mindestvoraussetzungen nicht erfüllen, aber auf andere Art und Weise einen Ausgleich schaffen. Daher sei noch einmal betont, dass sich Bewerber:innen nicht von einer geforderten Mindestpunktzahl oder dem Renommee der Universität abschrecken lassen sollten. Die übrigen Bewerbungsunterlagen sollten mit Sorgfalt erstellt werden. Sie können im Vergleich zu Mitbewerberinnen und Mitbewerbern den Ausschlag geben oder einem ein so interessantes Profil verleihen, dass eine weniger geglückte Erste Juristische Prüfung eventuell in den Hintergrund tritt.

Die übrigen Bewerbungsunterlagen für ein LL.M.-Programm sind im Wesentlichen das Bewerbungsformular, der Lebenslauf und das Academic Transcript. Darüber hinaus verlangen insbesondere amerikanische Universitäten häufig Referenzen und ein Motivationsschreiben. Diese Unterlagen helfen der Universität, die Persönlichkeit des Bewerbers besser einzuschätzen, und geben ihr eine Entscheidungshilfe für die Zulassung. Ein ausführliches Anschreiben ist in der Regel nicht nötig.

Bewerbungsformular mit Anlagen

Zunächst ist das Bewerbungsformular der Universität auszufüllen, was Bewerber:innen nicht schwerfallen dürfte. Das Formular kann man entweder online im Bewerberportal der Universität ausfüllen, oder man lässt es sich von der Universität per Post zuschicken. Falls man Schwierigkeiten beim Ausfüllen hat, zum Beispiel weil eine Frage nicht klar formuliert ist, kann man direkt mit der Zulassungsstelle der Universität (Admissions Office) Kontakt aufnehmen.

TIPP: Selbst bei einfachen Formularen oder Dokumenten sollte man eine dritte Person die Unterlagen Korrektur lesen lassen oder dies selbst mit zeitlichem Abstand tun. Denn nichts wirkt negativer als ein Formular mit diversen Inhalts- oder sogar Rechtschreibfehlern.

Dem Formular kann man auch entnehmen, welche weiteren Unterlagen man seiner Bewerbung beifügen muss. In der Regel sind das eine Kopie des Abschlusszeugnisses, eine Übersicht der während des Studiums besuchten Veranstaltungen mit Leistungsnachweisen (Academic Transcript) und häufig das Abiturzeugnis. Diese Unterlagen müssen übersetzt und meist amtlich beglaubigt werden.

Erstellen des Lebenslaufs

Der Lebenslauf ist zentraler Bestandteil der Bewerbung. In der Regel wird er in tabellarischer Form gefordert. Für die Erstellung eines ansprechenden Lebenslaufs gibt es drei unverzichtbare Vorgaben: Er muss fehlerfrei, vollständig und übersichtlich sein. Auch wenn nur ein kurzer Lebenslauf verlangt wird, lohnt es sich, Zeit und Aufwand in die Zusammenstellung eines umfassenden Lebenslaufs zu investieren.

TIPP: Ein einmal erstellter Lebenslauf kann gegebenenfalls auch für andere Bewerbungen genutzt werden. Die einmalige Investition von Zeit und Mühe zahlt sich also aus.

Das am Ende des Kapitels dargestellte anonymisierte Beispiel soll die Arbeit am eigenen Lebenslauf sowohl formal als auch inhaltlich erleichtern.[6]

Am Anfang stehen persönliche Informationen wie Name und Kontaktdaten. Wichtig ist, dass man unter den angegebenen Telefonnummern oder E-Mail-Adressen tatsächlich leicht zu erreichen ist. Auf Angaben wie Eltern, Herkunft oder Familienstand kann verzichtet werden. Im angloamerikanischen Rechtsraum ist es nicht üblich, ein Passbild beizufügen. Bewerber:innen sollten sich einer klaren Sprache bedienen und sich prägnant ausdrücken. Für Bewerbungen in den USA sollte der Lebenslauf zudem nicht mehr als eine Seite umfassen.

Grundsätzlich werden Lebensläufe umgekehrt chronologisch verfasst, indem man mit den am kürzesten zurückliegenden Ereignissen beginnt. Auf die erste Seite gehören berufliche und akademische Meilensteine. Hierbei sollten Bewerber:innen beachten, dass die ausländische Universität mit dem deutschen Ausbildungssystem nicht unbedingt vertraut ist. Es bietet sich daher an, Studienschwerpunkte kurz zu erläutern oder neben der Nennung des Arbeitgebers die Tätigkeitsschwerpunkte des Unternehmens zu erwähnen. Länger zurückliegende Ausbildungsabschnitte, insbesondere die Schulausbildung, sollten – wenn überhaupt – nur sehr kurz angesprochen werden. Überspitzt ausgedrückt: Bei der Beurteilung von Personen mit Hochschulabschluss spielt die Grundschulzeit keine Rolle. Zum akademischen Werdegang gehören darüber hinaus auch die Teilnahme an außeruniversitären Seminaren (Fachanwaltskurs, Buchführungskurs etc.) oder die Teilnahme an Wettbewerben (Moot Court, Debattierclub etc.). Überdurchschnittliche Ergebnisse sollten hervorgehoben werden.

Neben dem beruflichen und akademischen Werdegang sollte man auch private Interessen und soziales Engagement erwähnen. Sie unterstreichen die Persönlichkeit und heben einen von anderen Studieninteressierten ab. Hierzu gehören Aktivitäten wie Engagement an der Universität (Fachschaft, Studierendenparlament, Tutorien) oder in der Lokalpolitik, aktive Mitgliedschaften in Organisationen, die sich für Umwelt, Menschenrechte, Minderheiten etc. einsetzen, Funktionen in Clubs oder Vereinen und anderes regelmäßiges freiwilliges Engagement. Aus diesen Aktivitäten sollte hervorgehen, dass man sich nicht nur um eigene Belange kümmert. Passive Mitgliedschaften, beispielsweise in einer politischen Partei, sind von untergeordneter Bedeutung.

TIPP: Gerade im angloamerikanischen Raum wird großer Wert auf soziales Engagement gelegt. In Grenzfällen können mit einem überzeugenden Lebenslauf andere Schwächen ausgeglichen werden.

---

6 Beispiele und Hinweise speziell für Bewerbungen in den USA gibt der *USA Bewerbungsführer für Juristen* von Clemens Kochinke und Dr. Stephan Wilske, herausgegeben von der Deutsch-Amerikanischen Juristenvereinigung, 3. Auflage 2009.

Die Erstellung eines guten Lebenslaufs sollte sorgfältig erfolgen und kostet daher Zeit. Zunächst müssen die wesentlichen Daten zusammengestellt werden. Anschließend sollte der Lebenslauf noch einmal mit einer außenstehenden Person besprochen werden, denn eine objektive zweite Meinung kann hier sehr wertvoll sein.

Motivationsschreiben

Verlangt die Universität einen Bewerbungsessay oder ein Motivationsschreiben, kommt diesem im Bewerbungsverfahren eine herausragende Rolle zu. Dementsprechend viel Zeit und Aufmerksamkeit sollte man diesem Schreiben widmen. Da Noten, Rankings und standardisierte Tests meist nicht zeigen, ob eine sich bewerbende Person beispielsweise kreativ oder teamfähig ist, wollen sich die Universitäten auf diesem Weg ein Bild von ihrer Persönlichkeit machen.

Das Verfassen eines Motivationsschreibens empfinden viele Bewerber:innen sicherlich als die größte Herausforderung im Bewerbungsprozess. Doch auch diese Aufgabe ist nicht unlösbar. Vielmehr bietet sie die Gelegenheit, sich über die eigenen Ziele und Vorstellungen klar zu werden, um dann die Universität leichter von der Bewerbung zu überzeugen.

Die Anforderungen an ein Motivationsschreiben variieren von Universität zu Universität. Bewerber:innen sollten sich unbedingt an die Vorgaben der Universität halten. Die folgenden Hinweise sollen lediglich eine Orientierungshilfe sein.

In der Regel werden Bewerber:innen aufgefordert, ihre Motive und ihre Eignung für das Studium anhand folgender Aspekte zu erklären:

- Motivation für das Studium
- Einschätzung der künftigen beruflichen Entwicklung
- Begründung der Entscheidung für dieses bestimmte LL.M.-Programm
- Einschätzung persönlicher Stärken und Schwächen.

Für die überzeugende Beantwortung dieser Fragen gibt es kein Patentrezept. Allerdings steht fest, dass inhaltsleere Phrasen oder pauschale Aussagen nicht ausreichen. Es empfiehlt sich nur sehr begrenzt, Vorlagen oder Textbausteine zu nutzen. Vielmehr soll das Motivationsschreiben einem helfen, sich von den Mitbewerberbenden positiv abzuheben. Hier sind Individualität und Originalität gefragt. Man sollte die Chance nutzen, Aufmerksamkeit auf sich und die eigenen Qualifikationen zu lenken und so die gewünschte Zulassung zum Studium zu erhalten. Wichtig ist es, zu zeigen, dass man sich mit der Universität und dem angebotenen LL.M.-Programm auseinandergesetzt hat. Das Schreiben sollte immer auf die jeweilige Universität zugeschnitten sein und beispielsweise auf universitätsspezifische Programm- oder Forschungsschwerpunkte eingehen. Im Vorfeld sollten sich Bewerber:innen daher gut über die Universität und das entsprechende Programm informieren.

TIPP: Gerade bei der Bewerbung an mehreren Universitäten ist es wichtig, sorgfältig vorzugehen. Nichts schadet einer Bewerbung mehr, als wenn man etwa einen Studienschwerpunkt nennt, der an der jeweiligen Universität gar nicht angeboten wird.

Darüber hinaus sollten Bewerber:innen zeigen, dass sie sich Gedanken darüber gemacht haben, wie ihr Profil in das gewünschte Programm passt und warum sie es zu diesem Zeitpunkt gewählt haben. Dabei kann man beispielsweise auf bisherige Studienschwerpunkte oder auch auf praktische Erfahrungen verweisen.

US-amerikanische Bewerber:innen sind in ihren Essays oft sehr überschwänglich. Dieser Schreibstil fällt vielen deutschen Studieninteressierten schwer. Er muss auch nicht zwingend adaptiert werden, denn die amerikanischen Universitäten sind mit deutschen Kandidat:innen vertraut und beziehen auch die eher nüchternen Motivationsschreiben in den Auswahlprozess ein. Hier ist es wahrscheinlich überzeugender, dem eigenen Stil treu zu bleiben, als einen ungewohnten Duktus zu verwenden, der nicht der eigenen Persönlichkeit entspricht.

Im Internet gibt es zahlreiche Seiten mit Erfahrungsberichten über Studienvorhaben im Ausland. Bewerber:innen, die sich nicht sicher sind, ob ihr Motivationsschreiben inhaltlich gelungen ist, können sich mit Fragen an diese (erfolgreichen) Bewerber:innen wenden.[7]

Empfehlungsschreiben

Zusätzlich zum Motivationsschreiben verlangen die meisten britischen und amerikanischen Universitäten Empfehlungsschreiben. In Deutschland sind sie eher unüblich. Eine gute Empfehlung kann die eigene Bewerbung entscheidend voranbringen. Man kann sich mit einem solchen Gutachten positiv von anderen Bewerber:innen abheben oder (wenn nötig) manch andere Schwäche in seiner Bewerbung kompensieren. Dabei sollte man keine Angst vor etwaigen negativen Empfehlungen haben. Wer seine Bereitschaft erklärt, das Schreiben auszustellen, wird die Empfehlung in der Regel positiv ausfallen lassen. Wie positiv, hängt von der Gutachterin oder vom Gutachter und einem selbst ab. Deswegen sollte man gut überlegen, wen man um ein Gutachten bittet.

Die meisten Universitäten verlangen, dass das Gutachten von einem Hochschullehrenden stammt. Gerade Studierende an sehr großen Universitäten stellen jedoch häufig kaum näheren Kontakt zu Professor:innen her. Für Absolvent:innen mit dem Zweiten Staatsexamen liegt die universitäre Ausbildung zudem häufig Jahre zurück. Dies erschwert es zusätzlich, auf eine Lehrkraft zuzugehen. Dennoch sollte man sich nicht von dieser Hürde abschrecken lassen. Viele Professor:innen sind hilfsbereit, weil sie wissen, wie wichtig das Empfehlungsschreiben ist. Im günstigsten Fall kennt man wenigstens eine Hochschullehrkraft gut genug, um beispielsweise mit Verweis auf ein bei ihr belegtes Seminar um ein Empfehlungsschreiben zu bitten. Wenn das Studium bereits länger zurückliegt, sollte man sich auch nicht davor scheuen, an emeritierte Professor:innen heranzutreten. Deren Gutachten finden die gleiche Anerkennung wie Gutachten von Hochschullehrenden, die noch im Dienst sind. Kennt man niemanden, den man ansprechen kann, sollte man zunächst in Erfahrung bringen, welche Professor:innen der Bitte um ein Gutachten grundsätzlich aufgeschlossen gegenüberstehen. Man kann dies häufig informell im Gespräch mit Kommiliton:innen, Mitarbeitenden der Professor:innen oder der Fachschaft in Erfahrung bringen.

7 www.e-fellows.net/Studium/Studiengaenge/LL.M/Erfahrungsberichte-zum-LL.M; abgerufen am 15.08.2021.

Meist wollen sich die Gutachter:innen auch einen Eindruck von der Persönlichkeit der zu begutachtenden Person verschaffen, denn mit dem Empfehlungsschreiben setzen die Gutachter:innen einen Teil ihres Renommees für den:die Begutachtete:n ein. Auch deswegen sollte die Bitte um ein Empfehlungsschreiben in einem persönlichen Gespräch erfolgen. Das Gespräch dient Gutachter:innen gleichzeitig dazu, sich einen direkten Eindruck zu verschaffen. Um die Bitte um ein Gutachten möglichst formvollendet vorzubringen, vereinbart man am besten unter Angabe des Gesprächsgrunds einen Termin und bereitet diesen Termin entsprechend vor.

TIPP: Unpersönliche Anfragen per E-Mail oder über Dritte sind nicht angemessen. Stattdessen wird erwartet, dass man sein Anliegen in einer angemessenen Form vorbringt – schon um damit zu unterstreichen, dass man eine positive Empfehlung verdient.

Unangekündigt in der Sprechstunde zu erscheinen ist natürlich ohne Weiteres möglich. Ein sinnvolles Gespräch wird sich so aber in der Regel nicht ergeben, da der Gutachterin oder dem Gutachter keine Entscheidungsgrundlage – zum Beispiel der Lebenslauf – vorliegt. Deswegen gilt: Bei der Vorbereitung des Gesprächs sollte man Unterlagen erstellen, die ein Gutachten inhaltlich vorbereiten. Dazu muss man sich vergegenwärtigen, wie ein derartiges Gutachten typischerweise aufgebaut ist. Zur Verdeutlichung ist am Ende dieses Kapitels ein verfremdetes Originalgutachten angefügt.

Das Empfehlungsschreiben beginnt in der Regel mit einer kurzen Vorstellung der Gutachterin oder des Gutachters und Angaben dazu, woher man die Kanditatin oder den Kandidaten kennt (Vorlesungen, Seminare etc.). Damit wird die Gutachtenbasis vorbereitet.

TIPP: Man sollte hierfür auf Veranstaltungen hinweisen, die man bei der Gutachterin oder dem Gutachter oder Mitarbeitenden besucht hat. Oft empfiehlt es sich auch, direkt nach einer besonders erfolgreich besuchten Lehrveranstaltung um ein Empfehlungsschreiben zu bitten, das man später im Zweifelsfall vorlegen kann – denn Professor:innen können nicht jeden einzelnen Studierenden im Gedächtnis behalten.

Anschließend wird die fachliche Leistung der zu begutachtenden Person beurteilt, dann eine Persönlichkeitseinschätzung gegeben und schließlich das Studienvorhaben bewertet. Am Schluss findet sich häufig eine abschließende Empfehlungsfloskel.

Es empfiehlt sich, nicht nur eine Übersicht der eigenen bisher erbrachten Leistungen zu erstellen, sondern auch einen Lebenslauf, aus dem Engagement und persönliche Interessen hervorgehen. Zusätzlich kann man eine kurze Übersicht über das Studienvorhaben beifügen.

Die Übergabe dieser Dokumente ist keine nutzlose Formalität. Sie ermöglicht es Gutachter:innen, die für das Empfehlungsschreiben notwendigen Informationen jenseits des persönlichen Gesprächseindrucks zu erhalten. Außerdem können Gutachter:innen dadurch weitere Details erwähnen, die den Eindruck entstehen lassen, er kenne die Person gut. Es dürfte eine Geschmacksfrage sein, ob es sinnvoll ist, die Unterlagen schon bei Vereinbarung des Termins zu überreichen oder erst zum Termin mitzubringen. Ersteres hat den Vorteil, dass die Ernsthaftigkeit der Bitte um ein Gutachten unterstrichen wird. Zudem kann sich die Gutachterin oder der Gutachter durch die Unterlagen schon vor dem Gespräch einen persönlichen Eindruck verschaffen und das Gespräch somit zielgerichteter führen. Die zweite Variante ist dann vorteilhaft, wenn die Entscheidung über das Ausstellen eines Gutachtens zunächst vom persönlichen Eindruck abhängig gemacht wird.

TIPP: Man kann über das Sekretariat in Erfahrung bringen, welche Reihenfolge der Gutachterin oder dem Gutachter lieber ist, oder nach seiner eigenen Präferenz gehen. Wer glaubt, persönlich besser zu überzeugen, kann die Unterlagen erst beim Gespräch überreichen.

Bei der Vereinbarung des Termins muss man auch seinen Zeitrahmen im Auge behalten. Das Erstellen eines Gutachtens dauert im Normalfall etwa vier Wochen, weshalb man bei fristgebundenen Bewerbungen frühzeitig auf potenzielle Gutachter:innen zugehen bzw. im Gespräch auf die Frist hinweisen sollte.

Bei der Angabe der Frist empfiehlt es sich, einen Zeitpunkt zu nennen, der etwa zwei Wochen vor Ablauf der eigentlichen Frist liegt. Denn bei der Erstellung von Gutachten kann es immer zu Verzögerungen durch anderweitige Verpflichtungen der Gutachterin oder des Gutachters kommen.

Aus diesem Grund sollte man, wenn man sich um ein Stipendium bemüht, auch hierfür um ein Empfehlungsschreiben bitten, denn auch für Stipendienbewerbungen sind Empfehlungsschreiben nötig. Wer sich bei mehreren Universitäten parallel bewerben will, kann der Gutachterin oder dem Gutachter im Gespräch mitteilen, wie viele Gutachten er für seine Bewerbungen benötigt, und ihn darum bitten, die entsprechende Anzahl auszustellen. Es ist wichtig, Gutachter :innen im Gespräch auch auf formale Anforderungen hinzuweisen. In welcher Sprache das Gutachten vorgelegt werden muss, kann man den Unterlagen zum Bewerbungsprozedere entnehmen und, wenn nötig, anbieten, auf eigene Kosten eine Übersetzung zu veranlassen. Zudem muss man auf die Formalien der Übermittlung des Gutachtens hinweisen (z. B. versiegelter Umschlag oder direkte Übersendung an den Stipendiengeber). Ein Anspruch auf Einsichtnahme in das Gutachten besteht nicht. Ein solches Anliegen sollte man von sich aus nicht vorbringen. In manchen Fällen wird das Gutachten der Kandidatin oder dem Kandidaten zur Kenntnis übermittelt, gegebenenfalls auch mit der Bitte um Rückmeldung. In diesem Fall sollte man diese Bitte dahingehend verstehen, nur dringende Änderungswünsche mitzuteilen oder auf etwaige Fehler hinzuweisen. Letztlich liegt der Inhalt des Schreibens im Ermessen der Gutachter:innen.

Empfehlungsschreiben anderer Personen

Findet man keine Hochschullehrkraft, werden häufig auch Gutachten von anderen Personen akzeptiert, zum Beispiel von wissenschaftlichen Mitarbeitenden oder Unternehmensvertreter:innen. Wer als Gutachter:in infrage kommt, sollte man allerdings bei den ausländischen Universitäten genau erfragen. Gerade bei Absolvent:innen mit Zweitem Staatsexamen sind die Universitäten häufig kompromissbereit, da die universitäre Ausbildung seit längerer Zeit beendet ist. Darüber hinaus können Empfehlungsschreiben anderer Gutachter:innen der Bewerbung ohne Weiteres zusätzlich beigefügt werden. Es kann allerdings sein, dass die Universität explizit das Einreichen eines Professor:innengutachtens fordert oder die Bewerbung ohne ein solches schlicht ablehnt. Deswegen gilt es hier, möglichst namhafte Ersatzgutachter:innen zu finden. Gutachten anderer Personen folgen denselben

Regeln wie Hochschullehrer:innengutachten. Als Beispiel ist am Ende dieses Kapitels ein verfremdetes Gutachten eines Arbeitgebers angefügt. Da für die meisten Universitäten ein Professor:innengutachten am eindrucksvollsten ist, sollte man erst auf andere Gutachter:innen ausweichen, wenn man sich erfolglos um ein Hochschullehrer:innengutachten bemüht hat. Es steht für eine gewisse Qualität und Objektivität, wohingegen Empfehlungsschreiben anderer Personen häufig unter dem Aspekt des Gefälligkeitsgutachtens Skepsis entgegengebracht wird – ob berechtigt oder nicht.

In manchen Fällen steht man vor dem Problem, dass Gutachter:innen – auch an Universitäten – deutlich zu erkennen geben, dass sie von einem selbst einen Entwurf des Gutachtens erwarten. Plötzlich soll man sein eigenes Gutachten schreiben.

TIPP: Am besten, man spricht diese Variante – auch im eigenen Interesse – von sich aus nicht an. Ein solches Ansinnen wird von vielen Gutachter:innen als ehrenrührig empfunden. Wird dieses Vorgehen von Gutachter:innen selbst vorgeschlagen, sollte man es besser nicht kommentieren und sich nur vergewissern, wie detailliert der Entwurf ausfallen soll.

Man sollte sich bei der Anfertigung des Entwurfs an die genannten Gliederungselemente halten. Zudem sollte das Gutachten nicht zu euphorisch ausfallen, sondern eine realistische Darstellung der eigenen Fähigkeiten enthalten.

Fazit: Das Einholen von Empfehlungsschreiben erfordert einen gewissen Aufwand. Eine Bewerbung wird an dieser Hürde jedoch in den allermeisten Fällen nicht scheitern.

Zeitmanagement

Den „richtigen“ Bewerbungszeitpunkt gibt es nicht. Für einen Studienplatz in einem LL.M.-Programm kann man sich sowohl ein Jahr im Voraus als auch auf den letzten Drücker bewerben. Grundsätzlich gilt jedoch: je früher, desto besser. Die Zusammenstellung überzeugender Bewerbungsunterlagen ist recht zeitintensiv. Für Gutachten muss man an Dritte herantreten, auf deren Zeitplan man keinen Einfluss hat, und für Sprachtests muss man sich rechtzeitig anmelden und gut vorbereiten, um sie erfolgreich zu absolvieren – das alles neben dem Alltagsgeschäft, also dem Studium oder der Arbeit. Von langer Hand geplante Bewerbungen ermöglichen eine Verteilung der Belastung und lassen darüber hinaus genügend Raum für Änderungen und Verzögerungen.

Bei Bewerber:innen vor der Ersten Juristischen Prüfung stellt eine frühzeitige Bewerbung sicher, dass sie sich in Ruhe auf die Prüfungsvorbereitung konzentrieren können. Da sie sich mit ihren universitären Leistungsnachweisen bewerben können, ist es auch nicht erforderlich, die Erste Juristische Prüfung abzuwarten.

Selbst wenn die Universitäten feste Fristen haben, vor denen eine Bewerbung nicht möglich ist, kann die Bewerbung schon von langer Hand vorbereitet werden und muss dann nur noch zum geforderten Zeitpunkt abgeschickt werden. Bei Universitäten ohne Fristen haben frühzeitige Bewerbungen auch den Vorteil, dass schon sehr zeitig eine Zusage erfolgen kann. Bei späten Bewerbungen hingegen besteht die Gefahr, dass das Platzkontingent bereits ausgeschöpft ist.

TIPP: Die Bewerbung sollte nicht erst kurz vor Anmeldeschluss, sondern möglichst früh erfolgen. Auch wenn (noch) nicht alle Voraussetzungen erfüllt sind oder nicht alle Unterlagen vorliegen, kann die Universität ein bedingtes Angebot (Conditional Offer) unterbreiten, und es bleibt genügend Zeit, fehlende Dokumente nachzureichen. Falls eine Zulassung zum gewünschten Programm nicht erfolgt, haben Bewerber:innen Zeit, entweder mit der betreffenden Universität über die Zulassung zu verhandeln oder sich bei anderen Universitäten zu bewerben.

Der nachfolgende Zeitplan soll eine grobe Orientierung über die Vorbereitungszeit geben. Er ist großzügig bemessen, allerdings sollte man den Aufwand für die einzelnen Posten nicht unterschätzen. Insbesondere wer sich parallel auf die Erste Juristische Prüfung oder das Zweite Staatsexamen vorbereitet, sollte rechtzeitig mit der Planung des Auslandsaufenthalts beginnen, damit die Prüfungsvorbereitung nicht darunter leidet.

Zeitplan	Rechtzeitig mit den Vorbereitungen beginnen!
Vorüberlegungen	☐ Welcher Abschluss wird angestrebt? Welche Kombinationsmöglichkeiten gibt es, beispielsweise mit Promotion oder Fachanwaltslehrgang? ☐ Präsenz- oder Fernstudium? ☐ Studium im In- oder Ausland? Welche Länder kommen in Betracht? ☐ Vollzeit- oder Teilzeitstudium? ☐ Beginn und Dauer des Studiums/Auslandaufenthalts?
15 Monate	☐ Informationen über Studienprogramme und Universitäten einholen ☐ beim Akademischen Auslandsamt der Heimatuniversität nach Hochschulkooperationen erkundigen ☐ Informationsveranstaltungen besuchen, z.B. den e-fellows.net LL.M. Day ☐ Austausch mit auslandserfahrenen Freundinnen und Freunden sowie Kommiliton:innen ☐ Vorüberlegungen zu Kosten und Finanzierung, ggf. Informationen zu Stipendien einholen
10 Monate	☐ Informationen über Zulassungsbeschränkungen und -voraussetzungen der ausgewählten Universitäten/Programme einholen ☐ ggf. Beginn der Vorbereitung für einen Sprachtest ☐ Informationen zum Bewerbungsschluss bei den Universitäten einholen und individuellen Zeitplan für Bewerbung erstellen ☐ ggf. Empfehlungsschreiben bei Hochschullehrer:innen anfordern
6–8 Monate	Bewerbung zusammenstellen ☐ Lebenslauf erstellen ☐ beglaubigte Kopien einholen ☐ Academic Transcript einholen ☐ Motivationsschreiben ☐ Empfehlungsschreiben ☐ Sprachzeugnisse

Zeitplan	Rechtzeitig mit den Vorbereitungen beginnen!
5 Monate	☐ Bewerbungen abschicken ☐ ggf. Reisepass beantragen/erneuern
4 Monate	☐ Informationen zu besonderen Einreise- und Aufenthaltsbestimmungen (z. B. Visum, Arbeitserlaubnis, Impfungen) einholen, insbesondere sofern Studium außerhalb der EU ☐ Finanzplanung steht ☐ Informationen zu ggf. zusätzlichen Versicherungen (Kranken-, Reiserücktritts- bzw. Reiseversicherungen) einholen ☐ ggf. Wohnung/Zimmer im Heimatland kündigen oder untervermieten
3 Monate	☐ Rückmeldung der Universität sollte erfolgt sein, ggf. weitere Bewerbungen abschicken ☐ Zusage/Absage an Universitäten senden ☐ Einreise- und Aufenthaltsangelegenheiten klären ☐ Flug buchen ☐ Unterkunft im Gastland (private Zimmer- bzw. Wohnungssuche, Vermittlung von Wohnheimzimmer über die Universität/das College) ☐ Bankangelegenheiten im Ausland klären (Kontoeröffnung, Überweisungen, Nutzung EC- bzw. Kreditkarte) ☐ ggf. internationalen Führerschein beantragen

Zeitplan für die Vorbereitung eines LL.M.-Studiums

Bewerbungsschluss ist in der Regel ein bis zwei Monate vor Studienbeginn. Zwar werden Bewerbungen teilweise auch noch nach diesem Zeitpunkt akzeptiert, doch angesichts der mit dem Auslandsaufenthalt verbundenen Planung und Vorbereitung sollte diese Frist nicht voll ausgereizt werden. Darüber hinaus sollten Bewerber:innen bei der Planung des zeitlichen Ablaufs im Auge behalten, dass auch bei Erfüllung der Mindestvoraussetzungen der Studienplatz nicht garantiert ist. Insbesondere an US-amerikanischen Eliteuniversitäten ist die Konkurrenz groß. Die Bewerbung an der Wunschuniversität sollte aus diesem Grund möglichst frühzeitig erfolgen. Es bleibt Bewerber:innen überlassen, sich gleichzeitig oder später an Ausweichuniversitäten zu bewerben. Ist die Bewerbung an der bevorzugten Universität erfolgreich, sind weitere Bewerbungen nicht erforderlich. Reagiert die Universität nicht rechtzeitig oder will man auf Nummer sicher gehen, sollte man sich an allen Universitäten seiner engeren Wahl bewerben.

Bewerber:innen gehen bei ihren Bewerbungen – abgesehen von seitens der Universität vorgegebenen Fristen – am besten in der Reihenfolge ihrer Präferenz vor, schicken also Bewerbungen an die Wunschuniversitäten zuerst ab. Bei einer anderen Reihenfolge läuft man Gefahr, von einem weniger attraktiven Programm frühzeitig eine fristgebundene Zusage zu erhalten, während die Zusage der Wunschuniversität weiter auf sich warten lässt. Bewerber:innen stehen dann vor dem Dilemma, entweder ein weniger begehrtes Programm akzeptieren zu müssen, obwohl die Zusage der Wunschuniversität vielleicht noch kommt, oder mit leeren Händen dazustehen, wenn sie das erste Angebot zurückweisen und dann keine Zusage von ihrer Wunschuniversität erhalten.

Zusage

Nach Prüfung der Bewerbung trifft die Universität eine Entscheidung über die Zulassung der Bewerberin oder des Bewerbers. Im Idealfall sind die Mindestvoraussetzungen erfüllt, und die Bewerbung ist vollständig und ansprechend. Dann erhalten Bewerber:innen optimalerweise ein verbindliches Angebot der Universität (Unconditional Offer), das grundsätzlich innerhalb einer bestimmten Frist angenommen werden muss. Die Erfahrung hat jedoch gezeigt, dass einige Universitäten auch bereit sind, die Annahmefristen (sogar mehrfach) zu verlängern und unter Umständen sogar einen Teil der Studiengebühren zu erlassen. Bewerber:innen sollten sich jedoch nicht darauf verlassen. Zum einen sind Universitäten zu einem solchen Vorgehen nur bereit, wenn noch Studienplätze zu vergeben sind, was gerade bei angesehenen Universitäten nicht unbedingt der Fall ist. Zum anderen besteht das Risiko, am Ende den gewünschten Studienplatz doch nicht zu erhalten.

Waren die Unterlagen nicht vollständig oder sind bestimmte Voraussetzungen (noch) nicht erfüllt, kann die Universität ein bedingtes Angebot (Conditional Offer) unterbreiten, insbesondere wenn die Bewerbung vor Abschluss der Ersten Juristischen Prüfung erfolgt. Das Angebot wird mit Bestehen der Prüfung (ggf. mit einer Mindestpunktzahl) verbindlich, und das Abschlusszeugnis muss dann vor Beginn des Studiums nachgereicht werden.

Online-Bewerbung und Bewerbung über Partnerinstitute

Die meisten Universitäten im englischsprachigen Ausland akzeptieren ausschließlich Bewerbungen über Online-Bewerbungsportale. Online-Bewerbungen sollten mit der gleichen Sorgfalt erstellt werden wie schriftliche Bewerbungen. Auch hier gilt es natürlich, Rechtschreibfehler zu vermeiden. Unterlagen wie Zeugnisse und das Academic Transcript müssen gegebenenfalls eingescannt oder zusätzlich per Post versandt werden. Bewerber:innen sollten sich im Vorfeld sorgfältig über den Prozess der Online-Bewerbung informieren.

Eine weitere Möglichkeit ist die Bewerbung über Partnerbüros und -institute der Universitäten. Für Hochschulen in Australien und Neuseeland gibt es eine Reihe von Institutionen, die bei der Bewerbung um einen Studienplatz an australischen und neuseeländischen Universitäten kostenlos Unterstützung anbieten (z. B. IEC, Institut Ranke-Heinemann, Studium Downunder, GOstralia!). Ähnliche Angebote gibt es inzwischen auch für andere Länder, u. a. von College Contact und IEC. Allerdings gelten diese meist nur für bestimmte Universitäten und Colleges. Schließlich gibt es auch zahlreiche kommerzielle Anbieter, die ihre Dienste gegen Entgelt anbieten (zum Beispiel den LL.M. Credential Assembly Service for International Applicants des Law School Admission Council (LSAC)). Der Vorteil bei der Bewerbung über eine solche Institution liegt darin, dass Bewerber:innen die Bewerbungsunterlagen für alle Universitäten nur einmal an die jeweilige Agentur schickt. Diese sorgt dann für die Übersendung der Unterlagen an die verschiedenen Universitäten. Darüber hinaus kümmert sie sich um Übersetzungen und Beglaubigungen von Unterlagen, wie z. B. Zeugnissen. Das spart Zeit und Wege. Außerdem kann die Agentur aufgrund ihrer langjährigen Zusammenarbeit mit verschiedenen Universitäten nützliche Tipps geben. Der Nachteil liegt allerdings darin, dass man die Bewerbung aus der Hand gibt und die Mittlerorganisation bei Problemen womöglich nicht so schnell reagieren kann wie man selbst.

TIPP: Grundsätzlich erspart die Bewerbung über Partnerorganisationen Behördengänge. Sollte die Bewerbung nicht glatt verlaufen, können Bewerber:innen die Korrespondenz immer noch in die eigene Hand nehmen.

Stipendien

Ein Stipendium ermöglicht nicht nur eine sorglose (Teil-)Finanzierung des LL.M.-Studiums, sondern auch den Zugang zum Netzwerk der jeweiligen Stipendiengeber:in. Zudem zeichnet man sich durch ein Stipendium aus und kann diese Tatsache schon in seinen Bewerbungen um einen Studienplatz positiv hervorheben.

Wer sich um ein Stipendium zur Finanzierung des LL.M.-Studiums bemüht, muss zunächst eine zweite Bewerbung erstellen. Die Bewerbungen sind nur zum Teil deckungsgleich, wobei die Universitäten und Stipendiengebenden einige übereinstimmende Dokumente verlangen - wenn auch häufig in unterschiedlichen Sprachen. Bewerber:innen haben die Möglichkeit, diese Übereinstimmungen zu nutzen, zum Beispiel indem sie Professor:innen nicht nur um ein Gutachten für die Bewerbung an der Universität, sondern auch gleich um ein Gutachten für das Stipendium bitten.

Die Bewerbungsfristen für Stipendien stimmen nicht mit den Bewerbungsfristen der Universitäten überein. Wer sich um ein Stipendium bewirbt, muss mit der Planung und Vorbereitung seines Auslandsaufenthalts bereits früher beginnen. Bei einigen Stipendienprogrammen kann der Bewerbungsschluss bis zu einem Jahr vor Studienbeginn liegen. Bei einer Stipendienbewerbung müssen Bewerber:innen bereits ihr Studienvorhaben erläutern und eine Universitätsauswahl präsentieren. Dabei ist den Stipendiengebenden meist bewusst, dass es im Nachhinein noch zu Abweichungen kommen kann.

Anforderungen der Stipendiengebenden

Die Fördermöglichkeiten für LL.M.-Studierende sind leider recht überschaubar. Am Ende des Finanzierungskapitels findet sich eine Übersicht über mögliche Stipendiengebende. Die meisten Stipendien vergibt der Deutsche Akademische Austauschdienst (DAAD). Wegen der begrenzten Fördermöglichkeiten und des hohen Wettbewerbs sind viele angehende LL.M.-Studierende unsicher, ob sie überhaupt für ein Stipendium infrage kommen. Im Gegensatz zur großen Zahl an LL.M.-Studiengängen und den teilweise eher lockeren Zulassungsvoraussetzungen sind die Anforderungen für eine Stipendienvergabe hoch. Die Anzahl der verfügbaren Stipendien ist hingegen niedrig. Allerdings sind die Bewerber:innenzahlen häufig ebenfalls nicht allzu hoch, da längst nicht jede:r den zusätzlichen Aufwand für eine Stipendienbewerbung auf sich nimmt.

Die Anforderungen der verschiedenen Stipendiengebenden an ihre künftigen Stipendiat:innen sind sich recht ähnlich. In der Regel werden Personen gefördert, die ihr Studium zügig und mit überdurchschnittlichen Leistungen absolviert haben. Auch die Persönlichkeit der Bewerber:innen spielt bei der Auswahl eine Rolle. Hier sind Kriterien wie gesellschaftliches, politisches oder soziales Engagement wichtig. Außerdem muss das Studienziel überzeugend präsentiert werden, in der Regel durch ein Motivationsschreiben und in einem persönlichen Auswahlgespräch. Im Hinblick auf diese Anforderungen sollten die Bewerber:innen berücksichtigen, dass sie sich für die Zahlung einer recht hohen Summe bewerben, die sie nicht zurückzahlen müssen. Dafür kann der:die Stipendienger:in im Gegenzug durchaus eine gewisse Vorleistung erwarten. Viele Stipendiengebende sehen die eigenen Stipendiat:innen als Botschafter:innen Deutschlands und legen daher Wert auf das Auftreten und die Selbstdarstellung ihrer potenziellen Stipendiat:innen. Die Gewichtung der einzelnen Auswahlkriterien wird von den Stipendiengebenden in aller Regel nicht veröffentlicht. Ob man die Anforderungen erfüllt, kann man selbst meist schwer beurteilen. Ein Indiz kann allerdings die Bereitschaft eines Hochschullehrenden zum Erstellen eines Gutachtens sein. Professor:innen können aufgrund ihrer Erfahrungen oft einschätzen, ob jemand Chancen auf ein Stipendium hat. Im Hinblick auf das Kriterium der Förderung überdurchschnittlicher Leistung wird meist die Note vollbefriedigend in der Ersten Juristischen Prüfung verlangt, wobei Abweichungen im Einzelfall vorkommen können. Im Zweifelsfall sollte man sich erkundigen, ob die eigene Note ein Ausschlusskriterium darstellt. Bei einigen Stipendiengebenden dürfte aufgrund des hohen Wettbewerbs zwischen den Bewerbenden eine Leistung deutlich über neun Punkten erforderlich sein. Dabei stellt sich für viele Absolvent:innen zusätzlich das Problem, dass viele Stipendiengebende nicht zwischen den einzelnen Bundesländern differenzieren, obwohl die Noten sich zum Teil beträchtlich unterscheiden. Hier kann sich das Beilegen eines Rankings positiv auswirken.

TIPP: Es gibt Stipendiengebende, die sich nicht ausschließlich an Jura-Studierende richten. Der Wettbewerb ist dann erfahrungsgemäß weniger notenorientiert, da die Noten verschiedener Studiengänge schwer vergleichbar sind. Bewerber:innen mit Stärken jenseits der Note können hier auf bessere Chancen hoffen.

Bewerbung um ein Stipendium

Die Bewerbung um ein Stipendium ist ein zusätzlicher Aufwand. Auch hier ist es wichtig, die Bewerbungsunterlagen auf die Anforderungen der fördernden Institutionen auszurichten. Die Vorgaben der verschiedenen Stipendiengebenden sind prinzipiell vergleichbar, sodass hier nur die gemeinsamen Grundlagen überblicksartig dargestellt werden.

Erforderlich sind ein Lebenslauf, ein Motivationsschreiben bezüglich des Studienvorhabens (zum Teil auch mit einer Darstellung eines wissenschaftlichen Projekts) sowie ein Empfehlungsschreiben. Am Beispiel der vom DAAD verlangten Unterlagen lässt sich der Aufwand einer solchen Bewerbung skizzieren. Der DAAD verlangt neben dem Bewerbungsformular und einem tabellarischen Lebenslauf eine ausführliche Beschreibung des mit dem LL.M. verfolgten Studienvorhabens (max. fünf Seiten), die Darlegung der fachlichen und persönlichen Motive für das geplante Vorhaben (Motivationsschreiben), eine Aufstellung sämtlicher besuchter Übungs- und

Seminarveranstaltungen (mit Bestätigung der Richtigkeit durch die Universität) auf einem DAAD-Formular sowie ein Gutachten einer Hochschullehrkraft. Zusätzlich müssen Bewerber:innen für englischsprachige Länder bzw. für englischsprachige Studienangebote ihrer Bewerbung das Ergebnis des TOEFL (mindestens 100 Punkte im iBT) oder IELTS-Tests (mindestens 7 Punkte) beifügen. Für Bewerbungen nach Großbritannien kann auch der Cambridge English C1 Advanced-Test (bisher: Cambridge English: Advanced bzw. Certificate in Advanced English (CAE)) eingereicht werden. Darüber hinaus braucht man den Zulassungsbescheid der Gasthochschule, in der Regel auch bereits das Ergebnis der Ersten Juristischen Prüfung bzw. das Bachelorzeugnis, das Zeugnis der Hochschulzugangsberechtigung mit Einzelnoten, wenn möglich eine Bescheinigung über das Ranking innerhalb des Bundeslandes bzw. der Hochschule oder des Fachs sowie die Bescheinigung des Prüfungsamtes der Hochschule über die Notenverteilung mit der Bestätigung, dass die Bewerberin oder der Bewerber zu den 20 Prozent der besten Absolvent:innen des rechtswissenschaftlichen Studiengangs zählt. Außerdem müssen sich Bewerber:innen einem persönlichen Auswahlgespräch stellen.

Lebenslauf

Der Lebenslauf ist auch bei der Bewerbung für ein Stipendium das Aushängeschild. Grundsätzlich gelten die bereits genannten Formalitäten auch für die Stipendienbewerbung.

TIPP: Es lohnt sich, auch im Hinblick auf künftige Bewerbungen, Zeit und Mühe in die Erstellung eines ansprechenden Lebenslaufs zu investieren. Da Informationen zu Studium, beruflicher Laufbahn etc. gleich bleiben, muss das einmal verfasste Grundgerüst lediglich um aktuelle Ereignisse ergänzt werden.

Kürze und Klarheit sind die Grundsäulen eines überzeugenden Lebenslaufs. Sowohl inhaltlich als auch optisch sollte in erster Linie auf Lesbarkeit und eine klare Struktur geachtet werden. Wichtige Punkte wie Berufserfahrung oder Studium sollten am Anfang stehen. Darüber hinaus muss der Lebenslauf für Leser:innen, die die Bewerberin oder den Bewerber nicht kennen, in den einzelnen Punkten aussagekräftig sein. Bei einer Bewerbung für ein Stipendium kommt es – anders als bei der Bewerbung für eine Anstellung – weiterhin darauf an, nicht nur die beruflichen Meilensteine darzustellen, sondern verstärkt auf persönliche Interessen und Engagement zu verweisen. In diesen Punkten kann man sich von den Mitbewerbenden positiv abheben und die entscheidende Aufmerksamkeit auf sich lenken. Ein Beispiel für einen ausführlichen Lebenslauf findet sich am Ende dieses Kapitels.

Motivationsschreiben

Bezüglich des Motivationsschreibens sind die Anforderungen der Stipendiengebernden unterschiedlich. Sie reichen von einer kurzen Erläuterung des Studienvorhabens auf einer DIN-A4-Seite bis zur Präsentation eines eigenen, über das Studium hinausgehenden Forschungsprojekts. Bewerber:innen sollte diese Aufgabe auch als Chance verstehen, sich über die eigenen Ziele und Vorstellungen klarer zu werden.

Wie bei der Bewerbung für die Universität sollte das Motivationsschreiben für das Stipendium möglichst aussagekräftig sein. Es ist wichtig, die Informationen aus dem Lebenslauf mit dem angestrebten Studienvorhaben zu verknüpfen und hervorzuheben, warum man Interesse an einem Auslandsaufenthalt im Allgemeinen und im gewünschten Land im Besonderen hat. Dabei sollten Bewerber:innen im Hinterkopf behalten, dass mit dem Stipendium eine Zusatzausbildung gefördert werden soll, die sie gewissermaßen zu Global Players macht, die sich sicher auf dem internationalen Parkett bewegen. Es gilt daher zu verdeutlichen, inwieweit das angestrebte Studienprojekt dazu beiträgt, dieses Ziel zu verwirklichen. Hierbei sollten Bewerber:innen auf die Gründe eingehen, die sie letztlich dazu bewegt haben, die Universität und das Studienprogramm auszuwählen. Dafür muss das Rad nicht neu erfunden werden: Nach dem dargelegten systematischen Auswahlansatz sollte den Bewerber:innen bewusst sein, warum sie sich für ein bestimmtes Studium entschieden haben.

Das Motivationsschreiben ist das Herzstück der Bewerbung um ein Stipendium. Entsprechend viel Zeit sollte man für Konzept und Formulierung des Schreibens einplanen. Ebenso wie beim Verfassen des Lebenslaufs sollte man Rat von Freundinnen und Freunden oder Familienmitgliedern einholen und den Text Korrektur lesen lassen.

Auswahlgespräch

Im Gegensatz zu den Bewerbungen um einen LL.M.-Studienplatz muss man sich bei der Stipendienbewerbung einem persönlichen Gespräch stellen, da sich die Stipendiengebenden einen eigenen Eindruck von ihren potenziellen Stipendiat:innen verschaffen wollen. Eine gewisse Vorbereitung auf die Gespräche ist durchaus möglich und empfehlenswert, auch wenn oft das Gegenteil behauptet wird. Da die verschiedenen Stipendiengebenden zum Teil unterschiedliche Förderrichtlinien haben, können im Folgenden nur allgemeine Hinweise gegeben werden.

Zunächst beurteilt die Auswahlkommission die Bewerber:innen anhand der schriftlichen Bewerbung. Besonders wichtig sind der Kommission hier die fachliche Qualifikation, die bisherigen Studienleistungen, die Darstellung und Begründung des Studienvorhabens sowie die Referenzschreiben.[8] Nach einer Vorauswahl entscheidet die Kommission, welche Bewerber:innen zum Auswahlgespräch eingeladen werden. Mit der Einladung zum Gespräch haben Bewerber:innen die erste Hürde auf dem Weg zum Stipendium genommen. Da sich meist mehr Personen bewerben als Stipendien zu vergeben sind, ist das Stipendium aber noch längst nicht sicher.

Die Dauer der Auswahlgespräche variiert. Bei großen Organisationen, die eine Vielzahl von Stipendien vergeben (beispielsweise der DAAD), dauert ein Gespräch in der Regel ca. 15 Minuten. Bei anderen Stipendiengebenden können die Gespräche deutlich länger sein. Teilweise werden sogar zwei Auswahlgespräche geführt. Die jeweilige Dauer eines solchen Interviews hat immer Vor- und Nachteile. Kurze Gespräche sind insofern angenehmer, als keine zu tief gehende Befragung erfolgt. Der erste Eindruck ist hier jedoch entscheidend und nicht revidierbar. Längere Gespräche sind entsprechend detaillierter und tiefer gehend, es ist allerdings auch leichter, kleine Fehler wieder auszugleichen. Im Gespräch gilt es, sich selbst und das angestrebte Studium gut zu präsentieren. Eine ansprechende Präsentation beginnt schon bei der äußer-

8 https://www.e-fellows.net/Studium/Stipendien/Bewerbungstipps/Bewerbungsgespraech-Auswahltag; www.llm-guide.com/board/72205; www.financial-career.de/stipendienberichte.php; https://www.squeaker.net/de/Studium/Stipendium/Stipendien-Bewerbung/Auswahlverfahren; https://www.faz.net/aktuell/rhein-main/studenten-berichten-ueber-erfahrung-mit-einem-stipendium-16733835.html, jeweils abgerufen am 15.08.2021.

lichen Erscheinung. Es gibt keine formellen Regeln, wie man sich zu einem Auswahlgespräch zu kleiden hat, Jeans und Turnschuhe sind aber sicherlich unpassend. Wer im Anzug bzw. Kostüm erscheint, macht sicher nichts falsch: Es handelt sich dabei schließlich ohnehin für die meisten Jura-Studierende um die künftige Berufskleidung. Nichtsdestotrotz bewirbt man sich nicht um eine Anstellung, sondern um die finanzielle Förderung eines Studiums. Etwas weniger formelle Kleidung, oft auch als gepflegte Freizeitkleidung bezeichnet, wird daher in der Regel nicht negativ ausgelegt.

TIPP: Bewerber:innen sollte stets sich selbst treu bleiben und nicht versuchen, die Auswahlkommission durch ein Auftreten zu beeindrucken, das nicht ihrer Persönlichkeit entspricht. Ein aufgesetztes Verhalten hinterlässt selten einen guten Eindruck.

Niemand sollte unvorbereitet in ein Auswahlgespräch gehen, denn der Eindruck, den man im Interview hinterlässt, ist entscheidend. Mit entsprechender Vorbereitung kann man sich positiv von seinen Mitbewerbenden abheben und letztlich die Auswahlkommission von sich überzeugen. Die Auswahlgespräche, mögen sie im Einzelnen auch variieren, enthalten stets wiederkehrende Elemente. Hauptthema ist in der Regel das angestrebte Studium. Bewerber:innen werden von der Auswahlkommission nochmals ganz genau befragt, warum sie welchen Studiengang an welchem Ort absolvieren möchte. Dafür ist es wichtig, sich vorher gut über das jeweilige Land und das dortige Studiensystem zu informieren und über die Studienangebote an den diversen Hochschulen Bescheid zu wissen. Bewerber:innen müssen gut begründen können, warum sie sich ausgerechnet für dieses bestimmte Programm entschieden haben.

TIPP: Man sollte seine eigene Bewerbung und insbesondere das Motivationsschreiben sehr gut kennen. Nichts ist schlechter, als bei der Auswahlkommission den Eindruck zu hinterlassen, dass man sich bei der schriftlichen Bewerbung hauptsächlich der Argumente Dritter bedient hat.

Wer sein Studium mit dem Erwerb von Kenntnissen des Rechtssystems wichtiger Wirtschaftspartner:innen begründet, sollte auf Fragen zur Wirtschaft des jeweiligen Landes und zu dessen wirtschaftlichen Beziehungen zu Deutschland vorbereitet sein. Darüber hinaus sind tagesaktuelle Themen ein beliebter Anknüpfungspunkt für Auswahlgespräche. Es empfiehlt sich daher, in den Tagen vor dem Gespräch die Berichterstattung in den Medien zu verfolgen.

Wichtig ist für die Auswahlkommission häufig, welche Pläne Bewerber:innen nach dem Auslandsaufenthalt haben. Mit anderen Worten: Welche Bedeutung hat das Studium für die angestrebte berufliche Tätigkeit? Es wird erwartet, dass sich Bewerber:innen über ihre berufliche Perspektive Gedanken gemacht haben und das angestrebte Studium dazu in Beziehung setzen können. Schließlich sollten sich Bewerber:innen darauf einstellen, dass manchmal ein Teil des Gesprächs in der Sprache des Studienlands geführt wird. Hierbei ist es wahrscheinlich, dass ein juristisches Thema, gegebenenfalls das in der Stipendienbewerbung angegebene Forschungsgebiet oder -projekt, diskutiert wird. Ein Auswahlgespräch ist nie einfach, allerdings kann man es mit entsprechender Vorbereitung gut meistern.[9] Bewerber:innen soll-

---

9 www.e-fellows.net/Studium/Stipendien/Bewerbungstipps/Bewerbungsgespraech-Auswahltag, abgerufen am 15.08.2021.

ten sich immer bewusst sein, welchem Zweck das Gespräch eigentlich dient, nämlich der Vergabe von zum Teil recht hohen Geldsummen zur Finanzierung eines Studiums. Die Auswahlkommission, die sich aus Fachexpertinnen und -experten (häufig Professorinnen und Professoren), erfahrenen Stipendiatinnen und Stipendiaten und Mitarbeiter:innen der Stipendiengebenden zusammensetzt, will sich davon überzeugen, dass die Vergabe des Stipendiums eine gute Investition ist.

Es kommt nicht darauf an, perfekt zu sein. Jeder Mensch hat Schwächen, dazu sollten auch die Bewerber:innen stehen. Außerdem ist auch der Kommission bewusst, dass es ein Leben neben dem Studium gibt und persönliche Interessen bei der Auswahl des Studienorts eine Rolle spielen. Insgesamt will sich die Auswahlkommission davon überzeugen, dass das angestrebte Vorhaben gut durchdacht und für die Bewerber:innen sinnvoll ist. Generell steht sie dem Studienvorhaben dabei aufgeschlossen gegenüber, sonst hätte sie gar nicht erst zum Gespräch geladen.

Entscheidung
Die Entscheidung über die Vergabe des Stipendiums wird den Bewerber:innen in der Regel schriftlich mitgeteilt. Liegen zum Zeitpunkt der Entscheidung beispielsweise die Examensergebnisse oder die Zusage der Universität noch nicht vor, wird die Stipendienzusage bedingt erteilt, und man muss die fehlenden Unterlagen nachreichen. Insgesamt lässt sich festhalten, dass Bewerber:innen sorgfältig abwägen müssen, ob sich der Aufwand für eine Stipendienbewerbung lohnt. Sind jedoch die Mindestvoraussetzungen wie eine gute Examensnote und studentisches oder soziales Engagement erfüllt, ist es sinnvoll, die Chance zu nutzen.

Beispieldokumente

Im Folgenden sind als Orientierungshilfe zehn anonymisierte Beispieldokumente abgebildet:

- Beispiel für ein Anschreiben (Cover Letter)
- Beispiel für ein Motivationsschreiben (Statement of Purpose)
- einseitiger Lebenslauf für die USA
- Beispiel für einen englischsprachigen Lebenslauf
- Empfehlungsschreiben der Professorin oder der Professors
- Empfehlungsschreiben des Arbeitgebers
- einfache Übersetzung des Abiturzeugnisses
- Übersicht über die universitären Leistungen
- Übersetzung des Zeugnisses der universitären Schwerpunktbereichsprüfung
- Übersetzung des Zeugnisses der Ersten Juristischen Prüfung

Bei diesen Dokumenten handelt es sich um Beispiele aus erfolgreichen Bewerbungsprozessen, die lediglich als Anhaltspunkt zur Gestaltung der eigenen Bewerbungsunterlagen dienen sollen. Für die formale Richtigkeit kann deshalb keine Gewähr übernommen werden. Bewerber:innen sollten ohnehin keine vorgefertigten Textbausteine verwenden.

Cover Letter

Michael Kugler
Hauptstraße 13
20301 Nordstadt
+49 12 7204 3299
michael@kugelweb.de

University of XYZ School of Law
329 Law School Boulevard
Los Angeles, CA, 90033

Application for the LL.M. Program at University of XYZ School of Law 2022/2023

To whom it may concern:

I am applying for a place on the LL.M. program at the University of XYZ School of Law starting fall 2022.

As you can see from my resume, I have passed my first state exam with distinction and am currently working on my doctoral thesis. In preparation for entering an American Law School I am studying aspects of American law through a course at the University of Cologne.

My motivation in applying for admission to your LL.M. Program is to take advantage of XYZ's excellence in my particular fields of research, Corporate Law and Corporate Governance. In addition, I would like to acquire a profound knowledge of the U.S. legal system. Moreover, working at the University of XYZ with its comprehensive research facilities would also be of great value to my thesis.

I appreciate your consideration.

Sincerely yours,

Enclosure

Tipps für das Anschreiben:

- In Commonwealth-Staaten spricht man nicht von einem „resume", sondern von einem „CV".
- Für die Anrede sollte idealerweise eine Bezugsperson gefunden werden (z. B. Dekan:in des LL.M.-Programms); die Formulierung lautet dann „Dear Mr. Smith:". Anderenfalls wird die Anrede „To whom it may concern:" gewählt.
- Die Länge des Anschreibens sollte genau eine Seite betragen.
- Auf deutsche Bescheidenheit kann man verzichten und z. B. Prädikatsexamina bereits im Anschreiben erwähnen („passed with distinction").
- Aufbau:
  - kurze Einführung
  - aktuelle Tätigkeit, Nationalität und eigene Fähigkeiten
  - Gründe für Bewerbung und Wahl der Universität
  - ggf. Bitte um Übersendung der Liste der infrage kommenden Stipendiengebenden

Motivationsschreiben

Statement of Purpose

By spending a year at the University of xy Law School, I would like to further my knowledge of the American legal system, thereby learning more about the roots of German business law. Having recently graduated from the University of Cologne, I had the chance of taking American Law courses. Here, I discovered that most rules of business law result from business cases, many of which had taken place in the U.S.

Currently, I am working on my doctoral thesis on xy at the University of Munich. For this purpose, I have a scholarship of the German National Merit Foundation. In the U.S., proxy voting is a well-known instrument to enable shareholders to participate in shareholder meetings, even without physical presence. Since this opportunity has recently been made available in Germany, a large number of legal questions wait to be answered.

Joining your LL.M. program would give me not only a greater understanding of the American legal system but also access to the vast library and other research facilities of the Law Quadrangle. The opportunity to pursue individual research while participating in the general LL.M. program would allow me to benefit greatly with regard to my thesis. Another motivation in applying for admission to the University of xy is to take advantage of its excellence in my particular fields of research, Corporate Law and Corporate Governance. The courses on corporate law and international economic law taught by xy and yz are especially interesting. Furthermore, the lectures at the John M. Olin Center for Law and Economics, e.g. the course on mergers and acquisitions, would provide additional support for my doctoral thesis.

I have a strong belief that this stay abroad would be enriching for my future personal career as a lawyer, focussing on cross border company law as well as for my personal development. I have visited foreign countries in Europe and East Asia already, and learned a great deal. I am enthusiastic about getting to know the U.S. from a first-hand perspective, too. I consider myself open-minded and could therefore take an active and integrative role in the multi-cultural student body of the University of xy Law School.

Einseitiger Lebenslauf für die USA

Kugler, Michael
Hauptstraße 13, 20301 Nordstadt, Germany
Phone: +49 12 7204 3299
michael@kugelweb.de

EDUCATION

Freie Universitaet Berlin, Germany
Ph.D. candidate in Law (Dr. iur.), expected May 2021
Thesis: Negotiation and mediation in civil proceedings in Germany
Honors: Postgraduate scholarship "Elitefoerderung Berlin" (2019/2020)
Publications: Neue Zeitschrift für Verwaltungsrecht (NVwZ) 2019, 125 (together with Max Muster);
Juristenzeitung (JZ) 2019, 122 (together with Max Muster);
Neue Juristische Wochenschrift (NJW) 2020, 205

Albert-Ludwigs Universitaet Freiburg, Germany
First State Examination in Law, February 2018, grade: 9.86 (top 10% of the state)
Activities: European Law Moot Court, Luxembourg, 2017;
University of San Diego School of Law, Summer Institute on Comparative and International Law, Paris, France, 2015

EXPERIENCE

Regional Court Berlin, Germany
Trainee Lawyer, April 2019 – April 2021
Second State Examination in Law expected in April 2021
Drafted court decisions, participated in Civil and Administrative Court sessions, and acted as a co-mediator in court-connected proceedings. Represented the District Attorney's Office at the criminal court. Worked as a trainee lawyer with the law firm Schmutzler & Neid, Berlin. Interned with the German Embassy in New York, USA (Political Section and Legal/Consular Services).

Research Center for Civil Law, Freie Universitaet Berlin, Germany
Research Fellow, October 2018 – February 2019
Taught and trained students and professionals in arbitration procedure, coached the university's team at the European Law Moot Court, Luxembourg. Researched European law issues. Organized related seminars, lectures, classes and conferences.

Becker & Partner, Frankfurt, Germany
Law Clerk, September 2017–April 2018
Researched case law and prepared a copyrights publication. Wrote memoranda on IP related problems. Drafted letters to clients, statements of claims, legal briefs and contracts. Participated in legal proceedings and negotiations. – Becker & Partner is an international law firm of over 500 attorneys based in Frankfurt, Germany.

LANGUAGES: German (native), English (fluent), French (basic knowledge), Spanish (basic knowledge)

INTERESTS: Snowboarding, swimming, cooking, jazz

Beispiel für einen englischsprachigen Lebenslauf

Kugler, Michael
Hauptstraße 13, 20301 Nordstadt, Germany
Phone: +49 12 7204 3299
michael@kugelweb.de

EDUCATION

09/2018 until present	**Freie Universitaet Berlin,** Germany Candidate for Dr. iur., expected May 2021 Doctoral Thesis on "Negotiation and mediation in civil proceedings in Germany"
10/2013–02/2018	**Albert-Ludwigs Universitaet Freiburg,** Germany First State Examination in Law, passed with distinction (9.86 points–fully satisfactory; top 10 % of the state) Specializations: Intellectual Property Law, International Private Law, European Law; Activities: • Participant in the final of the European Law Moot Court Luxembourg (2017). • Joint Seminar of the Law Faculties Tuebingen and La Rochelle, France (2015). • University of San Diego School of Law, Summer Institute on Comparative and International Law, Paris (2015).

EXPERIENCE

04/2019–04/2021	**Regional Court Berlin** (Landgericht Berlin) Trainee Lawyer (Rechtsreferendariat), Second State Examination expected in April 2021; main areas of work: Drafting court decisions, legal briefs and opinions; participating in Court sessions; acting as a co-mediator in court-connected proceedings; representing the District Attorney's Office at Criminal Court sessions.
01/2019 –04/2019	**German Embassy New York,** USA Internship with the Legal and Consular Services Department
10/2018–02/2019	**Research Center for Civil Law,** Freie Universitaet Berlin Research Fellow (part-time); main areas of work: Teaching & training students and professionals in arbitration procedure (in German and English); coaching the University's team at the European Law Moot Court in Luxembourg; doing research on business negotiation and mediation; organizing seminars, lectures, classes and conferences.
09/2017–04/2018	**Becker & Partner,** Frankfurt Law Clerk (part-time); main areas of work: Researching case law; preparing a publication on Copyrights Law; writing memoranda, letters to clients, statements of claims, legal briefs and contracts on IP related

	problems; participating in legal proceedings and negotiations. Becker & Partner is an international law firm of over 500 attorneys based in Frankfurt, Germany.
11/2014 – 07/2017	**Institute of Finance & Taxation Law,** University of Freiburg Research Assistant (part-time); main areas of work: Researching case law and literature to prepare lectures and publications in Public, Finance and Taxation Law; proofreading; organizing the institute's library.

SCHOLARSHIPS

05/2019 – 04/2020	**Elitefoerderung Berlin** Competitive graduate scholarship for doctoral students based on excellent academic performance.
10/2015 until present	**e-fellows.net** Provides career services and networking opportunities to outstanding students.

VOLUNTEER WORK

09/2016 until present	**Round Table for Children in Need** (Foerderverein Runder Tisch fuer Kinder in Not), Berlin Volunteer, focus: Fundraising to assist children from socially deprived families by hiring social workers, organizing workshops and tutoring students.
12/2016 until present	**Friends of the Research Center for Civil Law,** Berlin Accountant (elected), focus: Controlling balance sheets and budgets of approx. 40,000 Euro; contacting actual and potential sponsors (law firms, companies and public organizations) to finance the Center's work at FU Berlin.
04/2016 – 09/2017	**e-fellows.net,** Munich Mentor to first year undergraduate students.

PUBLICATIONS

- Arbitration of Adminstrative Contracts, Neue Zeitschrift für Verwaltungsrecht (NVwZ) 2019, 125 (co-author with Max Muster)
- Arbitration in Germany, JuristenZeitung (JZ) 2019, 122 (co-author with Max Muster)
- Legal costs of registering IP in Germany, Neue Juristische Wochenschrift (NJW) 2020, 205

QUALIFICATION

Trained Mediator (~ 120 hours of basic and advanced mediation training in German and English)

LANGUAGES

German (native speaker), English (fluent), French (basic knowledge), Spanish (basic knowledge)

INTERESTS

Snowboarding, swimming, cooking, jazz

Empfehlungsschreiben des Professors

Prof. Dr. M. Mustermann
Professor für Staats- und Verwaltungsrecht
Voelkerrecht und Europarecht
Universitaet Musterhausen

Recommendation

I first met Mr. Max Muster during the summer term of 2012. Having just started his studies in law, he attended my course on "Constitutional Law I: State Organisation". During the winter term 2013/14, he was in my class on "Constitutional Law II: Fundamental Rights". In the following term, he took part in a seminar in Constitutional Law.

Mr. Muster attracted my attention very soon in both courses. He was amongst the five students out of 275 whom I noticed because their questions clearly showed deep thoughts and a great understanding of the issues covered in class. Because of his fast growing knowledge, he was always able to answer my questions in a precise and comprehensive manner.

Since I had received an excellent impression of him in the course, it was no surprise to find out that he also obtained very good results in the exercise. His papers were marked "very good" and "good" and thus put Mr. Muster into the leading position of all participants.

It was not only in my courses that Mr. Muster obtained excellent results. His name is also well known with many of my colleagues. In all other exercises he was graded clearly above average. In some exercises he was even top of the class. I also have to point out that he successfully made himself familiar with the foundations of law. He has written papers in History of Law, in Sociology of the Law and Philosophy of the Law, receiving high marks. This very positive image is completed by a seminar certificate in Law of the Media where he obtained the highest mark possible "very good – 18 points".

Mr. Muster is without doubt amongst the most willing and capable students, ranking in the top 5 percent. This is also confirmed by the fact that he worked 40 hours a month for the Law Faculty of the University Musterhausen as a student tutor with teaching capacity from 1 October 2016 to 31 August 2018. It is especially remarkable that he applied for the First State Exam after only 7 terms. In addition to obtaining excellent results, Mr. Muster also dedicated himself to a number of extracurricular activities, such as his responsibility for the public relation of "Charity 1", an institution dedicated to mitigate the consequences of injuries committed by Germany under the Nazi regime, and editing and laying out the protestant Newspaper Gemeinde-Zeitung. This shows that he is not only a highly talented person but also a particularly committed one. Despite his many gifts, he is a reserved, polite and amiable person.

It is understandable that Mr. Muster wants to pursue postgraduate studies in the United Kingdom to obtain an LL.M. degree. He had already chosen Antitrust Law, Competition Law and Trademark Law as optional subjects. Studying at your law school would help him to meet the requirements of a lawyer specialised in Business Law. A comprehensive and deep knowledge of Commercial Law, the importance of which increases in Private Law as well as in Constitutional and Administrative Law, can only be attained by someone who knows exactly about the business facts which Commercial Law refers to. This aspect makes the LL.M. program even more important to Mr. Muster as your university is well known for its practical relevance and international focus. Moreover, the "open-learning" method practiced in the United Kingdom will enable Mr. Muster to benefit from this additional training later in his practical training, when he returns to Germany ("Referendariat").

I am very certain that Mr. Muster will complete his LL.M. studies with great success. His excellent English skills will further support his ambitions. A brilliant student who also dedicates himself to many extra-curricular activities, Mr. Muster is of great value to any student body.

I therefore strongly recommend the admission of Mr. Muster to the LL.M. program at XYZ university.

Musterhausen, 11 November 2020.

Empfehlungsschreiben des Arbeitgebers

To Whom It May Concern:

11 January 2021

Letter of Recommendation

I am writing this letter at the request of Ms. Manuela Musterfrau. She is applying to the Master of Taxation program at your university.

Ms. Musterfrau started working for Kanzlei, Auditors and Tax Consultants as an intern under my supervision in 2015. Since then I have come to know her as a reliable and hard-working colleague. Ms. Musterfrau is an efficient, swift and dedicated employee. After completing her internship and postgraduate judicial service training in 2015 with our firm, it was obvious that we wanted Ms. Musterfrau to work for us as a lawyer. From the beginning of her employment she was able to make herself familiar with new issues and integrate herself into the workflows of the firm. The focus of her work involves Contract, Corporate and Tax Law, including Inheritance Tax. She is occupied with drafting contracts, company agreements, and wills. Moreover, she deals with M&A issues and gives legal opinions.

Because of her good English skills Ms. Musterfrau supports our American in-house lawyer in answering inquiries from foreign members of Kanzlei-Network, a worldwide association of independent accounting and consulting firms. She also participates in IFRS training.

Due to her friendly and cooperative personality, Ms. Musterfrau quickly integrated into our team. Her kind manner and considerate behavior made her an appreciated and much-liked co-worker. Her advice is always backed up by strong arguments, so that her suggestions most often turn out to be without alternative.

To name the weaknesses of people is difficult. Ms. Musterfrau's weaknesses follow from her strength. She who works quickly often tends to be impatient if things do not move quickly enough. She who wants to push developments with her ideas tends to consider that which has proven itself to be less relevant. But Ms. Musterfrau accepts these weaknesses with self-irony and mitigates them thereby. Her impatience is thus never expressed in negative reactions towards others and she has always rolled up her sleeves and lent a hand when matters have become urgent.

During her time at our firm, Ms. Musterfrau has been focussing on Cross Border Taxation. It is clear that she now wants to follow up on her interest at an academic level. To link this with her previous internship with one of the Big Four accounting firms seems to be especially appropriate. In addition, she will greatly benefit from the combination of academic training and experience within the German legal profession since knowledge of the American taxation system is highly important in structuring deals back in Germany.

Without any reservation, I am very confident that Ms. Musterfrau will successfully complete her Master of Taxation studies. I therefore expressly recommend that she be admitted to the program.

Yours sincerely

Steuerberater

Einfache Übersetzung des Abiturzeugnisses (Seite 1)

Translation

WALTHER-RATHENAU-OBERSCHULE
(PUBLIC SECONDARY SCHOOL/COLLEGE)
BERLIN-WILMERSDORF

A-LEVEL EXAMINATIONS

Mr. *Max Muster*
born on 26 February 1992 in Berlin, Germany

went in for the A-Level Examinations after having attended the upper classes of the public secondary school/college.

The certificate bases on:

- The "Agreement on the Secondary School Senior Level II Reorganisation" in the version as of 11 April 1993 (Resolution by the Conference of the Ministers of Culture as of 11 April 1993);
- The "Agreement on the A-Level Examinations of the Reorganised Secondary School Senior Level II" (Resolution by the Conference of the Ministers of Culture as of 13 December 1978) in the edition valid in each case;
- The Decree on the Secondary School Senior Level as of 26 April 1989 in the version valid in each case;
- The Execution Regulations on the A-Level Examinations in the version valid in each case.

Einfache Übersetzung des Abiturzeugnisses (Seite 2)

2nd page of the A-Level Examinations Certificate
for Mr. Max Muster

I. PERFORMANCES IN THE COURSE PHASE:

CS = Subjects on which the student concentrated

		1st half year	2nd half year	3rd half year	4th half year
		(points of courses multiplied by one)			
Ling.-Lit.-Art. Field					
German		15	14	13	12
Music		12	(10)	12	--
Latin		13	12	14	14
Sociological Field					
Political World Science (History, Geography, Sociology)		--	--	14	15
History	CS	13	13	13	14
Philosophy		13	15	14	(13)
Math.-Scientific-Technical Field					
Mathematics		14	14	(12)	--
Chemistry	CS	12	14	13	13
Biology		14	13	11	12
Additional Subjects					
Sports		--	15	15	15

Einfache Übersetzung des Abiturzeugnisses (Seite 3)

3rd page of A-Level Examinations Certificate
for Mr. Max Muster

II. PERFORMANCES IN THE A-LEVEL EXAMINATIONS:

Examination Subject	Examination Result (multiplied by one)	
	in writing	orally
1. Chemistry / Subject on which the student concentrated	12	--
2. History / Subject on which the student concentrated	13	--
3. German (Basic Course)	14	--
4. Biology (Basic Course)	--	08

III. CALCULATION OF THE OVERALL QUALIFICATION AND AVERAGE GRADE:

Total points from 22 basic courses multiplied by one:	301	110 points minimum, 330 points maximum
Total points from the six courses, on which the student concentrated, of the 1st to 3rd semester (multiplied by two) and the two courses on which the student concentrated of the 4th semester (multiplied by one):	183	70 points minimum, 210 points maximum
Point total from the examinations (multiplied by four) and the courses of the examination subjects in the 4th semester (multiplied by one):	239	100 points minimum, 300 points maximum
TOTAL POINTS:	723	280 points minimum, 840 points maximum
AVERAGE GRADE:		**1.3 (one point three)**

1) The following applies to the conversion of grades into points:

15/14/13 points	equal grade	+ 1 – (very good)
12/11/10 points	equal grade	+ 2 – (good)
09/08/07 points	equal grade	+ 3 – (satisfactory)
06/05/04 points	equal grade	+ 4 – (fair)
03/02/01 point(s)	equal grade	+ 5 – (poor)
00 points	equal grade	6 (failed)

Subjects on which the student concentrated are graded "CS".
Points of courses not included in the overall qualification are put in parentheses.

Einfache Übersetzung des Abiturzeugnisses (Seite 4)

4th page of A-Level Examinations Certificate
for Mr. Max Muster

IV. FOREIGN LANGUAGES

1st foreign language	English	from class 5 to class 11.2
2nd foreign language	Latin	from class 7 to class 13.2
3rd foreign language	French	from class 9 to class 12.2

This certificate includes the Latin in accordance with the Resolution by the Conference of the Ministers of Culture as of 26 October 1984.

Remarks: None

Mr. Max Muster has passed the A-Level Examinations qualifying for admission to a university in the Federal Republic of Germany.

The average note (N) is computed in accordance with enclosure 3 of the regulation covering the execution of the State Contract on the award of study places in accordance with the formula:

$$N = 5\ {}^{2}/_{3} - \text{Total Points: } 168$$

The average note is carried to one decimal place, it is not rounded. With an overall qualification of 768 and more points an average grade of 1.0 results.

Berlin, 30 May 2011

SEAL OF THE SCHOOL

The Head of the School/College
signed by:/ (illegible)

Chairman
signed by:/ (illegible)

SEAL OF THE SCHOOL

Übersicht über die universitären Leistungen

Freie Universität Berlin

Scheinübersicht (List of Courses)
Name des Studenten (Name of Student): **Max Muster**

Bürgerliches Recht *(Civil Law)*

Semester/Jahr ***(Term/Year)***	**Art der Veranstaltung** ***(Type of Course)***	**Titel der Veranstaltung** ***(Title of Course)***	**Leitung *(Name/Position of Academic Instructor)***	**Anforderungen** ***(Course Requirements)***	**Note** ***(Grade)***
2. Semester/ WS 2013/14	Übung *(exercise)*	Übung im Bürgerlichen Recht für Anfänger *(Civil Law for beginners)*	Prof. Dr. Prölss	1. Hausarbeit *(term paper)* 2. Klausur *(written examination)*	7 Pkt/*pts satisfactory* 10 Pkt/*pts fully satisfactory*
4. Semester/ WS 2014/15	Übung *(exercise)*	Übung im Bürgerlichen Recht für Fortgeschrittene *(Civil Law advanced level)*	Prof. Dr. Schirmer	1. Hausarbeit *(term paper)* 2. Klausur *(written examination)*	8 Pkt/*pts satisfactory* 12 Pkt/*pts fully satisfactory*

Strafrecht *(Criminal Law)*

Semester/Jahr ***(Term/Year)***	**Art der Veranstaltung** ***(Type of Course)***	**Titel der Veranstaltung** ***(Title of Course)***	**Leitung *(Name/Position of Academic Instructor)***	**Anforderungen** ***(Course Requirements)***	**Note** ***(Grade)***
3. Semester/ SS 2014	Übung *(exercise)*	Übung im Strafrecht für Anfänger *(Criminal Law for beginners)*	Prof. Dr. Bohnert	1. Hausarbeit *(term paper)* 2. Klausur *(written examination)*	10 Pkt/*pts fully satisfactory* 10 Pkt/*pts fully satisfactory*
4. Semester/ WS 2014/15	Übung *(exercise)*	Übung im Strafrecht für Fortgeschrittene *(Criminal Law advanced level)*	Prof. Dr. Montenbruck	1. Hausarbeit *(term paper)* 2. Klausur *(written examination)*	9 Pkt/*pts satisfactory* 13 Pkt/*pts good*
7. Semester/ SS 2016	Projektgruppe *(project group)*	Ermittlungsverfahren in Strafsachen *(Investigation in Criminal Cases)*	OStA Dr. Wulff *(state attorney Dr. Wulff)*		unbenotet *certificate of attendance*

Öffentliches Recht *(Public Law)*

Semester/Jahr ***(Term/Year)***	**Art der Veranstaltung** ***(Type of Course)***	**Titel der Veranstaltung** ***(Title of Course)***	**Leitung *(Name/Position of Academic Instructor)***	**Anforderungen** ***(Course Requirements)***	**Note** ***(Grade)***
3. Semester/ SS 2014	Übung *(exercise)*	Übung im Öffentlichen Recht für Anfänger *(Public Law for beginners)*	Prof. Dr. Randelzhofer	1. Hausarbeit *(term paper)* 2. Klausur *(written examination)*	16 Pkt/*pts very good* 13 Pkt/*pts good*
5. Semester/ SS 2015	Übung *(exercise)*	Übung im Öffentlichen Recht für Fortgeschrittene *(Public Law advanced level)*	Prof. Dr. Kunig	1. Hausarbeit *(term paper)* 2. Klausur *(written examination)*	15 Pkt/*pts good* 11 Pkt/*pts fully satisfactory*
5. Semester/ SS 2015	Arbeitsgruppe *(study group)*	Baurecht *(Construction Law)*	Wiss. Ass. Dr. Mager		unbenotet *certificate of attendance*

Bürgerliches Recht *(Civil Law)*

Semester/Jahr *(Term/Year)*	**Art der Veranstaltung *(Type of Course)***	**Titel der Veranstaltung *(Title of Course)***	**Leitung *(Name/Position of Academic Instructor)***	**Anforderungen *(Course Requirements)***	**Note *(Grade)***
5. Semester/ SS 2015	Seminar *(seminar)*	Medienrecht *(Media Law)*	Prof. Dr. Lecheler	1. Seminararbeit *(seminar paper)* 2. Vortrag *(lecture)*	18 Pkt/*pts very good*
7. Semester/ SS 2016	Vorlesung *(lecture)*	Energierecht *(Energy Law)*	Prof. Dr. Dr. Dr. Säcker	Abschlussklausur *(final examination)*	unbenotet *without grade/pass*

Strafrecht *(Criminal Law)*

Semester/Jahr *(Term/Year)*	**Art der Veranstaltung *(Type of Course)***	**Titel der Veranstaltung *(Title of Course)***	**Leitung *(Name/Position of Academic Instructor)***	**Anforderungen *(Course Requirements)***	**Note *(Grade)***
1. Semester/ SS 2013	Vorlesung *(lecture)*	Grundzüge der Rechtsphilosophie *(Philosophy of Law)*	Prof. Dr. Adomeit	Abschlussklausur *(final examination)*	8 Pkt/*pts satisfactory*
2. Semester/ WS 2013/14	Vorlesung *(lecture)*	Grundzüge der Rechts- und Verfassungsgeschichte *(History of Law)*	Prof. Dr. Wesel	Abschlussklausur *(final examination)*	12 Pkt/*pts fully satisfactory*
2. Semester/ WS 2013/14	Vorlesung *(lecture)*	Grundzüge der Rechtssoziologie *(Sociology of Law)*	Prof. Dr. Rottleuthner	Abschlussklausur *(final examination)*	9 Pkt/*pts satisfactory*

Notenübersicht *(view of grades)*

Punkte *(Points)*	**Note *(Grade)***	**Prozentuale Notenverteilung *(Proportional distribution of grades)***
16–18	sehr gut *(very good)*	0,10 %
13–15	gut *(good)*	2,45 %
10–12	vollbefriedigend *(fully satisfactory)*	11,99 %
7–9	befriedigend *(satisfactory)*	26,32 %
4–6	ausreichend *(sufficient)*	29,26 %
0–5	mangelhaft *(unsatisfactory)*	29,14 %

Übersetzung des Zeugnisses der universitären Schwerpunktbereichsprüfung

WESTFÄLISCHE WILHELMS-UNIVERSITÄT MÜNSTER

Certificate

of the

Examination in the main area of study

Ms Clara Deuchert

born 2 October 1994 in Stuttgart, Germany

has passed the examination in the main subject of study

Subject 4:
International Law, European Law, International Private Law

on 12 October, 2017

at the Westfälische Wilhelms-Universität Münster

with the grade "fully satisfactory" (10.80).

EMBOSSED SEAL

Übersetzung des Zeugnisses der Ersten Juristischen Prüfung

Certificate
Ms Clara Deuchert

born 2 October 1994 in Stuttgart, Germany

passed the
state examination in the compulsory subjects
with the grade
"fully satisfactory" (9.8)

before the Judical Examination Office at the Higher Regional Court Hamm
on 11 June 2018

and the examination in the main area of study
with the grade
"fully satisfactory" (10.8)

at the University of Münster
on 12 October 2017

Thereby, the First Legal State Exam is passed with the grade
"fully satisfactory" (10.1)

Hamm, 12 June 2018

5. Finanzierung des LL.M.-Studiums

von Steffi Balzerkiewicz

Die Finanzierung eines LL.M. meistern

Wer sich für ein LL.M.-Studium an einer bestimmten Universität entschieden hat, sollte möglichst parallel zur Bewerbung um den Studienplatz die Finanzierung sicherstellen. Ein LL.M.-Studium, beispielsweise in den USA, kann leicht mit jährlichen Kosten von rund 50.000 Euro zu Buche schlagen. In aller Regel scheitert ein Studienvorhaben aber nicht an der Finanzierung – vorausgesetzt, dass diese solide geplant und sorgfältig vorbereitet wird. Am Anfang der Überlegungen zur Finanzierung des Studiums sollte eine detaillierte Auflistung der zu erwartenden Kosten stehen. Hierbei müssen neben den Studiengebühren und allgemeinen Lebenshaltungskosten (Miete, Lebensmittel, öffentliche Verkehrsmittel etc.) im Zielland auch Kosten für die Reise zum Studienort, Versicherungen, eventuell die Altersvorsorge oder die Wohnung im Heimatland berücksichtigt werden. Hinzu kommen Kosten, die beim Kennenlernen von Land und Leuten anfallen.

TIPP: Beim Ermitteln des Finanzierungsbedarfs sollte man sorgfältig vorgehen. Wenn bereits im Vorfeld geklärt ist, welche Kosten anfallen und wie diese gegebenenfalls später steuerlich geltend gemacht werden können, lässt sich zum einen viel Geld sparen und zum anderen eine unnötige Nachfinanzierung während des Studiums vermeiden. Eine solche Nachfinanzierung ist meist sehr aufwändig und führt während des Studiums zu zusätzlichem Stress.

1. Welche Kosten entstehen durch das Studium?

Kosten vor Studienbeginn
- Kosten für die Bewerbung(en) um Studienplatz und Stipendien (Bearbeitungsgebühren, Porto, Beglaubigungen, Übersetzungen, Sprachtest, ggf. Englischkurse)
- ggf. Kosten für den Visumsantrag und die damit verbundenen Aufwendungen wie ärztliche Untersuchungen
- Reisekosten zum Studienort
- Kosten zur Sicherung der Finanzierung

Kosten während des Studiums
- Studiengebühren
- Aufwendungen für Arbeitsmittel wie Lehrbücher
- laufende Studienkosten wie Beiträge zu Student:innenvereinigungen, Druckkosten
- Aufwendungen für Unterkunft, Lebenshaltung und Transport
- „Taschengeld" für Freizeitaktivitäten
- laufende Kosten im Heimatland wie Versicherungen, Mitgliedsbeiträge, ggf. Miete

Kosten nach Studienabschluss
- Zinsen für ein Ausbildungs-/Studiendarlehen

2. Welche Einnahmen ohne Rückzahlungsverpflichtung habe ich während des Studiums?

- berufliche Tätigkeit oder Nebenjob
- Kapitaleinkünfte
- Stipendien
- Unterstützung durch die Familie

3. Können Kosten, die nicht aus laufenden Einnahmen getragen werden, durch Ersparnisse abgedeckt werden?
4. Gibt es eine Finanzierungslücke, die durch Fremdmittel geschlossen werden soll?
• Wie groß ist der Bedarf an Fremdmitteln? • In welchem Umfang werden Darlehen/Finanzierungen vergeben? • Zu welchen Bedingungen werden die Fremdmittel vergeben? • Welche Konditionen sind für mich relevant (Zinshöhe, Rückzahlungsmodalitäten, vorzeitige/verspätete Rückzahlung, Antrags- und Auszahlungszeitpunkt, Sicherheiten)?

Checkliste: Finanzierung eines LL.M.-Studiums

Um das LL.M.-Studium zu finanzieren, stehen einem viele Möglichkeiten offen. Neben Eigenmitteln setzen viele Kandidat:innen auf Stipendien. Aber auch eine Finanzierung durch Dritte, zum Beispiel über Darlehen, ist möglich. Zudem kann man einen Teil der Studienkosten später von der Steuer absetzen und so die Kosten des LL.M.-Studiums durch eine niedrigere Steuerlast verringern. Eine vorausschauende Gestaltung der Finanzierung kann zu einer erheblichen Kostenreduzierung führen. Gerade wegen der häufig unterschätzten steuerlichen Gestaltungsmöglichkeiten sollte man alle Finanzierungsalternativen in seine Überlegungen einbeziehen. Selbst auf den ersten Blick eher fernliegende oder ungewohnte Finanzierungsformen können interessant und vom Risiko her überschaubar sein.

Finanzierung aus eigenen Mitteln

Ausgangspunkt jeder Finanzierungsüberlegung ist die Frage, ob man die Kosten des LL.M.-Studiums aus eigenen Mitteln decken kann. Diese Art der Finanzierung ist sicherlich die einfachste und erfordert am wenigsten Aufwand. Umfangreiche Bemühungen um Stipendien oder andere Drittmittel entfallen, und man kann sich voll auf seine Bewerbungen an den Universitäten konzentrieren.

TIPP: Selbst wenn eine Finanzierung aus eigenen Mitteln möglich ist, kann man sich zusätzlich um Stipendien bewerben. Die Aufnahme in ein Stipendienprogramm bedeutet nicht nur eine finanzielle, sondern auch eine ideelle Unterstützung bzw. die Einbindung in ein Netzwerk.

Für die überwiegende Zahl der LL.M.-Interessierten wird eine Finanzierung aus Eigenmitteln gar nicht oder nur begrenzt möglich sein. Vor allem im direkten Anschluss an das Studium ist es schwierig, aus eigener Kraft und ohne fremde Unterstützung eine entsprechende Summe aufzubringen. Doch auch für Studieninteressierte mit geringen finanziellen Ressourcen gibt es zwei Möglichkeiten, ein LL.M.-Studium weitgehend selbst zu finanzieren: Die erste ist, nach Abschluss des Studiums für ein bis zwei Jahre in einem Anstellungsverhältnis zu arbeiten und die für das Studium nötigen Beträge anzusparen. Diese Möglichkeit bietet sich allerdings eher für Personen an, die bereits die Zweite Juristische Staatsprüfung absolviert haben. Sie sammeln dabei relevante Berufserfahrung und können Gehälter erzielen, die das Ansparen größerer Beträge ermöglichen. Auch Absolvent:innen mit der Ersten Juristischen Prüfung können selbstverständlich durch eine Tätigkeit in Kanzleien oder bei anderen Arbeitgebern Geld verdienen; allerdings verdient man dabei meist nicht genug, um in einem überschaubaren Zeitraum die für ein LL.M.-Studium erforderlichen Rücklagen zu bilden. Die zweite Alternative der (Eigen-)Finanzierung ist die finanzielle Unterstützung durch Eltern und Verwandte, also streng genommen eine Finanzierung über Dritte. Man muss für sich entscheiden, ob diese Variante für die Familie finanziell möglich ist. Nach einer langjährigen Ausbildung möchten viele Absolvent:innen finanziell von ihrer Familie unabhängig sein. Dies mag umgekehrt auch für die Familie gelten.

TIPP: Verwandte sind möglicherweise auch bereit, ein Darlehen zu gewähren. Der Vorteil: Meist werden sie dafür keine Zinsen nehmen und individuelle Bedingungen für die Rückzahlung akzeptieren. Werden für das Darlehen Zinsen vereinbart, kann man in bestimmten Fällen Steuervorteile geltend machen. Einzelheiten hierzu finden sich auf Seite 130.

Eine Finanzierungshilfe durch Verwandte schließt nicht aus, dass man sich anderweitig um Unterstützung bemüht, zum Beispiel wenn die Verwandten nur einen Teil des benötigten Betrags zur Verfügung stellen können.

Finanzierung aus Drittmitteln

Wer das Studium nicht aus Eigenmitteln bestreiten kann oder will, hat die Möglichkeit, es über Drittmittel zu finanzieren. Eine solche Finanzierung ist mit einem größeren Aufwand verbunden als die Finanzierung mit Eigenmitteln, da man hierfür Dritten gegenüber das Studienvorhaben rechtfertigen und bestimmte Dokumente vorlegen muss. Eine Finanzierung über Dritte ist für viele Interessierte eher ungewohnt, sie begegnen dieser Finanzierungsform daher häufig mit Zurückhaltung. Dennoch sollte man die Möglichkeit der Drittfinanzierung prüfen, da sie einige Vorteile, zum Beispiel steuerlicher Art, bietet. Bei einer Drittfinanzierung stehen einem verschiedene Möglichkeiten offen.

Finanzierung durch Stipendien

Eine attraktive Möglichkeit der Studienfinanzierung ist ein Stipendium. Stipendien werden von einer Vielzahl von Organisationen vergeben – allen voran vom Deutschen Akademischen Austauschdienst (DAAD). Um diese Form der Finanzierung sollte man sich frühzeitig bemühen, da man sich für viele Stipendien mehr als ein Jahr vor Beginn des Auslandsaufenthalts bewerben muss.

TIPP: Der DAAD bietet auf seiner Website eine Datenbank zu den eigenen Fördermöglichkeiten sowie zu denen von weiteren Organisationen zur Unterstützung von Studium, Forschung oder Lehre im Ausland. Ein Überblick über einige Stipendienmöglichkeiten findet sich in Kapitel 6 dieses Buchs.

In der Regel findet bei der Vergabe von Stipendien ein Auswahlverfahren statt, in dem bisherige Studienleistungen, die Begründung der Studienabsicht oder des wissenschaftlichen Vorhabens sowie Sprachkenntnisse berücksichtigt werden. Meist übersteigt die Zahl der Bewerber:innen die Zahl der zur Verfügung stehenden Stipendien um ein Vielfaches, sodass es nicht einfach ist, ein Stipendium zu erhalten. Zudem müssen Stipendienbewerber:innen mit einer erheblichen zeitlichen und organisatorischen Belastung rechnen. Es ist aufwändig, überzeugende Bewerbungsunterlagen inklusive einer ausführlichen Darstellung des Studienvorhabens zusammenzustellen. Dennoch lohnt sich diese Mühe in der Regel, da sich die erforderlichen Dokumente häufig auch für Bewerbungen an Universitäten nutzen lassen. Man muss sich zudem bei der Bewerbung nicht auf ein einziges Stipendium beschränken. Es steht jedem offen, sich bei mehreren Begabtenförderwerken zu bewerben. Trotz der hohen Hürden ist es keinesfalls unmöglich, ein Stipendium zu erlangen. Die Bewerbungen müssen allerdings besonders sorgfältig vorbereitet werden. Dem hohen Bewerbungsaufwand stehen jedoch einige materielle und ideelle Vorteile gegenüber. Der größte Vorteil ist sicherlich, dass man Stipendien als Zuschuss erhält und sie nicht zurückzahlen muss. Außerdem gehört man als Stipendiat:in bei vielen Begabtenförderwerken zu einem Stipendiat:innen- und Alumni- bzw. Alumnae-Netzwerk und kann manchmal auch an speziellen Seminaren teilnehmen.

Der finanzielle Umfang eines Stipendiums hängt von der Art des Stipendiums und vom Stipendiengeber ab. Vollstipendien decken in der Regel den Großteil der Reise- und allgemeinen Lebenshaltungskosten sowie die Studiengebühren ab. Daneben werden aber auch Teilstipendien oder Reisestipendien vergeben.

Für Absolvent:innen, die ein Aufbaustudium in Deutschland absolvieren wollen, besteht seit einigen Jahren die Möglichkeit, sich um ein Deutschlandstipendium zu bewerben. Studierende, deren Werdegang herausragende Leistungen in Studium und Beruf erwarten lässt, werden monatlich mit 300 Euro gefördert. Das Deutschlandstipendium wird einkommensunabhängig vergeben und nicht auf das BAföG angerechnet. Die Förderung wird durch die (teilnehmenden) Hochschulen eigenverantwortlich organisiert. Die Bewerbung erfolgt daher auch direkt bei der Hochschule, an der das Studium absolviert wird. Nähere Informationen gibt es unter www.deutschlandstipendium.de.

Fazit: Stipendien sind eine interessante Finanzierungsoption. Sie zu erlangen ist allerdings schwierig, und selbst im Erfolgsfall deckt ein Stipendium die Kosten oft nicht vollständig. Deswegen sollte man je nach Umfang des Stipendiums weitere Finanzierungsquellen erschließen.

Finanzierung durch den Arbeitgeber

Eine weitere Finanzierungsalternative – vor allem für berufstätige LL.M.-Interessierte – ist die Finanzierung des LL.M.-Studiums durch den Arbeitgeber. Viele Arbeitgeber stehen einer Unterstützung von Fortbildungsmaßnahmen grundsätzlich offen gegenüber. Die Beteiligung des Arbeitgebers an den Kosten für das Steuerberater:innenexamen ist bei großen Wirtschaftsprüfungsgesellschaften und Kanzleien nicht unüblich. Gleiches gilt für Fachanwält:innenlehrgänge. Für ein LL.M.-Studium ist die Übernahme von Studienkosten durch den Arbeitgeber allerdings eher die Ausnahme. Dies ergibt sich einerseits aus den zum Teil hohen Kosten, zum anderen absolvieren viele LL.M.-Studenten:innen ihr Studium im Ausland und müssten somit freigestellt werden, während die Vorbereitung auf das Steuerberater:innenexamen und Fachanwält:innenlehrgänge meist parallel zur beruflichen Tätigkeit absolviert werden können.

Insbesondere international ausgerichtete Top-Kanzleien dürften zumindest der Unterstützung von Teilzeitstudiengängen, die ähnlich wie die Vorbereitung auf das Steuerberater:innenexamen berufsbegleitend durchgeführt werden, offen gegenüberstehen. Wenn man sich Unterstützung erhofft, empfiehlt es sich, das Gespräch mit dem Arbeitgeber rechtzeitig zu suchen.

Wenn der Arbeitgeber in die Finanzierung eingebunden wird und die Kosten des Aufbaustudiums (anteilig) übernimmt, erwartet er, dass er nach Abschluss des Studiums von den gewonnenen Erkenntnissen profitieren kann und die Absolventin oder der Absolvent das Arbeitsverhältnis bei ihm fortsetzt. Der Arbeitgeber wird die Finanzierung des Studiums daher in der Regel von einer vorab getroffenen Rückzahlungsvereinbarung abhängig machen. In einer solchen Vereinbarung verpflichtet sich der:die Arbeitnehmer:in dazu, die Ausbildungskosten ganz oder teilweise zu erstatten, falls das Arbeitsverhältnis vor Ablauf einer bestimmten Bindungsfrist endet.

Nach ständiger Rechtsprechung des Bundesarbeitsgerichts (BAG)[1] sind Verträge über die Rückzahlung der Ausbildungs- oder Fortbildungskosten im Falle einer vorzeitigen Beendigung des Arbeitsverhältnisses aufgrund eines aus der Sphäre des:der Arbeitnehmer:in stammenden Umstandes grundsätzlich zulässig. Nur ausnahmsweise können derartige Zahlungsverpflichtungen gegen den Grundsatz von Treu und Glauben verstoßen, wenn sie den:die Arbeitnehmer:in unverhältnismäßig in seiner:ihrer arbeitsplatzbezogenen Berufswahlfreiheit beeinträchtigen. Hierbei sind die Dauer der Fortbildungsmaßnahme, die vom Arbeitgeber aufgewandten Kosten sowie die längerfristigen Vorteile der Arbeitnehmer.innen auf dem Arbeitsmarkt zu berücksichtigen. Wie lange die Bindung konkret sein darf, ist im Einzelfall zu entscheiden. Im Regelfall kommt eine Bindung von mehr als drei Jahren (bis zu maximal fünf Jahren) nur bei Erwerb einer besonders hohen Qualifikation mit überdurchschnittlichen Vorteilen für den:die Arbeitnehmer:in in Betracht. Dies dürfte auf den Erwerb des LL.M.-Titels zutreffen. Der Rückzahlungsbetrag darf nur die tatsächlich angefallenen Fortbildungskosten und bei einer Freistellung von der Arbeit die eventuell fortgezahlte Vergütung umfassen. Nach Rechtsprechung des BAG ist der Rückzahlungsbetrag zeitanteilig im Verhältnis zur Bindungsdauer zu staffeln.

---

1 BAG, Urteil v. 18.03.2014, Az. 9 AZR 545/12, m.w.N.

TIPP: Bevor man das Gespräch mit dem Arbeitgeber sucht, sollte man sich darüber im Klaren sein, in welchem Umfang man ihn in die Finanzierung seines Studiums einbinden will. Sofern der Arbeitgeber nur einen Teil des Studiums finanziert, ist zu überlegen, welche Kosten (Studiengebühren, Lebensunterhalt etc.) er übernehmen soll.

Auch wenn der Arbeitgeber keine finanzielle Unterstützung leisten möchte, ist er möglicherweise bereit, den Arbeitsplatz weiterhin zu garantieren. Man muss in diesem Fall sein bestehendes Arbeitsverhältnis nicht kündigen, sondern einigt sich mit dem Arbeitgeber auf das Ruhen der Rechte und Pflichten für die Zeit des Studiums. Vorteil dieses Vorgehens ist, dass sich die Absolventin oder der Absolvent nach Abschluss des Studiums nicht um einen neuen Arbeitsplatz bemühen muss, sondern in sein gewohntes Arbeitsumfeld zurückkehren kann. Nach dem kostenintensiven Studium kann er oder sie somit ohne unsichere Neubewerbungsphase wieder Geld verdienen. Da der Arbeitgeber in diesem Fall keine finanziellen Verpflichtungen eingeht, besteht auch keine Bindungsfrist für den:die Arbeitnehmer:in. Es steht ihm:ihr offen, sich jederzeit nach einem neuen Arbeitsplatz umzusehen. Der Nachteil des ruhenden Arbeitsverhältnisses liegt darin, dass zugelassene Rechtsanwältinnen und Rechtsanwälte entweder ihre Zulassung für die Zeit des Studiums zurückgeben oder Kosten wie Kammerbeiträge und Beiträge zum Versorgungswerk der Rechtsanwälte (Altersvorsorge) weiterhin bestreiten müssen. Dies sind erhebliche zusätzliche finanzielle Belastungen, die in die Finanzierungsüberlegungen einbezogen werden müssen.

Fazit: Die Finanzierung eines LL.M.-Studiums durch den Arbeitgebenden will gut überlegt und verhandelt sein. Man sollte sich über die Konsequenzen einer langfristigen Bindung und die konkrete Ausgestaltung der Auszeit eingehend Gedanken machen.

Finanzierung durch Kredite

Staatlicher Bildungskredit

Eine weitere Möglichkeit der Fremdfinanzierung ist der sogenannte Bildungskredit. Erst seit einigen Jahren gibt es diese Möglichkeit der staatlichen Finanzierung von Aufbaustudiengängen. Ein Bildungskredit ist ein zinsgünstiges Darlehen, das nach den Förderbestimmungen des Bundesministeriums für Bildung und Forschung vergeben wird. Die Förderung erfolgt im Gegensatz zum BAföG unabhängig vom Vermögen und Einkommen der Studierenden und ihrer Eltern. Man muss keine Sicherheiten stellen, um das Darlehen zu erhalten. Studierende sind unter anderem berechtigt, den Kredit zu beziehen, wenn sie ein Zusatz-, Ergänzungs- oder Aufbaustudium wie zum Beispiel ein LL.M.-Studium durchführen und bereits über einen Abschluss in einem grundständigen Studiengang verfügen. Die Ausbildungsstätte muss im Bundesausbildungsförderungsgesetz anerkannt sein, eine ausländische Universität muss also einer deutschen Hochschule gleichwertig sein. Der Kredit wird maximal bis zur Vollendung des 36. Lebensjahrs (das heißt bis zum 36. Geburtstag) und grundsätzlich nur bis zum Ende des zwölften Studiensemesters/Hochschulsemesters gewährt. Zu beachten ist, dass ausschließlich Vollzeitstudiengänge (auch im Fernstudium) gefördert werden. Für ein Teilzeitstudium scheidet diese Finanzierungsalternative also von vornherein aus.

Auch wenn die genannten Vorgaben erfüllt sind, besteht kein Rechtsanspruch auf den Bildungskredit, da es sich – anders als beim BAföG – um ein Programm mit festem Budget handelt. Der zur Verfügung stehende Finanzrahmen wird jährlich vom Bundesministerium für Bildung und Forschung vorgegeben. Das Kreditvolumen beträgt zwischen 1.000 und 7.200 Euro und wird grundsätzlich in bis zu 24 Monatsraten von 100, 200 oder 300 Euro durch die KfW-Bankengruppe ausgezahlt und kann somit nur einen Teil der Studien- und Lebenshaltungskosten abdecken. Zur Finanzierung eines außergewöhnlichen Aufwands (z. B. Studiengebühren) kann ein Betrag von bis zu 3.600 Euro im Voraus gezahlt werden.

Auf die ausgezahlten Beträge fallen Zinsen an. Im Gegensatz zu banküblichen Krediten sind die Zinsen hier aber sehr niedrig und werden zusätzlich bis zum Beginn der Rückzahlung gestundet. Die Rückzahlung des Kredits beginnt in der Regel vier Jahre nach der Auszahlung der ersten Darlehensrate in monatlichen Raten von 120 Euro. Man kann den geliehenen Betrag aber auch vorab teilweise oder ganz – ohne zusätzliche Kosten – zurückzahlen.

Den Antrag sollte man frühestens sechs Wochen vor Studienbeginn online beim Bundesverwaltungsamt stellen. Die Bearbeitung dauert je nach Anzahl der Antragstellenden mehrere Wochen. Das Bundesverwaltungsamt erteilt bei Vorliegen der Förderungsvoraussetzungen einen Bewilligungsbescheid, der dazu berechtigt, einen Kreditvertrag mit der Kreditanstalt für Wiederaufbau (KfW) abzuschließen. Eine Bewilligung erfolgt erst, wenn man nachweisen kann, dass man das Studium tatsächlich angetreten hat. Ein Vertragsangebot der KfW erhalten die Interessierten direkt mit dem Bewilligungsbescheid. Damit der Förderungsbescheid wirksam bleibt, muss man das Vertragsangebot innerhalb eines Monats annehmen. Die Auszahlung erfolgt dann direkt durch die KfW.

Als ergänzende Finanzierungsmöglichkeit ist der Bildungskredit als Drittmittelquelle also insofern recht attraktiv, weil die Verzinsung sehr niedrig ist und die Rückzahlungsmodalitäten auf die Lebensverhältnisse abgestimmt sind. Zudem steht diese Finanzierungsmöglichkeit allen Interessierten offen, da sie unabhängig vom eigenen Einkommen/Vermögen und dem der Eltern erfolgt. Da jedoch kein Rechtsanspruch auf den Kredit besteht und man den Antrag erst verhältnismäßig kurz vor Studienbeginn stellen kann, bleiben erhebliche Unsicherheiten. Man kann das Geld nicht sicher in seine Planung einbeziehen. Sofern man den Bildungskredit als Finanzierungsquelle in Betracht zieht, sollte man diese Nachteile im Auge behalten.

TIPP: Da es sich bei dem Bildungskredit um ein verzinsliches Darlehen handelt, kann man im Hinblick auf die Zinszahlungen Steuervorteile geltend machen. Einzelheiten hierzu folgen an späterer Stelle.

Fazit: Das Konzept des Bildungskredits ist derzeit nicht auf ein LL.M.-Studium zugeschnitten. Der Bildungskredit eignet sich vor allem als Ergänzungsfinanzierung.

Studienkredit

Neben dem staatlichen Bildungskredit kann man auch auf private Studienkredite zurückgreifen. In erster Linie ist hier der Studienkredit der KfW zu nennen, der über Studierendenwerke sowie ausgewählte Banken und Sparkassen ausgereicht wird. Mit dem KfW-Studienkredit können zwar auch Zweit-, Zusatz-, Ergänzungs- und Aufbaustudiengänge finanziert werden, allerdings nur, wenn die oder der Studierende in Deutschland weiterhin immatrikuliert ist. Vollständig im Ausland absolvierte Studiengänge kommen für die Förderung nicht infrage. Im Übrigen bieten nur noch wenige private Banken, Sparkassen und andere Finanzdienstleister Darlehen für Aufbaustudiengänge an. Ein Vorteil eines privaten Studienkredits gegenüber dem staatlichen Bildungskredit liegt in der Planungssicherheit. Einen Bankkredit kann man deutlich vor Beginn des Studiums aushandeln. Ist der Kreditvertrag einmal abgeschlossen, besteht ein Rechtsanspruch auf Auszahlung des Geldes. Bevor ein Darlehen bewilligt wird, muss man in der Regel einen Studienplan vorlegen, in dem man einen zeitlichen Überblick über die geplanten Studienziele gibt. Der Studienplan ist mit dem Businessplan bei Krediten für Existenzgründer:innen vergleichbar.

Nachteil dieser Finanzierungsform ist, dass – anders als beispielsweise beim Bildungskredit der Bundesregierung – höhere Zinsen und gegebenenfalls Bearbeitungsgebühren anfallen. Zudem beginnt die Rückzahlungspflicht meist früher als beim Bildungskredit. Nur wenn keine anderen Möglichkeiten zur Finanzierung zur Verfügung stehen, sollte man an einen solchen Studienkredit denken. Die Rückzahlung der Schulden ist in der Zeit nach dem Aufbaustudium eine große finanzielle Belastung. Absolviert man das LL.M.-Studium nach der Zweiten Juristischen Staatsprüfung, kann ein durch den LL.M.-Titel eventuell höheres Gehalt diese Belastung leichter kompensieren. Wird das LL.M.-Studium jedoch vor dem Referendariat absolviert, zögert sich die Rückzahlung bis zum Abschluss der Zweiten Juristischen Staatsprüfung bzw. bis zum Berufseinstieg hinaus, da das Referendariatsgehalt eine Tilgung des Kredits meist nicht erlaubt.

TIPP: Man sollte möglichst verschiedene Angebote von mehreren Darlehensanbietern einholen und die mit der Darlehensaufnahme verbundenen Kosten vergleichen. Es lohnt sich, nicht nur die Zinsen, sondern auch die anderen Konditionen der Kreditvergabe zu vergleichen, zum Beispiel den Umfang der geforderten Sicherheiten oder die Rückzahlungsmodalitäten. Auch hier können erhebliche Unterschiede bestehen. Einen guten Überblick bietet der CHE-Studienkredit-Test 2021 von Ulrich Müller; das Arbeitspapier (Stand Juli 2021) steht im Internet kostenlos zum Download bereit.[2]

Studien- und Bildungsfonds

Eine verhältnismäßig neue Form der Studienförderung sind Studien- und Bildungsfonds. Die Fonds finanzieren sich über private Geldgebende bzw. institutionelle Anleger:innen. Die Aufnahme in die Förderung erfolgt über einen Bewerbungsprozess. Es können Studiengebühren und Lebenshaltungskosten für das Studium im In- oder Ausland finanziert werden. Die Förderung beträgt in der Regel maximal 2.000 Euro pro Monat, insgesamt zwischen 30.000 und 70.000 Euro.

2 https://www.che.de/download/che-studienkredit-test-2021/?wpdmdl=18580&refresh=611c0ad9ea0821629227737, abgerufen am 15.08.2021.

Im Gegensatz zu einem Studienkredit erfolgt die Rückzahlung der Studienförderung einkommensabhängig nach dem Berufseinstieg. Innerhalb einer vorab festgelegten Zeitspanne zahlen die geförderten Studierenden einen individuell berechneten, festen Prozentsatz ihres Bruttoeinkommens an den Fonds zurück. Es gibt keinen festen Zinssatz oder Tilgungsraten wie bei einem Darlehen. Vorteil dieser Art der Finanzierung ist, dass einerseits die Rückzahlung nach oben hin begrenzt ist und andererseits im Falle von andauernder Arbeitslosigkeit sich diese reduziert oder gegebenenfalls entfällt. Nachteil ist jedoch, dass ein Auswahlverfahren durchlaufen werden muss. Da die Fondsinitiator:innen darauf hoffen, dass die geförderten Studierenden sich nach Studienabschluss einträgliche Arbeitsplätze suchen, werden vornehmlich überdurchschnittlich leistungsorientierte, engagierte und motivierte Studierende gefördert.

Die Förderung über einen Fonds ist mit anderen Finanzierungsmöglichkeiten (z. B. BAföG, Bildungskredit, Stipendium) kombinierbar. Einen guten Überblick bietet auch hier der CHE-Studienkredit-Test 2021 von Ulrich Müller.

Finanzierung durch (Auslands-)BAföG?

Viele LL.M.-Interessierte kennen die Studienförderung nach dem Bundesausbildungsförderungsgesetz (BAföG). Eine solche Förderung ist grundsätzlich auch für Auslandsstudien möglich, aber nach § 7 Abs. 2 Nr. 2 BAföG für ein Aufbaustudium nur dann, wenn die Ausbildung für die Aufnahme des angestrebten Berufes rechtlich erforderlich ist. Die VwV BAföG, Ziff. 7.2.11, führt hierzu aus: „Erforderlich ist die weitere Ausbildung, wenn der Auszubildende nach dem von ihm erreichten Ausbildungsstand den Zugang zu dem Beruf nur durch sie erreichen kann." Ziff. 7.2.12: „Die Zugangsbedingung zu dem angestrebten Beruf muss in einer Rechtsvorschrift (z. B. Gesetz, Rechtsverordnung) geregelt sein; Verwaltungsvorschriften oder eine Einstellungspraxis der Wirtschaft oder von Behörden begründen die rechtliche Erforderlichkeit nicht."

Der LL.M.-Titel ist jedoch in der Regel für Juristinnen und Juristen keine rechtliche Voraussetzung für die Berufszulassung. Nötig zur Berufszulassung sind in Deutschland zwei (Staats-)Examina, im Ausland besondere Prüfungen wie zum Beispiel das bereits erwähnte Bar Exam. Auch eine Förderung nach § 7 Abs. 2 Nr. 3 des BAföG ist nicht möglich. Deshalb ist ein LL.M.-Studium grundsätzlich nicht förderungswürdig im Sinne des BAföG. Anders ist die Situation, wenn man das LL.M.-Studium vor Abschluss der Ersten Juristischen Prüfung absolviert. Wenn die im LL.M.-Studium erbrachten Studienleistungen auf das Studium in Deutschland anrechenbar sind, kann das sogenannte Auslands-BAföG gewährt werden. Darüber hinaus ist es von der finanziellen Situation der Antragstellenden und der ihrer Familie abhängig, ob sie BAföG erhalten.

TIPP: Einzelheiten zur Förderungsfähigkeit des konkret ausgewählten LL.M.-Programms erfragen Interessierte am besten direkt beim Amt für Ausbildungsförderung beziehungsweise beim Studierendenwerk ihrer Universität.

Allgemeine Informationen zum BAföG gibt es unter www.bafög.de. Für Fragen steht auch die gebührenfreie Hotline bereit, die das Bundesministerium für Bildung und Forschung gemeinsam mit dem Deutschen Studentenwerk unter der Nummer 0800 2236341 oder 0800 BAFOEG1 anbietet.

Fazit: Eine Förderung des LL.M.-Studiums über BAföG ist im Regelfall nicht möglich. Nur bei einem LL.M.-Studium vor der Ersten Juristischen Prüfung kann man eventuell eine Förderung in Anspruch nehmen.

(Teil-)Erlass von Studiengebühren

Ein weiterer Aspekt der Finanzierung eines Auslandsstudiums ist die Reduzierung der Kosten. Vor allem bei Universitäten in Nordamerika besteht die Möglichkeit, die Kosten für das Studium durch einen (Teil-)Erlass der Studiengebühren zu verringern.

Eine Möglichkeit, einen solchen (Teil-)Erlass zu erhalten, bietet die Teilnahme an einem Austauschprogramm der eigenen Universität in Deutschland. Alle deutschen Universitäten unterhalten Kooperationsprogramme oder Partnerschaften mit ausländischen Hochschulen. Im Rahmen solcher Kooperationsvereinbarungen sagen ausländische Universitäten (ehemaligen) Studierenden der deutschen Partneruniversität LL.M.-Studienplätze zu. Hinzu kommen nicht selten Zusagen für die Ermäßigung oder den Erlass von Studiengebühren. Die Voraussetzungen für die Teilnahme an einem solchen Austauschprogramm werden von den jeweiligen Universitäten individuell festgelegt. Nähere Informationen hierzu geben die Akademischen Auslandsämter der Hochschulen. Einen ersten Überblick über internationale Hochschulkooperationen bietet der Hochschulkompass unter www.hochschulkompass.de.

Besteht zwischen der Heimatuniversität und der ausländischen Wunschuniversität keine Kooperation, kann es sich insbesondere bei den Universitäten in Nordamerika lohnen, eine Ermäßigung oder einen Erlass der Studiengebühren anzustreben. Viele Universitäten verfügen über einen finanziellen Spielraum, der es ihnen erlaubt, die Studiengebühren anzupassen. Die Bezeichnungen für den (Teil-)Erlass variieren; neben dem selbsterklärenden „tuition waiver“ wird er teilweise auch „scholarship“ genannt. Exklusive Stipendien vergeben manche Universitäten im Rahmen des e-fellows.net LL.M. Day speziell an Teilnehmende des Informationstages.

Um einen Erlass der Gebühren zu erwirken, können sich Studierende, sobald sie die Zahlungsaufforderung für die Studiengebühren erhalten haben, an die „Financial Aid“-Büros der jeweiligen Universität wenden. Diese sind für Gebührenermäßigungen und -erlasse an den Hochschulen eingerichtet worden. Eine Anfrage bei der ausländischen Universität, ob es „scholarships“ gibt, hilft häufig weiter.

Steuerliche Absetzbarkeit[3]

Neben den finanziellen Mitteln sollte man die steuerlichen Auswirkungen des Studiums bedenken. Die Kosten für das Studium können als Sonderausgaben, Betriebsausgaben oder Werbungskosten das zu versteuernde Einkommen und damit die Einkommensteuer verringern. Absolvent:innen können dadurch einen Teil ihrer Ausgaben durch verminderte Steuerzahlungen in den Folgejahren kompensieren. Faktisch ist die Investition in ein Aufbaustudium also eine Steuervorauszahlung. Auch wenn einem das Thema Steuern eher fernliegt, lohnt sich die Berücksichtigung steuerlicher Aspekte bei der Planung der Finanzen auf jeden Fall. Die steuerlichen Auswirkungen hängen im Einzelnen davon ab, ob das LL.M.-Studium vor oder nach einer Erstausbildung bzw. dem Ende des Erststudiums abgeschlossen wird. Da die steuerliche Geltendmachung ein sehr komplexes Thema ist, kann im Folgenden nur ein grober Überblick gegeben werden. Im Einzelfall ist es besser, Rat bei Steuerberater:innen oder Steuerjurist:innen einzuholen.

Nach der Ersten Juristischen Prüfung

Aufwendungen für ein LL.M.-Studium können steuermindernd geltend gemacht werden, wenn sie beruflich veranlasst sind und dem Studium eine abgeschlossene Berufsausbildung oder ein abgeschlossenes Erststudium vorausgegangen ist. Zudem muss es sich bei dem Zweitstudium um ein Zusatzstudium handeln, durch das die im Rahmen des Erststudiums erworbenen Kenntnisse ergänzt und vertieft werden und das nicht den Wechsel zu einem andersgearteten Beruf ermöglicht. Diese Voraussetzungen sind in der Regel bei einem LL.M.-Studium, das nach erfolgreichem Abschluss der Ersten Juristischen Prüfung absolviert wird, erfüllt.

Demnach können die Kosten für ein LL.M.-Studium nach Abschluss der Ersten Juristischen Prüfung unabhängig von der konkreten Art der (späteren) juristischen Tätigkeit steuermindernd geltend gemacht werden. Arbeitet man in einem Anstellungsverhältnis, setzt man die Kosten als sogenannte Werbungskosten bei den Einkünften aus nichtselbstständiger Tätigkeit ab. Wird man selbstständig tätig, zum Beispiel als niedergelassener Anwalt, macht man sie als Betriebsausgaben bei den Einkünften aus selbstständiger Tätigkeit geltend. Werbungskosten und Betriebsausgaben haben den gleichen steuerlichen Effekt. Im Folgenden werden aus Vereinfachungsgründen nur die Werbungskosten ausdrücklich genannt.

TIPP: Um die entstandenen Kosten steuermindernd geltend machen zu können, muss man alle Rechnungen und Belege aufbewahren, um sie auf Nachfrage beim Finanzamt vorlegen zu können. Spätestens beim Erhalt des Steuerbescheids (und der Einkommensteuererstattung) sieht man, dass sich die Mühe auszahlt.

---

3 Stand der Informationen: August 2021.

Die für das LL.M.-Studium getätigten Aufwendungen können sich aber auch dann steuermindernd auswirken, wenn sie in einem Zeitraum anfallen, in dem man keine Einnahmen erzielt und damit keine Einkommensteuer gezahlt hat.

Die Aufwendungen werden in diesem Fall als sogenannte vorweggenommene Werbungskosten berücksichtigt und als Verlust vorgetragen. Dieser Verlust wird dann mit Einkünften in künftigen Jahren verrechnet. Voraussetzung hierfür ist, dass es einen konkreten Zusammenhang zwischen Studium und künftig beabsichtigter Tätigkeit gibt. Es spielt keine Rolle, dass zur Zeit des Studiums noch kein konkretes Arbeitsverhältnis besteht. Der Bundesfinanzhof hat in einem Urteil[4] zum Werbungskostenabzug für ein LL.M.-Studium ausgeführt, dass das Auslandsstudium der Vertiefung und Ergänzung des juristischen Wissens im internationalen Recht dient. Kenntnisse fremder Rechtsordnungen werden vielfach nicht nur in der Privatwirtschaft, sondern auch bei Tätigkeiten in Organisationen oder der Verwaltung verlangt. Nach dem erfolgreichen Abschluss verbessern sich die Chancen erheblich, den erstrebten Arbeitsplatz zu erhalten.[5] Für den Zeitraum seines LL.M.-Studiums sollte man daher auch dann eine Steuererklärung abgeben, wenn keine Einnahmen erzielt wurden.

TIPP: Wichtig für eine steuerliche Berücksichtigung ist, dass nach Abschluss des Studiums Einnahmen in Deutschland anfallen. Werden steuerpflichtige Einnahmen im Ausland erzielt, findet das deutsche Steuerrecht nicht zwangsläufig Anwendung. Unter Umständen können die Kosten jedoch auch im Ausland geltend gemacht werden. In derartigen Fällen sollte man unbedingt professionellen Rat einholen!

Abzugsfähige Kosten

Werbungskosten sind alle Aufwendungen zur Erwerbung, Sicherung und Erhaltung von Einnahmen. Werbungskosten von Arbeitnehmer:innen sind Ausgaben, die beruflich veranlasst sind, also in einem unmittelbaren Zusammenhang mit der beruflichen Tätigkeit stehen. Die in einem LL.M.-Studium erworbenen Kenntnisse werden von der Absolventin oder dem Absolventen nach erfolgreichem Studienabschluss im Berufsleben angewendet und stehen somit in unmittelbarem Zusammenhang mit der Erzielung von Einkünften entweder in einem Angestelltenverhältnis oder in selbstständiger Tätigkeit.

---

4 BFH, Urteil v. 22.07.2003, VI R 4/02, BFH/NV 2004, S. 32.

5 Dies gilt auch für ein MBA-Studium, BFH, Urteil v. 19.04.1996, Az. VI R 24/95; BFHE 180, S. 360.

Konsequenz dieser Rechtsprechung ist: Als Werbungskosten abziehbar sind sämtliche Erwerbsaufwendungen, die im Zusammenhang mit dem Studium stehen. Es sind im Einzelnen:

1. Kosten im Vorfeld

- Reisekosten zum Studienort und zurück
- Bewerbungskosten für die Bewerbung bei der Universität, wie Bearbeitungsgebühren, Kopier- und Druckkosten, Kosten für Bewerbungsmappen, Porto, Beglaubigungen, Übersetzungen, Sprachtest, ggf. Englischkurse zur Vorbereitung des Tests
- Bewerbungskosten für Stipendien, Kosten für die Beschaffung des Visums und damit verbundene Aufwendungen wie ärztliche Untersuchungen

2. Eigentliche Studienkosten

- Studiengebühren
- Aufwendungen für Arbeitsmittel wie Lehrbücher und Zeitschriften, Computer
- laufende Studienkosten wie Beiträge zu Student:innenvereinigungen, Druckkosten
- Fahrtkosten für die Wege zwischen Uni und Wohnung (in Höhe von 30 Cent pro Entfernungskilometer für die ersten 20 km und ab dem 21. km 35 Cent)

3. Kosten nach Studienabschluss

- Zinsen für ein Ausbildungs-/Studiendarlehen, auch wenn sie nach Abschluss der Berufsausbildung/des Studiums gezahlt werden; Aufwendungen zur Tilgung sind hingegen nicht abziehbar.

Auch die Kosten, die durch die Planung und Vorbereitung der Studienfinanzierung anfallen, kann man später steuerlich geltend machen.

Doppelte Haushaltsführung

Wer sein LL.M.-Studium im Ausland absolviert und seine Wohnung in Deutschland nicht aufgeben will, kann neben den oben genannten Kosten unter bestimmten Voraussetzungen auch Kosten für die Unterkunft am Studienort und die Lebenshaltungskosten steuermindernd geltend machen. Diese Aufwendungen werden im Steuerrecht unter dem Begriff „doppelte Haushaltsführung" zusammengefasst.

Bei einer doppelten Haushaltsführung unterhält man neben seiner Wohnung, in der man seinen Hausstand führt beziehungsweise in der die Familie lebt, aus beruflichen Gründen eine zweite Wohnung am Studienort. Auch Singles können Kosten für die doppelte Haushaltsführung geltend machen. Voraussetzung ist, dass man einen eigenen Hausstand sowohl am Studienort als auch am eigentlichen Wohnort, an dem sich weiterhin der Lebensmittelpunkt befindet, unterhält. Unterhalten bedeutet die Führung eines Haushalts mitzubestimmen.[6] Ein gewichtiges Indiz dafür ist die Kostentragung.[7] Für die Anerkennung der doppelten Haushaltsführung ist es erforderlich, dass mindestens 10 Prozent der monatlich anfallenden Kosten (z. B. Miete, Mietnebenkosten, Aufwendungen für Lebensmittel und andere Dinge des täglichen Bedarfs) getragen werden.

6 BFH, Beschluss v. 01.03.2017, Az. VI B 74/16, BFH/NV 2017, 903.

7 BFH, Urteil v. 14.06.2007, Az. VI R 60/05, BFH/NV 2007, 1996.

TIPP: Sofern man also seine Wohnung am Heimatort behält, gibt es die Möglichkeit, die Kosten für Unterkunft und Verpflegung am Studienort steuerlich geltend zu machen. Diese Möglichkeit der Steuerminderung sollte jedoch nicht allein Anlass sein, die Wohnung im Heimatland beizubehalten. Denn trotz des Steuersparpotenzials ist die finanzielle Belastung bei zwei Wohnsitzen erheblich.

Um die Kosten steuerlich geltend machen zu können, muss am Hauptwohnort eine abgeschlossene Wohnung zur Verfügung stehen. Hierbei können die Wohnverhältnisse am Lebensmittelpunkt vergleichsweise einfach und beengt sein.[8] Auch wer an seinem Hauptwohnort bei dem oder der Lebenspartner:in unterkommt und sich dort an der gemeinsamen Haushaltsführung finanziell (mindestens zehn Prozent der monatlich anfallenden Kosten) beteiligt, kann die Ausgaben für den doppelten Haushalt am Studienort steuerlich geltend machen. Das „Kinderzimmer" bei den Eltern gilt jedoch in der Regel auch dann nicht als eigener Hausstand, wenn es entgeltlich überlassen wird. Als Zweitwohnung am Studienort gilt jede zur Übernachtung geeignete Unterkunft, zum Beispiel eine gemietete Wohnung oder ein möbliertes Zimmer. Absetzbar sind die tatsächlichen Ausgaben für eine angemessene Ein- bis Zweizimmerwohnung, dazu gehören Miete, Maklergebühr, Betriebskosten, Umzugskosten, Zweitwohnungssteuer und Kosten für die Wohnungseinrichtung. Angemessen ist für eine Einzelperson eine Wohnung mit einer Wohnfläche von bis zu 60 Quadratmetern unter Ansatz einer ortsüblichen Miete.[9]

Bis einschließlich 2007 konnten Studierende anstelle der tatsächlich angefallenen Kosten im Ausland auch (aus steuerlicher Sicht wesentlich günstigere) pauschale Auslandsübernachtungsgelder zugrunde legen. Diese Möglichkeit besteht seit 2008 nicht mehr. Es werden nur noch die tatsächlichen Kosten anerkannt.[10] Aber zumindest werden pauschale Verpflegungskosten für die ersten drei Monate nach Bezug der Zweitwohnung als Werbungskosten akzeptiert. Die Pauschalbeträge sind länderspezifisch, das heißt, sie variieren von Land zu Land. Die länderspezifischen Einzelheiten finden sich in dem BMF-Schreiben vom 03.12.2020 - IV C 5 - S 2353/19/10010:002 - 2020/1163533.

Arbeitszimmer

Die Aufwendungen für ein häusliches Arbeitszimmer können seit dem 1. Januar 2007 nur noch dann vollumfassend steuermindernd berücksichtigt werden, wenn das Arbeitszimmer den Mittelpunkt der gesamten beruflichen Betätigung bildet.

Wird das LL.M.-Studium berufsbegleitend und -ergänzend betrieben, steht in der Regel ein (Haupt-)Arbeitsplatz beim Arbeitgeber zur Verfügung. Wer demnach seinem Studium neben einer Vollzeitbeschäftigung im Betrieb des Arbeitgebers nachgeht, kann keine Kosten für sein Arbeitszimmer zum Abzug bringen.

---

8 BFH, Urteil v. 14.10.2004, Az. VI R 82/02, BStBl. 2005 II, S. 98.

9 BFH, Urteil v. 09.08.2007, Az. VI R 10/06, BFH/NV 2007, 1996; BFH, Urteil v. 09.08.2007, Az. VI R 23/05, BFH/NV 2007, 1994.

10 R9.11 Abs. 8 LStR 2015.

Kandidat:innen, die neben dem Studium keiner beruflichen Tätigkeit nachgehen, deren einziger Betätigungsmittelpunkt das häusliche Arbeitszimmer ist und die keine doppelte Haushaltsführung geltend machen, sollten die anteilig auf das Arbeitszimmer entfallenden Kosten (z. B. anteilige Betriebsausgaben und Miete, Reinigungskosten, Renovierungskosten, Tapete, Teppich, Gardinen etc.) steuermindernd geltend machen. Bei unterjähriger Nutzung des Arbeitszimmers können nur die zeitanteiligen Aufwendungen berücksichtigt werden.

Hierfür müssen die folgenden Voraussetzungen erfüllt sein:
- Das Arbeitszimmer muss ausschließlich oder nahezu ausschließlich (private Nutzung < zehn Prozent) zu beruflichen Zwecken (also zum Studium) genutzt werden und auch dementsprechend eingerichtet sein.[11]
- Wohnung und Arbeitszimmer sind räumlich voneinander getrennt. Es ist ein separater Raum, der von der übrigen Wohnung durch eine Tür oder Wand abgetrennt ist, erforderlich. Ein Raumteiler, eine Arbeitsecke oder ein Durchgangszimmer genügen nicht.[12]
- Kandidat:innen und ihrer Familie verbleibt ein ausreichendes Raumangebot für die privaten Wohnbedürfnisse.

Fazit: Ein Arbeitszimmer steuerlich geltend zu machen, mindert die Kosten, allerdings nur bei einem Vollzeitstudium ohne gleichzeitige Berufstätigkeit.

Steuerliche Behandlung von Stipendien

Studierende, die ein Stipendium erhalten, können Kosten im Zusammenhang mit dem Studium gar nicht oder nur begrenzt steuermindernd geltend machen – das ist abhängig vom Umfang des Stipendiums. Der Hintergrund: Stipendien sind in der Regel einkommensteuerfrei, wenn sie aus öffentlichen Mitteln oder von einer öffentlichen Stiftung gezahlt werden und zum Zweck der Förderung der Erziehung, Ausbildung oder Wissenschaft gewährt werden.[13] Diese Voraussetzungen dürften bei Stipendien des DAAD und den meisten anderen deutschen Stiftungen vorliegen.[14] Werbungskosten können jedoch nur von steuerpflichtigem Einkommen abgezogen werden und auch nur dann, wenn derjenige, der sie geltend macht, tatsächlich finanziell belastet ist. Wenn Werbungskosten in unmittelbarem wirtschaftlichem Zusammenhang mit den Einnahmen aus dem steuerfreien Stipendium stehen, können diese nicht steuermindernd geltend gemacht werden.[15] Sofern die Aufwendungen durch die Zahlung des Stipendiums erstattet werden, entfällt der Werbungskostenabzug.

11 BFH, Beschluss vom 27.07.2015, Az: GrS 1/14, DStR 2016, 210.

12 BFH, Beschluss vom 27.07.2015, Az: GrS 1/14, DStR 2016, 210.

13 § 3 Nr. 44 EStG.

14 Das gleiche gilt für Beihilfen, die aufgrund des Fulbright-Abkommens gezahlt werden, § 3 Nr. 42 EStG.

15 § 3c Abs. 1 EStG.

Ein Beispiel: Studiengebühren sind bei einer Übernahme durch Stipendiengebende nicht absetzbar. Die von Stipendiengebenden gewährten Mittel sind dabei nach ihrem Zweck zu beurteilen. Es ist zwischen Büchergeld, Reisezuschüssen, Studiengebühren und Lebenshaltungskosten zu unterscheiden.

TIPP: Kosten, die über das gewährte Stipendium hinaus anfallen, kann man weiterhin als Werbungskosten absetzen. Auch wer ein Stipendium erhält, sollte steuerliche Aspekte weiter im Blick behalten, um die finanzielle Belastung zu senken.

Vor der Ersten Juristischen Prüfung

Wird das LL.M.-Studium im Ausland absolviert und vor der Ersten Juristischen Prüfung abgeschlossen, und ist dem Studium keine andere abgeschlossene Ausbildung (nichtakademische Berufsausbildung, berufsqualifizierendes Studium) vorausgegangen, handelt es sich um ein im Ausland abgeschlossenes Erststudium.[16] Die hierfür entstandenen Kosten sind nach der Gesetzeslage gem. § 4 Abs. 9 EStG bzw. § 9 Abs. 6 EStG nicht als Betriebsausgaben bzw. Werbungskosten abziehbar. Die Kosten für ein Erststudium werden von der Finanzverwaltung daher derzeit nur als Ausbildungskosten i.S.d. § 10 Abs. 1 Nr. 7 S. 1 EStG anerkannt und sind damit nur begrenzt als Sonderausgaben abziehbar (maximal 6.000 Euro jährlich einschließlich auswärtiger Unterbringung). Als Sonderausgaben können die bereits oben als Werbungskosten aufgezählten, direkt im Zusammenhang mit dem Studium anfallenden Aufwendungen berücksichtigt werden. Eine weitere Beschränkung der steuerlichen Geltendmachung liegt darin, dass die Ausbildungskosten nur dann als Sonderausgaben angerechnet werden können, wenn die Absolvent:innen im gleichen Jahr eigene Einkünfte erzielen. Ohne eigene Einkünfte ist eine steuerliche Berücksichtigung nicht möglich. Da die meisten Studierenden vor Abschluss der Ersten Juristischen Prüfung über keine oder nur geringe Einkünfte verfügen, sind in diesem Fall nur sehr geringe oder gar keine steuerlichen Vorteile zu erzielen.

Fazit: Die Kosten für ein LL.M.-Studium vor der Ersten Juristischen Prüfung und ohne vorhergehende abgeschlossene Ausbildung können nur in sehr begrenztem Umfang steuerlich geltend gemacht werden.

Geltendmachung der entstandenen Kosten

Wer Steuervergünstigungen in Anspruch nehmen will, muss seine Steuererklärungen sehr sorgfältig ausfüllen. Die entstandenen Werbungskosten werden in den Anlagen N (beim Studium im Inland) bzw. N-AUS (beim Studium im Ausland) der Einkommensteuererklärung für das Jahr eingetragen, in dem die Kosten tatsächlich angefallen sind. Zusätzlich muss man die Belege aufbewahren und ggf. nach Aufforderung dem Finanzamt vorlegen. Abhängig davon, ob bereits Einkünfte erzielt wurden, wird die Einkommensteuer im gleichen Jahr gemindert oder die entstandenen Kosten werden als Verlust festgestellt, der mit den Einkünften in einem künftigen Jahr verrechnet wird.

---

16 BFH, Urteil v. 18.06.2009, Az. VI R 14/07, BFHE 225,393; BMF-Schreiben vom 22.09.2010, IV C 4 - S 2227/07/10002.

Sofern man im Jahr des Studienantritts Einkünfte erzielt hat, mindern die Werbungskosten diese Einkünfte und damit die Einkommensteuer. Bereits gezahlte Lohnsteuer (bei Angestellten) oder Einkommensteuervorauszahlungen (bei Selbstständigen) werden erstattet. Übersteigen die Werbungskosten die gesamten Einkünfte des entsprechenden Jahres, wird zusätzlich ein Verlust in Höhe des übersteigenden Betrags festgestellt. Dieser Verlust wird mit Einkünften des dem Verlustjahr vorangegangenen Jahres verrechnet, und die in jenem Jahr gezahlten Steuern werden erstattet. Wurden im Jahr des Studienantritts und davor keine Einkünfte erzielt, werden die entstandenen Kosten als Verlust festgestellt und in darauffolgenden Jahren mit Einkünften verrechnet, bis der Verlust aufgebraucht ist.

Die Steuererklärung muss spätestens vier Jahre nach Ablauf des jeweiligen Kalenderjahres abgegeben werden. Die Einkommensteuererklärung für das Jahr 2021 beispielsweise muss also bis spätestens 31. Dezember 2025 beim Finanzamt eingegangen sein.

TIPP: Diese Frist kann nicht verlängert werden.[17] Dennoch besteht bei unverschuldeter Fristversäumnis ausnahmsweise die Möglichkeit, einen Antrag auf „Wiedereinsetzung in den vorigen Stand" nach § 110 AO zu stellen, beispielsweise wegen überlanger Postlaufzeiten.

Weitere steuerliche Gestaltungsmöglichkeiten

Verlustvortrag auf der elektronischen Lohnsteuerkarte

Eine erste Möglichkeit bietet die Berücksichtigung bei den elektronischen Lohnsteuerabzugsmerkmalen (ELStAM). Hat man vor dem Studienantritt keine Einkünfte erzielt und wird ein verbleibender Verlustvortrag festgestellt, kann der Verlust bei den ELStAM des darauffolgenden Jahres beantragt werden. Bei der Berechnung der monatlichen Lohnsteuerabzüge berücksichtigt der Arbeitgeber dann den Verlust aus dem Vorjahr und behält entsprechend geringere Abzugsbeträge ein. Durch die Eintragung entsteht ein Liquiditäts- bzw. Zinsvorteil. Den Antrag auf Lohnsteuerermäßigung stellt man bei dem Finanzamt, in dessen Bezirk man zum Zeitpunkt der Antragstellung wohnt. Den nötigen Vordruck gibt es im Internet oder direkt beim Finanzamt.

Die Antragsstellung kann vom 1. Oktober des Verlustjahres bis zum 30. November des Folgejahres gestellt werden. Der Freibetrag wird grundsätzlich mit Wirkung vom Beginn des auf die Antragstellung folgenden Monats bei den ELStAM berücksichtigt. Wird der Antrag jedoch im Januar gestellt, so erfolgt die Eintragung mit Wirkung ab 1. Januar des jeweiligen Jahres. Wird kein Eintrag bei den ELStAM vorgenommen, wird die Einkommensteuer nach Einreichen der Einkommensteuererklärung erstattet.

17 BFH, Urteil v. 03.06.1986, Az. IX R 121/83, BStBl II 1987, S. 421.

Verrechnung mit vorherigen Einkünften

Eine zweite Möglichkeit der steuerlichen Gestaltung ist die Verteilung der Studienkosten auf zwei Kalenderjahre. Hat man bereits vor der Aufnahme des Studiums steuerpflichtige Einkünfte erzielt, während des Studiums dagegen keine, lassen sich durch die Verteilung der Kosten auf zwei Kalenderjahre die besten steuerlichen Effekte erzielen, wenn das Studium Mitte des Jahres eins aufgenommen und Mitte des Jahres zwei abgeschlossen wird.

Werden also beispielsweise die Studiengebühren pro Semester bezahlt (also ein Teil im Jahr eins und ein Teil im Jahr zwei), lassen sich die Werbungskosten auf zwei Jahre verteilen. So fällt eine Hälfte der Werbungskosten im Jahr eins und die andere im Jahr zwei an. Der Vorteil dieser Kostenverteilung liegt in der besseren Nutzung des Grundfreibetrags. Dies hat folgenden Hintergrund: Jeder Steuerpflichtige hat einen sogenannten Grundfreibetrag, der der Absicherung des Existenzminimums dient. Das zu versteuernde Einkommen ist bis zum Grundfreibetrag (für Ledige 2021: 9.744 Euro) einkommensteuerfrei. Überschreitet das zu versteuernde Einkommen den Grundfreibetrag, zahlt man Einkommensteuer auf den Betrag, der über dem Freibetrag liegt. Mindern die Werbungskosten das zu versteuernde Einkommen auf einen Betrag, der unter dem Grundfreibetrag liegt, bleibt das Einkommen des entsprechenden Jahres steuerfrei. Hierbei ist es steuerlich unwesentlich, ob der Grundfreibetrag nur um wenige Euro oder um einen großen Betrag unterschritten wird. Die geltend gemachten Werbungskosten sind „verloren". Dies soll an folgendem vereinfachten Beispiel verdeutlicht werden:
Kandidatin A und Kandidat B sind angestellt als Rechtsanwältin und Rechtsanwalt mit einem Jahreseinkommen von jeweils 40.000 Euro. Beide entschließen sich dazu, ein LL.M.-Studium zu absolvieren, das Gesamtkosten von jeweils 26.000 Euro mit sich bringt. Kandidatin A beginnt ihr Studium am 1. Juli des Jahres eins und schließt es am 30. Juni des Jahres zwei ab. Vom 1. Januar bis zum 30. Juni des Jahres eins und anschließend wieder ab dem 1. Juli des Jahres zwei erzielt sie Einkünfte als angestellte Anwältin. Kandidat B nimmt sein Studium bereits am 1. Januar des Jahres eins auf und schließt es am 31. Dezember des gleichen Jahres ab. Ist man beim Studienbeginn flexibel, so kann man mit der Verteilung der Werbungskosten auf zwei Jahre zusätzlich Steuern sparen, wie die folgende vereinfachte Beispielrechnung zeigt.

Kandidatin A

Jahr eins	Einkünfte	20.000 Euro
	Werbungskosten	13.000 Euro
	zu versteuerndes Einkommen (< 9.408 Euro, Grundfreibetrag)	7.000 Euro
	zu zahlende Einkommensteuer	0 Euro
Jahr zwei	Einkünfte	20.000 Euro
	Werbungskosten	13.000 Euro
	zu versteuerndes Einkommen (< 9.408 Euro, Grundfreibetrag)	7.000 Euro
	zu zahlende Einkommensteuer	0 Euro
	Einkommensteuer in den Jahren eins und zwei	**0 Euro**

Kandidat B

Jahr eins	Einkünfte	0 Euro
	Werbungskosten	26.000 Euro
	zu versteuerndes Einkommen (< 9.408 Euro, Grundfreibetrag)	0 Euro
	zu zahlende Einkommensteuer	0 Euro
	Verlustvortrag im Jahr eins	**26.000 Euro**
Jahr zwei	Einkünfte	40.000 Euro
	Verlustvortrag	26.000 Euro
	zu versteuerndes Einkommen (> 9.408 Euro, Grundfreibetrag)	14.000 Euro
	zu zahlende Einkommensteuer	1.600 Euro
	Einkommensteuer in den Jahren eins und zwei	**1.600 Euro**

Beispiele zur steuerlichen Geltendmachung von Werbungskosten im Studium

Darlehensverträge mit Angehörigen

Studierende, die ihr Studium mit einem Darlehen (teil-)finanzieren, können die Zinszahlungen als Werbungskosten steuermindernd geltend machen. Das trifft auch auf verzinsliche Darlehen zu, die man von Verwandten erhält. Allerdings muss man zwei Punkte beachten: Zum einen sollte man zu Dokumentationszwecken stets einen schriftlichen Darlehensvertrag abschließen. Zum anderen müssen die vertragliche Gestaltung und die tatsächliche Durchführung einem Fremdvergleich standhalten. Wichtig ist vor allem, dass der Darlehensvertrag zu Beginn des Vertragsverhältnisses geschlossen wird und übliche Vereinbarungen, vor allem über die Höhe der Darlehenssumme, die Laufzeit des Darlehens mit Rückzahlungsmodalitäten und die Verzinsung des geliehenen Kapitals, dessen Rückzahlung und Besicherung sowie die Kündigungsmöglichkeiten beider Parteien enthält. Ob im Einzelfall ein Vertrag zwischen Angehörigen anzuerkennen ist, richtet sich nach Auffassung des BFH[18] nach der Gesamtheit der objektiven Gegebenheiten und ist aufgrund einer Gesamtwürdigung aller Umstände des Einzelfalls zu entscheiden.

Insbesondere schließt nicht jede geringfügige Abweichung vom Üblichen die steuerliche Anerkennung des Vertragsverhältnisses aus. Je mehr die Umstände auf eine private Veranlassung hindeuten, desto strengere Anforderungen sind jedoch an den Fremdvergleich zu stellen. Ist das Darlehen verzinslich ausgestaltet, unterliegen die von dem Angehörigen eingenommenen Zinsen der Einkommensteuer. Hinsichtlich der tatsächlichen Durchführung ist zu beachten, dass die Zinsen zu den Fälligkeitszeitpunkten entrichtet werden.

---

18 BFH, Beschluss v. 18.11.1998, Az. VIII B 27/98, BFH/NV 1999, S. 613.

Achtung: Wurde ein Darlehensvertrag mit einem Drittanbietenden abgeschlossen und werden die dadurch entstehenden Kosten nicht von der oder dem Studierenden selbst, sondern von den Eltern (als Geschenk) getragen, ist ein Werbungskostenabzug weder für den:die Studierende:n noch für die Eltern möglich: Der oder dem Studierenden sind die Aufwendungen nicht entstanden, und sie belasten ihn oder sie daher nicht; für die Angehörigen sind die Aufwendungen nicht im Rahmen ihrer eigenen Einkunftserzielung entstanden und daher ebenfalls nicht berücksichtigungsfähig.

6. Stipendienmöglichkeiten für LL.M.-Studierende

Stipendienangebote für das LL.M.-Studium

Die folgenden Seiten informieren über Stipendienangebote von staatlichen Institutionen, Stiftungen und Kanzleien. Hinweise zu Stipendien finden sich darüber hinaus meist auch auf den Websites der Law Schools selbst.

Informationen im Internet

Begabtenförderung	www.bmbf.de/de/ die-begabtenfoerderungswerke-884.html
British Council	www.britishcouncil.de www.britishcouncil.org
Bundesverband Deutscher Stiftungen	www.stiftungen.org
DAAD	www.daad.de
Deutscher Bildungsserver	www.bildungsserver.de
e-fellows.net-Stipendien-Datenbank	www.stipendiendatenbank.de
ELFI Servicestelle für ELektronische ForschungsförderInformationen	www.elfi.ruhr-uni-bochum.de Die Recherche in der ELFI-Datenbank ist kostenpflichtig; ein Überblick über Fördermöglichkeiten für Studierende ist kostenfrei.
Stifterverband für die Deutsche Wissenschaft	www.stifterverband.org
Stipendienübersicht	www.studieren.de
Studienstiftung des deutschen Volkes	www.studienstiftung.de

Stipendienprogramme von Staat und Stiftungen

Förderprogramme der Fulbright-Kommission

Stipendien zu Studien- und Forschungszwecken

- **Förderung:** Die Fulbright-Kommission vergibt Studienstipendien zur Vertiefung und Ergänzung des Studiums an einer amerikanischen Hochschule und zur Begegnung mit den USA. Die Stipendien sind bestimmt für deutsche Studierende/Graduierte, die als Jahresstipendiat:innen ein neunmonatiges bzw. als Semesterstipendiat:innen ein mindestens viermonatiges Vollzeit-Studium im Bereich der „Graduate Studies" an der amerikanischen Gasthochschule absolvieren. Zusätzlich können Stipendien für deutsche Doktorand:innen bereitgestellt werden, wenn diese als „Visiting Student Researchers" ein vier- bis sechsmonatiges Forschungsvorhaben im direkten Zusammenhang mit einer in der Anfangsphase stehenden Promotion an einer U.S.-Gasthochschule durchführen.
- **Förderhöhe/Leistungen:** 1. Die Förderung für die Studienstipendien bezieht sich auf die (anteilige) Finanzierung der Lebenshaltungskosten und Studiengebühren an der Gasthochschule. Dafür werden bis zu 3.833 US-Dollar pro Studienmonat bereitgestellt. Gegebenenfalls ist eine zusätzliche finanzielle Eigenleistung der Stipendiat:innen erforderlich. Die Stipendienleistungen schließen außerdem ein: transatlantische Reisekosten, Nebenkostenpauschale, Kranken-/Unfallversicherung, Teilnahme an einer Vorbereitungstagung, Teilnahme an Fulbright Cultural Enrichment Seminars in den USA.
  2. Die Stipendien für Doktorand:innen tragen für die Dauer des Forschungsaufenthalts mit der Zahlung einer monatlichen Pauschale von 1.600 Euro zur Finanzierung der Unterhaltskosten vor Ort bei. Außerdem beinhaltet das Stipendium: Kranken-/Unfallversicherung, in Einzelfällen die Teilnahme an Fulbright Cultural Enrichment Seminars in den USA. Eine Einschreibung der Stipendiaten in Studienkurse an der Gasthochschule ist im Stipendienprogramm für Doktorand:innen ausdrücklich nicht vorgesehen.
- **Bewerbungsvoraussetzungen:** Kernvoraussetzung in allen Programmen ist die deutsche Staatsangehörigkeit. Bewerber:innen, die die deutsch-amerikanische Doppelstaatsangehörigkeit besitzen, können wegen der visatechnischen Voraussetzungen zur Programmteilnahme nicht für die Förderung berücksichtigt werden. Außerdem: eine gute bis sehr gute fachliche Qualifikation, nachzuweisen durch entsprechende Studienleistungen, Abschlusszeugnisse, zwei Gutachten, sowie gute englische Sprachkenntnisse, nachzuweisen durch den TOEFL.
  1. Für die Studienstipendien ist zum Zeitpunkt des Stipendienantritts ein abgeschlossenes Bachelor-Studium (bzw. ein sechssemestriges Fachstudium in den traditionellen Studiengängen) erforderlich. Hochschulabsolvent:innen können sich für die Studienstipendien bewerben, wenn zum Zeitpunkt der Stipendienbewerbung der Hochschulabschluss (Bachelor-Examen bzw. in den Rechtswissenschaften das Erste Juristische Staatsexamen) nicht vor dem 1. April des Vorjahres erlangt wurde. Bewerber:innen aus den Rechtswissenschaften: Das Erste Staatsexamen muss zum Zeitpunkt der Bewerbungsfrist bereits vorliegen (mit mindestens „vollbefriedigend").
  2. Bewerber:innen für Doktorand:innenstipendien weisen zusätzlich die Einschreibung im Promotionsstudium sowie die Einladung der U.S.-Gasthochschule und Aufnahme als „Visiting Student Researcher" nach.

- **Bewerbung:** 1. Die Ausschreibung der Jahres- und Semesterstipendien erfolgt jährlich in der Zeit von Anfang April bis Anfang August über das Akademische Auslandsamt der Hochschulen.
  2. Die Stipendien für Doktorand:innen werden ganzjährig ausgeschrieben und bieten zwei Bewerbungszyklen mit Bewerbungsfristen jeweils am 1. April und 1. Oktober. Die Bewerbung erfolgt direkt bei der Fulbright-Kommission.

Reisestipendium für USA-Aufenthalte
- **Förderung:** Gefördert werden deutsche Studierende, die ihren Aufenthalt in den USA über Austauschvereinbarungen ihrer deutschen Hochschule (teil-)finanzieren.
- **Förderhöhe/Leistungen:** Übernommen werden transatlantische Reisekosten, Kranken-/Unfallversicherung, Vorbereitungstagung.
- **Bewerbungsvoraussetzungen:** deutsche Staatsangehörigkeit. Bewerber, die die deutsch-amerikanische Doppelstaatsangehörigkeit besitzen, können wegen der visatechnischen Voraussetzungen zur Programmteilnahme nicht für die Förderung berücksichtigt werden. Außerdem: gute bis sehr gute fachliche Qualifikation, nachzuweisen durch entsprechende Studienleistungen, Abschlusszeugnisse und zwei Gutachten; gute englische Sprachkenntnisse. Bachelor-Studierende müssen zum Zeitpunkt der Studienaufnahme in den USA mindestens vier abgeschlossene Fachsemester vorweisen; Master-Studierende schließen ihr Studium in Deutschland nach Ende des USA-Aufenthalts ab. Auch Studierende, die das Juristische Staatsexamen anstreben, können sich um die Förderung bewerben.
- **Bewerbung:** Die Ausschreibung der Reisestipendien erfolgt jährlich von November bis Mitte Januar. Während der Stipendienausschreibung sind aktuelle Bewerbungsrichtlinien und -formulare auf der Fulbright-Website hinterlegt.

Weitere Informationen zu den Fulbright-Förderprogrammen
- **Kontakt:** germanprograms@fulbright.de
- **Website:** www.fulbright.de

Förderprogramm des DAAD

Stipendien für ein LL.M. (Master of Laws) Aufbaustudium
- **Förderung:** Förderung von graduierten Jurist:innen an einer ausländischen Hochschule (weltweit) zum Erwerb des akademischen Grads LL.M. (Master of Laws)
- **Förderhöhe:** Die Stipendienhöhe richtet sich nach den Richtlinien des DAAD.
- **Bewerbungsvoraussetzungen:** Es gelten die Bewerbungsvoraussetzungen des DAAD für Graduierte. Zusätzlich gelten folgende Bedingungen: Zum Bewerbungstermin sollte bereits die Zulassung der Gasthochschule nachgewiesen werden; diese muss dem DAAD spätestens zum Antritt des Stipendiums vorgelegt werden. Für Bewerber:innen mit Erster Juristischer Prüfung: Zum Bewerbungstermin muss die Erste Juristische Prüfung mit mindestens „vollbefriedigend“ nachgewiesen werden. Für Absolvent:innen eines rechtswissenschaftlichen Bachelor- oder Master-Studiengangs: Zum Bewerbungstermin muss dem DAAD das Bachelor-Abschlusszeugnis vorliegen. Ebenso muss dem DAAD zum Bewerbungstermin eine schriftliche Bestätigung des Prüfungsamts der Hochschule über die Notenverteilung in den juristischen Bachelor- und Masterstudiengängen der Hochschule sowie die Bestätigung, dass die Bewerberin oder der Bewerber zu den 20 Prozent der besten

Absolvent:innen des rechtswissenschaftlichen Studiengangs zählt, vorliegen. Der Hochschulabschluss bzw. das Examen sollte zum Zeitpunkt der Bewerbung nicht länger als fünf Jahre zurückliegen. Liegen bereits Bachelor- und Masterabschluss vor, ist auf den Zeitpunkt des Erwerbs des Masterabschlusses abzustellen. Liegt bereits das Zweite Juristische Staatsexamen vor, ist auf den Zeitpunkt des Erwerbs der Ersten Juristischen Staatsprüfung abzustellen.
- **Bewerbungsverfahren:** Online-Bewerbung über das DAAD-Portal
- **Bewerbungstermin:** In der Programmausschreibung sind die Bewerbungstermine aufgeführt.

Weitere Informationen zu den DAAD-Förderprogrammen
- **Detaillierte Informationen zu den einzelnen Förderungsmöglichkeiten:** www.auslands-stipendien.de
- **Kontakt:** Deutscher Akademischer Austauschdienst (DAAD), +49 228 882-0, postmaster@daad.de
- **Website:** www.daad.de

Stipendienprogramme der Studienstiftung des deutschen Volkes

ERP-Stipendienprogramm
- **Förderung:** Das Programm fördert Postgraduierte für ein- bis zweijährige Studien- oder Forschungsaufenthalte an amerikanischen Spitzenuniversitäten (ein- oder zweijähriger Master, erstes oder erstes und zweites Ph.D.-Kursjahr, Forschungsjahr). Bei zweijährigen Studienaufenthalten zum Erwerb eines Masterabschlusses wird erwartet, dass zwischen dem ersten und zweiten Studienjahr ein Praktikum im öffentlichen Sektor von zwei- bis dreimonatiger Dauer absolviert wird. Bei einjährigen Vorhaben gilt, dass das Praktikum im Anschluss an den Studien- oder Forschungsaufenthalt im öffentlichen Sektor absolviert werden sollte.
- **Förderhöhe/Leistungen:** Aufnahme in die Studienstiftung, monatliches Stipendium (1.900 US-Dollar), Zuschuss zu den Studiengebühren (maximal 25.000 US-Dollar pro Studienjahr), einmalige Reisekostenpauschale (1.000 US-Dollar), einmaliges Startgeld (500 US-Dollar)
- **Bewerbungsvoraussetzungen:** exzellenter Studienabschluss, bei Jurist:innen mindestens „vollbefriedigend"; mindestens Bachelor-Abschluss zum Bewerbungsschluss; letzter Hochschulabschluss darf nicht länger als fünf Jahre zurückliegen.
- **Bewerbungsschluss:** Die aktuellen Bewerbungstermine sind in der Stipendienausschreibung genannt

Haniel-Stipendienprogramm
- **Förderung:** Das Programm fördert mit bis zu sechs Stipendien jährlich einen mindestens zweisemestrigen Studienaufenthalt mit einem mehrmonatigen Praktikum in einem Wirtschaftsunternehmen im europäischen oder außereuropäischen Ausland.
- **Förderhöhe/Leistungen:** Aufnahme in die Studienstiftung, monatliches Stipendium (in europäischen Ländern 1.200 Euro, in Großbritannien, den USA und den meisten außereuropäischen Ländern 1.500 Euro), Übernahme der Studiengebühren für max. 2 Jahre (in Großbritannien und den USA bis zu 14.000 Euro pro Jahr, in allen übrigen Ländern bis zu 10.000 Euro pro Jahr), einmalige Reisekostenpauschale (1.000 Euro), einmaliges Startgeld (500 Euro)

- **Bewerbungsvoraussetzungen:** abgeschlossenes Hochschul- oder Fachhochschulstudium (mindestens Bachelor) spätestens bei Programmbeginn; exzellenter Studienabschluss, bei Jurist:innen mindestens „vollbefriedigend"; offen für Studierende aller Fachrichtungen; letzter Hochschulabschluss darf nicht länger als fünf Jahre zurückliegen
- **Bewerbungsschluss:** 15. Oktober

Weitere Informationen zu den Förderprogrammen der Studienstiftung

- **Informationen zum Bewerbungsverfahren:** www.studienstiftung.de/stipendienprogramme
- **Kontakt:** Studienstiftung des deutschen Volkes, Ahrstraße 41, 53175 Bonn

Baden-Württemberg-STIPENDIUM für Studierende

- **Förderung:** Das *Baden-Württemberg-STIPENDIUM für Studierende* der Baden-Württemberg Stiftung gGmbH unterstützt in Baden-Württemberg immatrikulierte Studierende und Postgraduierte aller Fachrichtungen, die für ein bis zwei Semester einen Studien-/Forschungsaufenthalt im Ausland absolvieren möchten. Im Gegenzug kommen Stipendiat:innen von Partnerhochschulen im Ausland nach Baden-Württemberg.
- **Anzahl der Stipendien:** insgesamt etwa 1.500 pro Jahr
- **Förderhöhe/Leistungen:** u. a. abhängig vom Studienfortschritt, mindestens 600 Euro pro Monat bis maximal 1.400 Euro pro Monat für Studierende an Hochschulen für die Dauer von drei bis maximal elf Monaten
- **Bewerbungsverfahren:** beim International Office der jeweiligen Hochschule in Baden-Württemberg zu erfragen
- **Kontakt:** studierende@bw-stipendium.de
- **Website:** www.bw-stipendium.de

Studienstipendien des Kölner Gymnasial- und Stiftungsfonds

- **Förderung:** Die Studienstipendien richten sich an junge Menschen mit wissenschaftlicher Begabung, sozialem und gesellschaftlichem Engagement und nachweisbarem finanziellen Förderbedarf. Es werden Stipendien vergeben für: Studien an Hochschulen mit staatlich anerkannten Abschlüssen; ein zeitweiliges, fachspezifisch begründetes Studium im Ausland; Aufbaustudien, die für den angestrebten Beruf von Bedeutung sind; Promotionen.
- **Förderhöhe/Leistungen:** Über die Höhe der Zuschussstipendien wird unter Berücksichtigung der finanziellen und sozialen Situation der Bewerberin oder des Bewerbers entschieden. Ergänzt wird die finanzielle Förderung durch Bildungs- und Mentoringangebote.
- **Bewerbungsvoraussetzungen:** Durchschnittsnote des Reifezeugnisses (Abitur, Feststellungsprüfung) mind. 2,0; Immatrikulationsnachweis (Förderung frühestens ab dem dritten Hochschulsemester); Durchschnittsnoten der Studienleistungen (Scheine, Examenszeugnis) mind. 2,5; Studienabschluss innerhalb der Regelstudienzeit (Überschreitung der Regelstudienzeit in begründeten Fällen bis maximal 30 Prozent der Regelstudienzeit); Studienabschluss bis zum vollendeten 30. Lebensjahr

- **Bewerbungszeiträume:** 1. Februar bis 1. März und 1. August bis 1. September
- **Kontakt:** Andreas Buschmann, +49 221 406331-5, andreas.buschmann@stiftungsfonds.org
- **Website:** www.stiftungsfonds.org/stipendien/fuer-studenten

Stipendien der Ranke-Heinemann Studienstiftung

IRH Studienbeihilfe

- **Förderung:** Studierende, die sich in das Institut Ranke-Heinemann Förderprogramm aufnehmen lassen, um sich bei einer australischen oder neuseeländischen Hochschule zu bewerben, können die garantierte IRH Studienbeihilfe beantragen, die die Studienkosten für ein Semester erheblich reduziert. Fast alle Hochschulen sind dem Förderprogramm angeschlossen.
- **Förderhöhe/Leistungen:** Die IRH Studienbeihilfe beträgt zehn Prozent der Studiengebühren für ein Semester für fast alle Studienprogramme in Australien und Neuseeland, bei denen internationale Studiengebühren erhoben werden.
- **Bewerbungsvoraussetzungen:** Alle, die sich in das IRH Förderprogramm aufnehmen lassen, haben automatisch Zugang zur garantierten Beihilfe. Die Förderung wird nach dem ersten Semester nach Einreichung eines Erfahrungsberichts ausgezahlt.
- **Bewerbungsschluss:** Die Bewerbung für die Studienbeihilfe erfolgt durch das Einsenden eines Erfahrungsberichtes und einiger Fotos nach dem ersten Semester.

Vollstipendium

- **Förderung:** Das Institut vergibt ein Vollstipendium und Reisestipendien. Sowohl Undergraduate- als auch Postgraduate-Studiengänge werden gefördert.
- **Förderhöhe/Leistungen:** Das Vollstipendium ist leistungsabhängig und umfasst die kompletten Studiengebühren für ein Semester.
- **Bewerbungsvoraussetzungen:** Aufnahme in das Förderprogramm, Alter nicht über 30 Jahre; Wohnsitz in Deutschland, Österreich oder der Schweiz; Nachweis über ein Studienplatzangebot durch das Institut Ranke-Heinemann und ein Motivationsschreiben. Das Auslandssemester in Australien, Neuseeland oder Kanada soll auf einen deutschen, österreichischen bzw. Schweizer Studiengang aufbauen oder ihn ergänzen.
- **Bewerbungsschluss:** 31. Januar für das erste Semester im Jahr, 30. Juni für das zweite Semester im Jahr. Kanada: 31. Juli für das Herbstsemester, 1. Dezember für das Wintersemester.

Weitere Informationen zu den Förderprogrammen

- **Kontakt:** Informationszentrum Essen, +49 201 252552, info@ranke-heinemann.de
- **Website:** www.ranke-heinemann.de/stipendien-foerderprogramm

Stipendien von Kanzleien

Latham & Watkins LL.M. Fellowship

- **Förderung:** Das Stipendium richtet sich an Jurist:innen, die ein LL.M.-Studium im englischsprachigen Ausland absolvieren.
- **Anzahl der Stipendien:** zehn pro Jahr
- **Förderhöhe/Leistungen:** 2.500 Euro pro Stipendium
- **Bewerbungsverfahren:** Wir freuen uns über eine schriftliche Bewerbung per E-Mail, die ein Motivationsschreiben, Ihren Lebenslauf, Examenszeugnis(se) sowie die Zusage der Law School/Universität enthält; im nächsten Schritt erfolgt gegebenenfalls eine Einladung zu einem persönlichen Kennenlernen.
- **Bewerbungsvoraussetzungen:** Voraussetzung für unser Stipendium sind ein vollbefriedigendes Erstes und, falls bereits absolviert, Zweites Staatsexamen sowie die Aufnahme in ein LL.M.-Programm im englischsprachigen Ausland.
- **Bewerbungsschluss:** 30. April 2022
- **Kontakt:** Latham & Watkins Recruiting-Team, recruiting.germany@lw.com
- **Website:** www.lwcareers.com/de/offices/germany/how-to-apply.html

One Step AHEAD – das LL.M.-Stipendium von Gleiss Lutz

- **Förderung:** Die Sozietät Gleiss Lutz vergibt vier Teilstipendien à 10.000 Euro für ein englischsprachiges Master-Programm im Ausland. Ziel der Kanzlei ist die Förderung von Auslandsstudien ihrer Nachwuchsjurist:innen, um so einen wichtigen Beitrag zum Verständnis ausländischer Rechtsordnungen und zum internationalen Austausch zu leisten.
- **Anzahl der Stipendien:** vier Stipendien pro Jahr
- **Förderhöhe/Leistungen:** Teilstipendium in Höhe von je 10.000 Euro
- **Bewerbungsverfahren:** Bewerben können sich alle (ehemaligen) Praktikant:innen, Referendar:innen und wissenschaftlichen Mitarbeiter:innen von Gleiss Lutz. Es müssen aussagekräftige Bewerbungsunterlagen und ein ausführliches Motivationsschreiben eingereicht werden. Am Bewerbertag können die eingeladenen zukünftigen LL.M.-Student:innen dann in Gesprächen und einer Präsentation zeigen, dass sie die Richtigen für die Stipendien sind.
- **Bewerbungsschluss:** 31. Januar für ein Programm ab April desselben bis einschließlich März des darauffolgenden Jahres
- **Kontakt:** Sarah Roth, HR Legal, +49 69 95514 634, sarah.roth@gleisslutz.com

Walter-Oppenhoff-Stipendium von Oppenhoff & Partner

- **Förderung:** Ziel der Walter-Oppenhoff-Stiftung ist die Förderung deutscher Jurist:innen, die nach Abschluss ihres Ersten oder Zweiten Staatsexamens ein LL.M.-Studium an einer Hochschule in den Vereinigten Staaten aufnehmen wollen.
- **Anzahl der Stipendien:** jährlich bis zu drei Teilstipendien
- **Bewerbungsverfahren:** Bewerbung (gerne auch per E-Mail) mit aussagefähigen Bewerbungsunterlagen (Lebenslauf, Zeugnissen, Referenzen, Gutachten, Beschreibung des Studienvorhabens, Zusage(n) der Law School(s))
- **Bewerbungsschluss:** 30. April für das im Herbst beginnende akademische Jahr
- **Kontakt:** Dr. Stephan König, +49 221 2091-487, stephan.koenig@oppenhoff.eu
- **Website:** www.oppenhoff.eu

Wie Sie als Mitglied von e-fellows.net Ihre Karriere voranbringen

Einladung zu exklusiven Karriere-Events
Info-Veranstaltungen mit den besten Law Schools und Kanzleien:

- LL.M. Day für Student:innen, Referendar:innen und Volljurist:innen
- Perspektive Wirtschaftskanzlei für Absolvent:innen
- Karrieretag Jura für Student:innen

www.e-fellows.net/Events

Große LL.M.-Bewerbungsdatenbank

- Welche Noten braucht man für die besten Law Schools?
- Wann ist der richtige Zeitpunkt für die Bewerbung?
- Welche Law Schools kommen mit meinen Noten infrage?

www.e-fellows.net/ LLM-Bewerbungsdatenbank

Sie sind ein kluger Kopf?
Von noch mehr Leistungen profitieren Sie, wenn Sie sich erfolgreich für das e-fellows.net-Stipendium bewerben.

Karriereratgeber als E-Book
Kostenlose Karriereratgeber der Reihe e-fellows.net wissen zum Download:

- *Perspektive Jura*
- *Der LL.M.*
- *Perspektive Unternehmensberatung*

Aktuelle Jobs und Praktika in Kanzleien und Unternehmen

- 3.000 Stellen für Student:innen, Absolvent:innen und Young Professionals
- passende Praktikums- und Jobangebote zu Ihrem Profil per E-Mail, z.B. von Freshfields oder BMW

Kostenlos als Mitglied anmelden: www.e-fellows.net/Mitglied-werden

Wie Sie als e-fellows.net-Stipendiat:in Ihren Kommiliton:innen voraus sind

50 geldwerte Leistungen für Studium und Berufseinstieg

- kostenloser Zugriff auf beck-online und juris
- Kurse des Online-Repetitoriums Juracademy
- 25 Abos führender Zeitungen, z. B. *DIE ZEIT*, *WirtschaftsWoche*, *Handelsblatt* und *F.A.Z. Einspruch*
- Fernbus-Gutscheine

juris
Das Rechtsportal

beck-online
DIE DATENBANK

Vernetzung mit mehr als 60.000 Stipendiat:innen und Alumni bzw. Alumnae

- fachlicher und privater Austausch mit anderen Student:innen und Young Professionals, darunter 16.000 Jurist:innen
- Netzwerken mit e-fellows.net-Stipendiat:innen und -Alumni bzw. -Alumnae bei City-Group-Treffen in vielen Unistädten

Persönlicher Kontakt zu Freshfields, Hengeler Mueller, Clifford Chance und Co.

- Online-Expertenforen zu Praktika, Referendariat und Berufseinstieg
- Coaching durch mehr als 200 berufserfahrene Mentor:innen
- beste Verbindungen in die Personalabteilungen von 170 Unternehmen – auch außerhalb der Kanzlei

---

Karriereratgeber und Fachbücher per Post nach Hause

- kostenlose Lieferung aller Karriereratgeber aus der Reihe e-fellows.net wissen, z. B. *Perspektive Jura*
- monatliche Verlosung von mehr als 200 Fachbüchern von 13 Verlagen

Für das Stipendium bewerben: www.e-fellows.net/e-fellows.net-Stipendium

7. Erfahrungsberichte von LL.M.-Absolvent:innen

Charlotte Blech
LL.M. (UCLA)
Referentin
Bundesministerium des Innern, für Bau und Heimat

Ein Jahr zwischen Cold Calling und California Beach: LL.M. an der University of California Los Angeles

In Los Angeles sei es heiß und stickig, schön sei die Stadt ohnehin nicht und ein Auto müsse ich mir auf jeden Fall kaufen – so oder so ähnlich war die Reaktion, wenn ich von meinen Plänen, einen LL.M. an der University of California zu machen, erzählte. Rückblickend kann ich sagen: Gut, dass ich mich davon nicht habe abschrecken lassen. Wieso mich nicht nur die Stadt, sondern ganz besonders auch der gesamte Universitätsbetrieb und die Law School überzeugt haben und ich mich immer wieder für die UCLA entscheiden würde, dazu mehr im Folgenden. Die Uni stellte pandemiebedingt im Februar 2020 auf Online-Vorlesungen um und Kalifornien war nur wenige Wochen nach Deutschland im Lockdown. Wir verpassten so zwar das ein oder andere Highlight (Springbreak, Graduation...), weniger eindrücklich wurde die LL.M.-Zeit dadurch nicht.

Sehr zu empfehlender Zeitpunkt: Nach dem Referendariat und vor dem Berufseinstieg

Meinen ursprünglichen Plan, den LL.M. in der „Wartezeit" zwischen Erstem Examen und Referendariat zu absolvieren, musste ich schnell aufgeben – ich hatte zu spät mit den Vorbereitungen angefangen und den Aufwand unterschätzt. Zeugnisse und Notenübersichten müssen übersetzt und Sprachtests absolviert werden. Es müssen Gutachten von Professorinnen und Professoren oder Arbeitgebern eingereicht werden, deren Erstellung mitunter viel Zeit in Anspruch nehmen kann. Deshalb der Tipp: Man kann kaum früh genug anfangen.

Rückblickend bin ich froh, den LL.M. erst nach dem Referendariat gemacht zu haben. In dem Wissen, dass es schlimmer als in den Examensvorbereitungen wohl kaum werden kann, lebte es sich in den Klausurenwochen und den Tagen vor einer Paper-Abgabe verhältnismäßig entspannt(er). Hilfreich war auch die Berufserfahrung, die ich nach dem Ersten Examen und während des Referendariats habe sammeln können, sowie das Praxiswissen zum deutschen Justizsystem, das während unserer Universitätsausbildung häufig recht kurz kommt. Die Wahl des Zeitpunkts für den LL.M. würde ich aber nicht vom Alter abhängig machen. Denn zumindest an der UCLA waren wir eine bunt gemischte Gruppe: von 21-jährigen Studierenden bis zu 40-Jährigen, die ihre gesamte Familie mit nach L.A. brachten. Man findet immer jemanden, der sich in einer ähnlichen Lebenslage befindet wie man selbst.

Die schwierigste Entscheidung: Wo will ich den LL.M. verbringen?

Die Auswahl der Unis nahm einige Zeit in Anspruch. Da häufig eine Gebühr (in den USA teilweise über 100 Dollar) verlangt wird, habe ich mich „nur" bei sechs Universitäten beworben. Davon diente eine als „Safe School", bei der ich annahm, auf jeden Fall einen Platz zu erhalten. Für die Auswahl der Unis habe ich die Webseiten durchforstet: Welche Schwerpunkte und Vorlesungen werden angeboten? Habe ich die Möglichkeit, normale JD-Vorlesungen zu besuchen? Was bietet die Uni außerhalb der Vorlesungen an (Sportangebote, Extracurriculars usw.)? Wie sieht der Campus aus und wo genau liegt er?

Die meisten Bewerbungsverfahren begannen im September/Oktober, Rückmeldungen kamen im Laufe des Dezembers bzw. Anfang des nächsten Jahres. Für die UCLA habe ich mich schlussendlich vor allem wegen der thematischen Bandbreite entschieden. Daneben war auch die Aussicht auf ein Jahr Sommer und Sonne in Kalifornien sehr verlockend. Wichtig zu wissen: Viele Unis bieten finanzielle Unterstützung an, teilweise auch ohne dass eine gesonderte Bewerbung dafür erforderlich ist.

Kurse gut, Campus schön, Strand nah und Sonne satt

Dass ich mich für die UCLA entschieden habe, habe ich zu keinem Zeitpunkt bereut. Ich hätte es wohl kaum besser treffen können.

Zum einen bietet die Law School ein unheimlich breites Kursangebot und zahlreiche Spezialisierungen an. Will man sich nicht spezialisieren (General LL.M.), kann man, abgesehen von einigen wenigen LL.M.-Pflicht-Vorlesungen, frei wählen. Ich habe dadurch Kurse und Seminare belegt, die es an deutschen Jurafakultäten kaum geben würde. Die Kurse (von „großen" Vorlesungen mit 40 Personen bis zu kleinen Seminaren mit acht Personen) waren sehr offen und äußerst interdisziplinär gestaltet und wurden teilweise von Praktikerinnen und Praktikern geleitet. So sprachen wir in „China and the Legal Order" über das chinesische Staatssystem und die Rolle Chinas in der Welt. In „Comparative Security Law" besuchte uns u. a. ein CIA-Mitarbeiter und wir machten einen Ausflug zum lokalen FBI-Büro. Auch „klassischere" Vorlesungen wie „Comparative Constitutional Law" oder „Human Rights Law" waren von intensiver Diskussion und einem offenen Austausch geprägt. Was man über das amerikanische Lehrsystem in Deutschland sagt (sokratisches System, Cold Calling usw.), hat sich für mich bestätigt und funktionierte zumindest für mich sehr gut. Ich habe gelernt, freier und spontaner zu diskutieren und zu präsentieren und aus großen Mengen Text die für die Diskussion essenziellen Punkte zu extrahieren und zu verwerten.

Ganz besonders positiv in Erinnerung geblieben ist mir das LL.M.-Koordinatorenteam der UCLA, das bereits vor Beginn des LL.M. sehr kooperativ und hilfreich war und auch während des Studiums bei jeder noch so kleinen Frage behilflich war. Sofern die Möglichkeit besteht, mit den entsprechenden Ansprechpersonen schon vor der Wahl der Uni Kontakt aufzunehmen, kann ich das nur empfehlen. Das Team organisierte auch diverse Events, u. a. ein großes Thanksgiving-Lunch im UCLA Faculty-Club, den Besuch eines Footballspiels im Rose Bowl Stadion in L.A. und eine Stadttour zu Beginn des LL.M.

Auch das Leben auf dem Campus (sehr grün – quasi eine Oase in der Stadt!) war wunderbar, Fitnesscenter, Tennis- und Fußballfelder sowie Pools usw. inklusive. Es gab regelmäßig Veranstaltungen, Lunch Talks und andere Events zum Sporttreiben, Networken, Filmeschauen (im campuseigenen Kino!) und vieles mehr.

Und das ist erst der Anfang: Denn außerhalb des Campus erwartet einen eine aufregende Stadt mit einer absolut tollen Umgebung zum Hiken und Surfen. Und das alles geht sogar ohne eigenes Auto.

Die Autorin steht bei Fragen gerne zur Verfügung: charlotte.blech@outlook.com

Vanessa Homann
LL.M. (Reykjavík)
Referendarin
LG Düsseldorf

Þetta reddast! Umweltrecht am Polarkreis

In der nördlichsten Hauptstadt der Welt ist das Wintersemester eisig und dunkel, aber die unvergleichliche Natur entschädigt für kalte Füße allemal. Wer noch nicht auf Schnee und Eis laufen oder Autofahren kann, ist nach dem Studienjahr in Island ein absoluter Profi. Winterliche Dunkelheit und Kälte sind spätestens mit dem Auftauchen der Nordlichter, allerspätestens aber mit den ersten Sonnenstrahlen im Frühling vergessen.

Natural Resources Law and International Environmental Law im Land von Feuer und Eis

Die Unterrichtssprache des LL.M. Natural Resources Law and International Environmental Law der Háskóli Íslands (HÍ, University of Iceland) ist Englisch. Wobei es natürlich für das alltägliche Leben nicht schadet, sich grundlegende Kenntnisse in der ungewöhnlichen, schwierigen und wenig eingängigen isländischen Sprache anzueignen. Aber keine Angst: Generell funktioniert in Island auch alles auf Englisch, da es die meisten Isländer:innen perfekt beherrschen.

Das LL.M.-Studium an der HÍ unterscheidet sich deutlich vom deutschen Jurastudium. Dies beginnt bei der Zusammensetzung der Kurse aus überwiegend internationalen und meist nur einer Handvoll einheimischen Studierenden. Die Unterschiede setzen sich bei der Unterrichtsform fort, die mehr an die Schule als an die Uni erinnert. In jedem Fach müssen Hausarbeiten geschrieben werden. Und zwar, je nach Dozent:in, mindestens einmal im Semester, zum Teil sogar wöchentlich. Der geforderte Umfang reicht unter Umständen bis zu dem einer Seminararbeit. Hinzu kommen Referate, Pflichtlektüren und typischerweise mündliche Abschlussprüfungen. Durch Gruppenarbeiten kommt man zwar schnell mit anderen Studierenden in Kontakt, jedoch ist auch das Arbeitspensum recht hoch.

Die meisten Kurse werden von isländischen Dozentinnen und Dozenten mit internationalen Ausbildungen oder Karrieren unterrichtet. Vorkenntnisse aus dem Schwerpunktbereich oder aus Seminaren sind nicht erforderlich. Für mich hat jedoch gerade der Mix aus mir überwiegend unbekannten Themengebieten, wie beispielsweise Law of the Sea, und Themen, die ich bereits aus meiner Schwerpunktausbildung im Umweltrecht kannte, sehr gut gefallen.

Bei der Suche nach dem Masterarbeitsthema und der betreuenden Person ist man sehr frei und kann sich an seinen Interessen innerhalb der verschiedenen Kurse orientieren. Die Betreuung ist durch regelmäßige Treffen sehr persönlich und gleichzeitig konstruktiv. Generell sind die Dozentinnen und Dozenten der HÍ aufgeschlossen, hilfsbereit und diskussionsfreudig. Insgesamt herrscht eine deutlich nahbarere Atmosphäre, als ich das aus dem Jurastudium kannte. Dies liegt zum einen an relativ kleinen Kursgrößen von um die 20 Studierenden. Zum anderen kennen sich an der Uni die meisten Menschen untereinander, und man begegnet sich auch in der Innenstadt immer mal wieder.

Von der Uni sind für das LL.M.-Studium 18 Monate geplant, sodass die Studierenden in zwei Semestern die notwendigen Kurse belegen und Credits sammeln und dann im dritten Semester die Masterarbeit schreiben. Ich selbst habe in meinem zweiten Semester neben den Kursen bereits meine Masterarbeit geschrieben. Aufgrund der

Corona-Pandemie waren meine Freizeitaktivitäten eingeschränkt und die weit überwiegende Zahl der internationalen (LL.M.-)Studierenden reiste schon vorzeitig ab. Trotz der gewonnenen Zeit wurde es bei der Fertigstellung der Masterarbeit am Ende recht hektisch. Auch ist Reykjavík eben nicht Oxford, die juristische Bibliothek ist im nicht-isländischen Bereich eher spärlich bestückt, aktuelle Auflagen sind rar.

Fast keine Studiengebühren, dafür horrende Lebenshaltungskosten

LL.M.-Studiengänge sind teuer, das weiß jeder, der sich auf der Suche nach einem passenden Master befindet. Wer nicht mehrere (Zehn-)Tausend Euro ausgeben kann und auch keinen Kredit aufnehmen möchte, wird sich – wie ich – schnell nach Alternativen umsehen.

Das Positive vorweg: Mit weniger als 400 Euro Studienbeitrag für zwei Semester Studium ist die HÍ eine unfassbar günstige Alternative zu den allermeisten LL.M.-Studiengängen. Jedoch gibt es in Island ein teures Aber: Die Lebenshaltungskosten sind enorm hoch. Ich habe keinen Platz in einem der Studierendenwohnheime ergattern können und musste mir privat eine Unterkunft suchen. Beliebt ist die Vermietung von Kellerzimmern mit niedriger Deckenhöhe und/oder ohne Fenster. Ebenso finden sich Angebote von geteilten Schlafzimmern für zwei Personen und Räumen, die ursprünglich eher als Abstellkammer konzipiert waren. Die Wohnungssuche in Reykjavík ist frustrierend. Zuerst habe ich zusammen mit einer Isländerin in einer WG gewohnt, zum zweiten Semester habe ich (über Kontakte) ein kleines Studio gefunden, welches ich allein bewohnen konnte. Für beide Wohnvarianten habe ich 1.000 Euro Miete gezahlt und bin dabei noch relativ gut weggekommen. Auch Lebensmittel, insbesondere Alkohol sowie Fleisch- und Fischprodukte, sind im Verhältnis zu deutschen Preisen sehr teuer. Ein Mittagessen in der Mensa liegt (bei einem Wechselkurs von 150 bis 165 ISK) bei 15 bis 20 Euro. Günstig und an jeder Ecke zu haben sind guter Kaffee und Skyr. Das Studium in Island könnte also der perfekte Zeitpunkt sein, gute Vorsätze einzuhalten und Alkohol- und Fleischkonsum zu minimieren.

Um das alles zu finanzieren, habe ich als Servicekraft in einem Restaurant gearbeitet. Der Stundenlohn liegt für ungelernte Kräfte deutlich höher als in Deutschland, saftige Zuschläge gibt es für Arbeit nach 20 Uhr, an Wochenenden und Feiertagen. Einen Nebenjob zu finden, gestaltete sich jedoch als recht knifflig, da sowohl die Tourismus- als auch die Gastrobranche durch eine Flut an Studierenden gut versorgt ist.

Winterkleidung, Wanderschuhe und Badesachen einpacken und los geht's!

Dass Island ein sagenhaftes und beeindruckendes Land ist, dürfte den meisten bekannt sein. Auch, dass Island nicht das beste Studienziel für Menschen ist, die sich erst ab 20 Grad Celcius wohlfühlen, bedarf keiner weiteren Erläuterung.

Studieninteressierten, die sich für Umweltrecht begeistern und die verschiedenen Aspekte des Natural Resources and International Environmental Law kennenlernen möchten, würde ich diesen LL.M.-Studiengang zu 100 Prozent empfehlen! Gerade das Drumherum in Island hat mich überwältigt. Wer in seiner Freizeit auf Gletscher klettern, in Hot Pots springen, Geysire bestaunen und mächtige Naturgewalten hautnah erleben möchte, ist an der University of Iceland genau richtig.

Die Autorin steht bei Fragen gerne zur Verfügung: vah26@hi.is

Hannes Kamin
M.Jur. (Oxford)
Referendar

Der M.Jur. in Oxford – mehr als nur ein LL.M.!

Nach dem Abschluss meines Ersten Examens konnte ich mir einen lang gehegten Traum erfüllen: Im Studienjahr 2019/2020 habe ich ein M.Jur. Studium an der University of Oxford absolviert. Es war eine besondere Erfahrung. Das Jahr hat es mir nicht nur ermöglicht, anregende Debatten in Rechtsgebieten meiner Wahl zu führen, auch das Leben im College hat schöne Eindrücke und Erlebnisse geboten.

Wer sich aus diesen oder anderen Gründen für einen M.Jur. in Oxford interessiert, sollte frühzeitig mit der Planung und Vorbereitung der Bewerbung beginnen. Das Bewerbungsverfahren ist durchaus aufwändig und schließt beispielsweise die Abgabe eines schriftlichen Essays mit ein. Bei der Planung lohnt es sich auch, sich einmal mit den anderen in Oxford angebotenen (juristischen) Master-Studiengängen zu beschäftigen. Für alle, die sich für wirtschaftliche Zusammenhänge interessieren, ist hier vor allem der M.Sc. in Law and Finance eine spannende Alternative. Auch sollte berücksichtigt werden, dass die Studienzeit mit hohen Lebenshaltungskosten verbunden ist. Sobald die Vorbereitungen erfolgreich zum Abschluss gebracht sind, wartet dann in Oxford eine einzigartige Erfahrung.

Der akademische Alltag – es lebe die Debatte

Der akademische Alltag in Oxford unterscheidet sich in vielen Punkten vom Studium in Deutschland und lebt von regen Diskussionen. Die Wahl der Kurse lässt sich ganz an den eigenen Interessen ausrichten. Aus einem breiten Kursangebot konnte ich mir meine vier Kurse, mit denen ich mich das gesamte Studienjahr über beschäftigt habe, frei auswählen. Die Kurse sind geprägt von kleinen Seminaren und Lectures. Hier steht stets der direkte Kontakt zu den Professor:innen, aber auch zu anderen Studierenden im Vordergrund. Das war spannend, weil regelmäßig Studierende aus zahlreichen Ländern und verschiedenen Rechtssystem vertreten waren. So kam es zu vielen interessanten Debatten mit unterschiedlichen Perspektiven. Der Zeitaufwand für die Kurse ist daher aber auch nicht zu unterschätzen.

Gerade die Unterschiede im Studienalltag haben die Zeit zu einer besonders lehrreichen Erfahrung gemacht. Während Gutachten und Lösungsskizzen kaum eine Rolle spielen, haben in Oxford Essays eine besondere Bedeutung. Der M.Jur. zeichnet sich dadurch aus, dass es in jedem Kurs Tutorials gibt. Tutorials sind Treffen im kleinen Rahmen zwischen Studierenden und einer Professorin oder einem Professor. Regelmäßig werden hier Essays besprochen, die vorher zu schreiben sind. Ein guter Oxford-Essay erfordert eine prägnante und kritische Auseinandersetzung mit einem rechtlichen Problem auf wenigen Seiten. Das fällt zunächst nicht leicht, macht aber durchaus Spaß, da es viel Raum für eigenständiges Denken lässt. Von langen Reading Lists und Abgabefristen sollte man sich dabei nicht erschlagen lassen und die vielen anderen Möglichkeiten nutzen, die geboten werden.

Formals, societies, and other traditions

Nicht nur der akademische Alltag ist von vielen Eigenheiten geprägt, sondern auch das Leben außerhalb des Seminarraums. Eine Besonderheit ist, dass jeder Studierende auch einem der etwa 40 Colleges in Oxford angehört. Während die Universität das akademische M.Jur.-Programm organisiert, ist das College im Wesentlichen für das gesamte Sozialleben zuständig. Es stellt Unterkünfte, bietet Mittag- und Abendessen an und organisiert insbesondere auch sportliche Angebote. Daher hat das College einen großen Einfluss auf das Leben, sodass es sich lohnt, sich im Rahmen der Bewerbung mit den verschiedenen Colleges zu beschäftigen. Hier ist es möglich, einen eigenen Wunsch anzugeben.

Oxford lebt von seinen Traditionen. Ein wichtiges, wöchentlich stattfindendes Ereignis sind die sogenannten Formals. Es handelt sich dabei um ein ausgiebiges Dinner im College, bei dem die Teilnehmer:innen ihre „Gown“ tragen, eine traditionelle schwarze Robe. Nicht nur an dieser Stelle fühlte ich mich wie in einen Harry-Potter-Film hineinversetzt. Die Formals bieten eine gute Gelegenheit, andere Studierende kennenzulernen und bei einem guten Essen interessante Gespräche zu führen. Ein weiteres Highlight sind die vielen Societies. Von der German Society über die Jazz Society bis zur Blind Wine Tasting Society ist hier alles vertreten. Eine große Bedeutung hat das Rudern. Jedes College hat eigene Ruderteams, die sich mit denen anderer Colleges messen. Auch Ruderanfänger:innen steht es offen, sich dem jeweiligen College-Team anzuschließen. Die vielen Traditionen und Möglichkeiten der Universität machen die Zeit zu einer ganz besonderen Erfahrung.

Was am Ende bleibt

Im Rückblick war das Jahr in Oxford eines der schönsten meiner akademischen Ausbildung. Die Kurse waren spannend und haben aus meiner Sicht auch nach dem M.Jur. einen Mehrwert. Oft geht es um ganz grundlegende Fragen des jeweiligen Rechtsgebiets und rechtspolitische Probleme. Zudem wird die Fähigkeit zum kritischen Denken geschult. Ein mindestens genauso wichtiger Aspekt ist aber, dass es jeden Tag möglich war, Studierende aus den unterschiedlichsten Fächern und Herkunftsländern kennenzulernen. So setzte sich allein mein Fußballteam aus über zehn Nationen zusammen. Daraus sind für mich auch viele über den M.Jur. hinausgehende Freundschaften erwachsen.

Ich hatte im Anschluss an meinen M.Jur. noch die Gelegenheit, während eines Projekts als Research Assistant für zwei Professoren zu arbeiten. Für alle, die nach einem Jahr in Oxford noch nicht genug von der Stadt haben, ist das ein gute Gelegenheit, die Zeit an der Uni ein wenig zu verlängern. Hier gibt es regelmäßig Gelegenheiten für Absolvent: innen.

Einen M.Jur. in Oxford kann ich uneingeschränkt allen empfehlen, die sich in ihrem LL.M.-Jahr intensiv mit einzelnen Rechtsgebieten auseinandersetzen wollen und offen für die vielen faszinierenden Traditionen der Universität sind.

Der Autor steht bei Fragen gerne zur Verfügung: hannes.kamin@gmail.com

Anna Keller

LL.M. (Glasgow)

Doktorandin/
Wissenschafliche
Mitarbeiterin

Johannes Gutenberg-
Universität Mainz

Studieren in Glasgow – verregnete Industriestadt oder Geheimtipp?

Glasgow hängt das Image einer tristen, verregneten Arbeiterstadt an. Teils zu Unrecht, wie ich finde: Zwar stimmt es durchaus, dass es in Glasgow häufig und ergiebig regnet, allerdings ist Glasgow auch eine bunte Universitätsstadt und alles andere als trist. Gerade als Student:in hat man zahlreiche Möglichkeiten, seine Freizeit zu gestalten. Direkt neben der Uni befindet sich die Ashton Lane, in der sich Pub an Pub reiht. Wer feiern will, ist in der Sauchiehall Street mit ihren vielen Clubs richtig. Ansonsten sind auch die zahlreichen Museen sehenswert, bei denen der Eintritt frei ist. Unbedingt zu empfehlen ist auch ein Ausflug in die Highlands, wo „Game of Thrones" gedreht wurde und wo man die raue, einzigartige Natur Schottlands bewundern kann.

Studieren (fast) wie in Hogwarts

Das neugotische Hauptgebäude der Universität erinnert stark an Hogwarts und befindet sich auf einem Hügel, sodass man sein tägliches Sportprogramm schon mit dem Gang zur Uni erledigt. Reicht das nicht, dann kann man sich für etwa zehn Pfund im Monat beim unieigenen Fitnessstudio anmelden, in dem es sogar ein Schwimmbecken gibt. Bei gutem Wetter sind die Wiesen auf dem Campus von Studierenden bevölkert, aber Vorsicht: Besser nicht das Bier auspacken, denn Alkohol trinken in der Öffentlichkeit ist in Glasgow verboten und kann teuer werden.

Wer sich wünscht, seine Zeit überwiegend mit schottischen oder englischen Studierenden zu verbringen, sollte sich besser außerhalb des LL.M.-Studiengangs umsehen. Der Großteil der Kommiliton:innen im LL.M.-Studiengang kommt nämlich – wie bei vielen anderen Universitäten in UK – aus China, der EU oder auch aus Deutschland. Wer also Wert auf ein authentisch schottisches Umfeld legt, sollte darüber nachdenken, einer Sportmannschaft oder einer anderen Society auf dem Campus beizutreten, um sich der „LL.M.-Bubble" etwas zu entziehen.

Wohnheim oder WG-Zimmer?

Es empfiehlt sich, ein WG-Zimmer oder Wohnheim im West End von Glasgow zu suchen. Von dort aus sind die Gebäude der Uni fußläufig erreichbar, außerdem wohnen die meisten Kommiliton:innen dort, sodass man sich spontan abends auf ein kühles Tennants oder einen Cider treffen kann. Für die Unterkunft sollten mindestens 350 Pfund einkalkuliert werden, und wer Wert auf ein WG-Zimmer mit höherem Standard (Zentralheizung, dichte Fenster, …) legt, muss meist tiefer in die Tasche greifen. Wohnheimzimmer sind in der Regel noch teurer, sodass es sich lohnt, auf Seiten wie gumtree.com oder spareroom.com nach einer privaten Unterkunft zu suchen. Hierbei sollte man aber vorsichtig sein, um sich nicht von einem der zahlreichen Scammer hereinlegen zu lassen, die ausländischen Studierenden Zimmer in Bruchbuden andrehen oder gleich mit der angezahlten Kaution verschwinden wollen. Ansonsten waren die Lebenshaltungskosten nach meinem Eindruck ähnlich wie ihn Deutschland oder minimal höher. Lediglich Alkohol ist wegen des in Schottland geltenden Mindestpreises deutlich teurer.

Mein LL.M-Programm – willkommen im Krieg

Neben einem allgemeinen LL.M. im International Law werden verschiedene Programme angeboten. Ich habe mich für International Law and Security entschieden, einen LL.M. mit Schwerpunkt im Völkerrecht. Er beschäftigt sich inhaltlich stark mit dem Kriegsrecht - wer also glaubt, im Krieg und der Liebe sei alles erlaubt, der wird hier eines Besseren belehrt. Dazu habe ich Kurse zum internationalen Strafrecht und dem Recht der UNO belegt, die ziemlich interessant waren. In allen diesen Bereichen hatte ich wenig Vorkenntnisse, da das Völkerrecht an deutschen Unis kaum behandelt wird. Trotzdem habe ich mich schnell mit dem Thema vertraut machen können. Gerade bei Interesse an internationalen Beziehungen und einer Tätigkeit in einer internationalen Organisation ist dieses Programm sehr zu empfehlen.

Beim LL.M. an der University auf Glasgow entscheidet man sich, abhängig vom ge wählten Programm, für vier zweistündige Seminare. In diesen sind meistens Essays anzufertigen und am Ende des Semesters ist jeweils eine dreistündige Klausur zu schreiben, die ebenfalls im Essay-Stil gehalten ist. Nach den Klausuren wird über den Sommer die Master-Arbeit geschrieben, welche viele Studierende auch von ihren Heimatländern aus anfertigen.

Für mich war das Studieren an einer schottischen Universität eine große Umstellung. Wöchentlich wurden für die Seminare sogenannte Reading Lists ausgegeben mit Aufsätzen und Lehrbuchkapiteln, die man zur Vorbereitung lesen soll. Wie viele andere habe auch ich mich anfangs von der Menge des Stoffs erschlagen gefühlt, recht schnell kam ich aber dahinter, wie man am besten damit umgeht. Mit etwas Aufwand hat man meiner Meinung nach auch gute Chancen, Noten im oberen Bereich zu erzielen.

Finanzierung – Brexit als große Hürde

Im Studienjahr 2018/2019 lagen die Studiengebühren für den LL.M an der University of Glasgow für EU-Ausländer:innen und Studierende aus dem Vereinigten Königreich bei 8.000 Pfund. Durch den Brexit wurden die Gebühren für Studierende aus der EU an das Niveau für Studierende aus Nicht-EU-Ländern angepasst, sodass die Studiengebühren mittlerweile bei mehr als dem Doppelten liegen. Zwar sind die Gebühren damit lange noch nicht so hoch wie an amerikanischen Unis, dennoch stellt dies im Vergleich zur Vor-Brexit Zeit eine große Hürde dar. Ich konnte die Studiengebühren noch vollständig über mein Stipendium bei der Friedrich-Ebert-Stiftung finanzieren, andere Kommiliton:innen aus Deutschland haben sich Geld bei der Familie geliehen oder einen Studienkredit aufgenommen.

Jederzeit wieder!

Insgesamt blicke ich sehr positiv auf mein LL.M.-Studium in Glasgow zurück. Sowohl die Uni als auch die Stadt haben mich beeindruckt, und ich konnte neben Sprachkenntnissen und Fachwissen auch viele persönliche Erfahrungen mitnehmen. Alle, die also schlechtes Wetter und Dunkelheit im Winter nicht schrecken, sind mit der University auf Glasgow für den LL.M. gut beraten.

Die Autorin steht bei Fragen gerne zur Verfügung: anna.keller@uni-mainz.de

Konichiwa, Tokyo!

Florian Kotman

Dr. jur., LL.M. (Meiji University)

Anwalt

Baker McKenzie

Japan fasziniert - dafür gibt es viele Gründe: Die fremdartige Kultur, die lange und spannungsreiche Geschichte und die Menschen, die mich selbst nach Jahren noch in Staunen versetzen.

Deutschen Jurist:innen bieten sich noch weitere Perspektiven. Obwohl Japan und Deutschland unterschiedlicher kaum sein könnten, sind sie manchmal unerwartet ähnlich. Einige der Kernkomponenten des BGB sind zum Beispiel noch heute fester Bestandteil des japanischen Zivilrechts. Auch die deutsche Straf- und Verfassungsrechtslehre war Vorlage für das japanische Pendant. Neben Autos und Elektronikgeräten ist auch die Rechtsdogmatik ein klassischer deutscher „Exportschlager". Das alles ist vor allem dann spannend, wenn man sich aktuelle gesellschaftliche Problemkomplexe vor Augen führt und die Frage aufkommt, wie die japanische Rechtsordnung damit umgeht. Ein japanisches LL.M.-Studium bietet das ideale Forum, um sich dieser, aber auch weiteren Fragen zu widmen.

Die Vorbereitung

Den Grundstein für ein japanisches LL.M.-Studium sollte man möglichst früh legen. Nach wie vor sind englischsprachige LL.M.-Programme in Japan rar gesät. Ganz überwiegend richten sich japanische Universitäten an japanischsprachige Studieninteressierte, so auch die Meiji-Universität in Tokyo. Ziel sollte daher sein, möglichst früh solide japanische Sprachkenntnisse aufzubauen, idealerweise auf JLPT-1-Niveau. An der Meiji-Universität erwarteten mich eine schriftliche und eine mündliche Prüfung. Ich hatte mich in meinem Studium auf das Arbeitsrecht fokussiert und so musste ich in meiner Prüfung unter anderem Definitionen und Hintergründe verschiedener Arbeitnehmerbegriffe diskutieren.

Die Meiji-Universität beschränkt die Anzahl der Studierenden, die für das LL.M.-Programm zugelassen werden. Daher sollte man die Vorbereitung nicht unterschätzen. Denn es gilt, sich gegenüber Bewerbenden zu behaupten, die im Zweifel besser Japanisch sprechen als man selbst. Da westliche Studieninteressierte noch immer selten an japanischen Universitäten anzutreffen sind - ich war während meines Studiums der Einzige - und sich japanische Professor:innen stark für die Entwicklung des deutschen Rechts interessieren, hat man als Deutsche:r aber auch Vorteile.

Mit Blick auf die bei japanischen LL.M.-Studiengängen übliche Studiendauer von zwei Jahren lohnt es sich, ernsthaft über ein paralleles Dissertationsprojekt nachzudenken. Der Zugang zu japanischer wie auch deutscher rechtswissenschaftlicher Literatur war an der Meiji-Universität hervorragend.

Finanzielle Förderungen

Japanische Universitäten, so auch die Meiji-Universität, sind häufig privat und daher nicht ganz günstig - wenn auch bei Weitem nicht so kostspielig wie ihre US-amerikanischen Pendants. Zudem lebt man während seines Studiums in einer recht teuren Stadt, was vor allem für die Mieten gilt.

Entlastung schafft das Stipendienprogramm der japanischen Regierung Monbukagakusho, das Studiengebühren und Reisekosten finanziert und ein monatliches Stipendium von etwa 143.000 bis 145.000 JPY vergibt. Dieses Stipendienprogramm erlaubte mir, mein LL.M.-Studium ohne zusätzliche finanzielle Unterstützung, wie zum Beispiel einen Studienkredit, zu absolvieren.

Das Studium

Insgesamt war mein LL.M.-Studium an der Meiji-Universität ein voller Genuss: Kleine Klassen mit oft nicht mehr als fünf Studierenden, ein umfangreiches, frei zusammenstellbares Curriculum, engagierte Professor:innen, ein enger, nachhaltiger Kontakt zur betreuenden Professorin oder zum betreuenden Professor, eine moderne Ausstattung und zahlreiche außercurriculare Angebote der Universität sowie diverse studentische Vereine.

Bemerkenswert ist auch das Verhältnis zwischen Studierenden und Professor:innen. Es ist üblich, dass alle Professor:innen die Teilnehmenden ihrer jeweiligen Studienkurse zumindest ein Mal pro Semester in die japanische Kneipe (Izakaya) einladen. Da die meisten Professor:innen vor ihrer Unikarriere praktische Erfahrungen etwa in Ministerien oder Anwaltskanzleien gesammelt hatten, sind solche Runden besonders spannend. Denn sie bieten äußerst interessante Einblicke in die japanische Arbeits- und Lebenswirklichkeit.

Zudem stellt die Meiji-Universität allen Studierenden eine betreuende Professorin oder einen betreuenden Professor zur Seite. Diese Betreuer:innen unterstützen die Studierenden darin, ihr Studien- oder Forschungsvorhaben erfolgreich abzuschließen (der LL.M.-Kurs schließt mit der Abgabe einer japanischsprachigen Forschungsarbeit ab) und helfen bei Interesse, Kontakte zu Rechtswissenschaftler:innen anderer Universitäten oder Institutionen herzustellen. So vermittelte mich mein betreuender Professor unter anderem an eine arbeitsrechtliche Forschungsgruppe der Tokyo Universität sowie an einen japanischen Thinktank, der unter anderem Gesetzesvorhaben für die japanische Regierung vorbereitet. Selbstverständlich alles auf freiwilliger Basis.

Auch was das kulinarische Angebot anbelangt, kann ich die Meiji-Universität samt Umgebung empfehlen – es reichte von frischem Sushi über leckere Ramen bis hin zu hervorragendem Tonkatsu.

Anhaltende Bereicherung

Mein zweijähriges LL.M.-Studium an der Meiji-Universität war für mich eine echte Bereicherung. Ist die etwas aufwendige Vorbereitung erst einmal gemeistert, darf man sich auf zwei spannende und facettenreiche Jahre freuen. Während dieser Zeit erhielt ich interessante Einblicke in das Land Japan, seine Rechtswissenschaft, seine Kultur und seine Menschen. Mit vielen von ihnen stehe ich noch heute in Kontakt – ein Netzwerk, das ich mir während meines Studiums aufgebaut habe, und das mir viel bedeutet.

Der Autor steht bei Fragen gerne zur Verfügung:
florian.kotman@bakermckenzie.com

Sophie Schwarz
LL.M.
(University of Miami)

Take me down to the paradise city – mein LL.M. an der UM in Miami

Für mich war der perfekte Zeitpunkt für das LL.M.-Studium nach dem Ersten Staatsexamen. Nach fünf Jahren des deutschen Jurastudiums hatte ich sehr große Lust, mich mal mit etwas Anderem als dem Vermieterpfandrecht oder der Abgrenzung zwischen Raub und räuberischer Erpressung zu beschäftigen. Ich sah den LL.M. außerdem als Chance, meinen Kenntnisstand in einem bestimmten Rechtsgebiet zu vertiefen. Davon versprach ich mir in erster Linie einen Vorteil gegenüber anderen Bewerberinnen und Bewerbern für die Anwalts- und die Wahlstation im Referendariat.

Da man während des Referendariats häufig schon Kontakte knüpft, die für den späteren Berufseinstieg relevant sind, wollte ich den LL.M. vor dem Referendariat absolvieren. Meine Befürchtung war, dass ich ein potenzielles Jobangebot hätte ablehnen müssen, weil ich noch meinen LL.M. absolvieren will. Es ist eher unwahrscheinlich, dass das Jobangebot dann für ein Jahr aufrechterhalten wird. Nach meiner Erfahrung benötigt man für ein LL.M.-Studium in den USA auch kein Zweites Staatsexamen. Dennoch darf man nicht außer Acht lassen, dass ein LL.M.-Studium sehr kostenintensiv ist. Es könnte daher auch eine Alternative sein, zunächst ein paar Jahre zu arbeiten, um sich den LL.M. selbst zu finanzieren. Zumindest in meinem Programm spielte auch das Alter der Studierenden eine Rolle. Viele meiner Kommilitoninnen und Kommilitonen hatten vor dem LL.M. bereits Berufserfahrung gesammelt. Ich hingegen kam gerade direkt von der Uni und war damit die Jüngste in meinem Studiengang. Die Entscheidung, wann ein LL.M. Studium sinnvoll und finanzierbar ist, hängt also von den eigenen Lebensumständen und Karrierezielen ab.

Das einzigartige International Arbitration LL.M.-Programm der University of Miami

Während meines Jurastudiums habe ich am Foreign Direct Investment Moot Court zur internationalen Schiedsgerichtsbarkeit teilgenommen und mich dazu entschieden, in diesem Rechtsgebiet einen LL.M. zu absolvieren. Das International Arbitration LL.M. Programm der University of Miami ist für mich in drei Punkten einzigartig:

Erstens erhalten nur ungefähr 20 Studierende pro Semester einen Platz in dem Programm. Durch die kleine Größe des Studiengangs konnte ich meine Kommilitoninnen und Kommilitonen schnell kennenlernen und eine Bindung zu jeder und jedem Einzelnen aufbauen. Die geringe Anzahl von Studierenden führte auch zu einem höheren Maß an Mitarbeit und gegenseitigem Austausch in den Vorlesungen.

Zweitens erhalten Studierende die Möglichkeit, während des Semesters ein Praktikum in einer Großkanzlei oder einer anderen Institution mit Bezug zur Schiedsgerichtsbarkeit zu absolvieren. Meine beiden Praktika waren die beste Erfahrung während meines LL.M.-Studiums, weil sie mir einen Einblick in die tägliche Arbeit einer US-amerikanischen Großkanzlei ermöglicht haben. Die Praktika haben mich auch noch einmal in meiner Entscheidung bestätigt, später im Bereich Schiedsgerichtsbarkeit arbeiten zu wollen.

Drittens bietet das Programm eine Vielzahl von (Kurz-)Vorlesungen und Vorlesungsreihen zur internationalen Schiedsgerichtsbarkeit an, die von Expertinnen und Experten aus aller Welt gehalten werden. Viele von ihnen kommen nur für diese Veranstaltungen nach Miami, und man merkt den Lehrenden an, dass sie sehr viel Spaß daran haben, ihr Wissen weiterzugeben und uns an ihrer jahrelangen Erfahrung teilhaben zu lassen.

LL.M. bedeutet 90 Prozent Vorbereitung und 10 Prozent Flexibilität

Ich könnte allein über die Vorbereitungsphase für mein LL.M.-Studium einen ganzen Bericht verfassen. Meiner Meinung nach ist es wichtig, sich zunächst über den Studienort, die Universität, die Art des LL.M. und die Finanzierung Gedanken zu machen. Ich habe zur Vorbereitung meines LL.M.-Studiums am LL.M. Day von e-fellows.net in Berlin teilgenommen und kann das allen Interessierten nur empfehlen. Die teilnehmenden Universitäten stellen dort ihre Programme vor und beantworten jede Frage direkt vor Ort. Die Repräsentant:innen der Universitäten stehen auch nach dem LL.M. Day noch als Ansprechpartner:innen zur Verfügung. Das ist von Vorteil, wenn man sich später an einer der Unis bewirbt und dann beispielsweise noch konkrete Fragen zum Motivationsschreiben o. ä. hat.

Die meisten LL.M.-Programme in den USA beginnen im September oder Oktober. Die Auswahlprozesse für Stipendien (wie z. B. das Fulbright-Stipendium) beginnen immer ein Jahr im Voraus. Das bedeutet, man sollte bereits anderthalb Jahre bevor man das LL.M.-Studium beginnen möchte die Bewerbung für ein Stipendium vorbereiten. Denn für die Stipendien benötigt man ein aussagekräftiges Motivationsschreiben, mehrere Empfehlungsschreiben von Professorinnen und Professoren und eine Übersetzung aller Noten aus dem Studium (ein sogenanntes „transcript of records"). Ich habe die Bewerbungsfristen für die vollumfänglichen Stipendien versäumt und mich stattdessen direkt bei der University of Miami für ein „half-tuition scholarship" beworben, das jedes Semester vergeben wird. Durch dieses Stipendium zahle ich nur die Hälfte der Studiengebühren. Eine Voraussetzung für mein Stipendium ist die Teilnahme am LL.M. Day. Für mich hat sich der Besuch des LL.M. Day also doppelt ausgezahlt.

Allerdings darf man bei aller sorgfältigen Vorbereitung nicht außer Acht lassen, dass bei der Reise und der Wohnungssuche in einem fremden Land viele Dinge anders laufen können, als man sie geplant hatte. Daher mein Tipp: entspannt bleiben, wenn mal etwas nicht funktioniert, und improvisieren. Denn genau dafür absolviert man einen LL.M.: Um zu lernen, wie man mit ungeahnten Herausforderungen umgeht.

Ein LL.M. ist eine Erfahrung fürs Leben

Zusammenfassend kann ich allen Interessierten nur ans Herz legen, einen LL.M. zu absolvieren und ihre eigenen besonderen Erfahrungen zu machen: von der Aufregung bei der Bewerbung über die Freude, als die Zusage kam, bis hin zum Herzklopfen, das ich hatte, als ich dann endlich in den Flieger nach Miami gestiegen bin. Diese besonderen Momente begleiten vermutlich alle LL.M.-Studierende, und sorgen dafür, dass man sich durch den LL.M. nicht nur fachlich, sondern auch persönlich weiterentwickelt.

Die Autorin steht bei Fragen gerne zur Verfügung: Sophie_Schwarz96@web.de

Julian Wernicke

LL.M. (Cape Town)

Referendar

Freshfields Bruckhaus Deringer

LL.M. in Südafrika: Leben und Lernen am Fuße des Tafelbergs

Kapstadt ist ein Lebensgefühl. Die bewegte Landesgeschichte und viele internationale Einflüsse haben eine bunte Mischung verschiedener Kulturen hervorgebracht. So vielfältig wie die Stadt und die Möglichkeiten, die sie bietet, sind auch die Menschen, die dort leben. Dies bereichert auch das Studium an der University of Cape Town.

12.000 Kilometer in Richtung Süden

Nach dem Ersten Staatsexamen wollte ich das Referendariat am Kammergericht in Berlin beginnen. Der Andrang auf die begehrten Plätze bedeutete allerdings eine zweijährige Wartezeit. Die erste Hälfte dieser Zeit nutzte ich für eine Dissertation. In dieser Phase wuchs mein Wunsch, im Ausland zu studieren. Die Universität in Kapstadt ist es dann nach reiflich Überlegung aus verschiedenen Gründen geworden: Zunächst passte der Einstieg im Februar besser in meine Zeitplanung. Ein weiterer Vorteil liegt in den Kosten für das Auslandsjahr. Obwohl die Lehre der Universität in Kapstadt auf Platz 1 in Afrika steht, belaufen sich die Studienkosten auf lediglich rund 7.000 Euro. Auch die Lebenshaltungskosten liegen etwa ein Viertel unter dem europäischen Niveau. Allein der Flug ist der Distanz entsprechend teuer.

Auch die Lehre an der Universität in Kapstadt ist ausgezeichnet. Die Master-Kurse waren auf eine geringe Personenzahl begrenzt. Dadurch blieb ein persönlicher Austausch mit den Professor:innen und den Kommiliton:innen möglich. Die hohe Diversität der Teilnehmenden aus aller Welt förderte spannende Diskussionen zusätzlich.

Studieren und parallel die Vielfalt Kapstadts entdecken

Wer sich für das Studium in Kapstadt entscheidet, den erwartet ein Jahr voller Erlebnisse. Das ganzjährig angenehme Wetter hat eine spektakuläre Vegetation und Artenvielfalt am Westkap hervorgebracht. Der Tafelberg und der benachbarte Lion's Head bieten zahlreiche Wanderwege quer durch die überwiegend unberührte Natur. Bei meinen Aufstiegen sind mir dabei neben wilden Steinböcken auch Affen und Schlangen begegnet. Auf dem Plateau des Table Mountain konnte ich einen Regenwassersee entdecken, der sich aufgrund des hohen Eisengehalts des Gesteins rot gefärbt hatte. Auf dem Weg zum südlichsten Punkt des Kontinents, dem Cape of Good Hope, überquerten unter anderem hin und wieder Strauße die Fahrbahn. Zu Wasser über den indischen und atlantischen Ozean beobachtete ich Wale, Delfine, Robben und Pinguine.

Allein um die Natur zu erkunden, die Kapstadt umgibt, hätte ein Jahr kaum gereicht. Doch daneben gab es noch eine Fülle weiterer Themen, die meine Aufmerksamkeit verlangten. Allen voran, weil dies das tägliche Leben in Südafrika bestimmt, beschäftigte ich mich mit der Landeskultur. Dazu nur so viel: Die die Bevölkerung spaltende Apartheid endete erst 1994 mit der Präsidentschaft Nelson Mandelas. Entsprechend groß sind auch heute noch die sozialen Unterschiede, die etwa in den Cape Flats von Kapstadt in Erscheinung treten.

Ein weiterer Höhepunkt ist die Ausgehkultur. Die Stadt und ihre Umgebung sind für ihre Vielzahl an exzellenten Restaurants bekannt. Das Fine Dining ist erschwinglich, lediglich einen Tisch zu ergattern gestaltet sich schwierig. Auch ein Streifzug durch die lokale Kulinarik auf den verschiedenen Wochenmärkten lohnt sich. Schließlich bieten Weingüter um Kapstadt eine großartige Möglichkeit, das Wetter und die pittoreske Landschaft zu genießen.

All diese Angebote und noch viele weitere hält die Universität von Kapstadt in ihrem außercurricularen Programm bereit. Im ersten Moment von der Anzahl der Societies erschlagen, habe ich mich dann für die Wine Society entschieden. Zudem wurde ich Teil des Golf Teams und übte mich im Tennis. Gerne hätte ich noch mehr gewählt...

Neben den vielen Freizeitaktivitäten sollte man meinen, dass nicht viel Raum für das Studium blieb. Auch wenn die Lehrenden empfahlen, die Bücher wenigstens am Strand zu lesen, war es damit längst nicht getan. Jede Vorlesung erforderte wegen der sokratischen Lehrmethode einige Vor- und Nachbereitung, es gab Tests, Vorträge, Hausarbeiten und am Ende natürlich Semesterabschlussklausuren - ein merklicher Kontrast zum bisherigen deutschen Jurastudium.

IP Law Made in South Africa

Für den Master of Laws bietet die Universität von Kapstadt verschiedene Spezialisierungen, die im generellen Programm beliebig kombiniert werden können. Zudem darf man wählen, ob man eine Master-Arbeit oder in jedem der vier Pflichtkurse eine zusätzliche Hausarbeit zu einem Thema aus der Praxis schreibt. In jedem Fall stehen am Ende rund 80 Seiten Fachtext. Ich habe mich, durch das Promotionsvorhaben geprägt, für die Vertiefung im Recht des geistigen Eigentums entschieden. Im Urheberrecht wird diese von einem Programm in Kooperation mit der Harvard University begleitet.

Ausgezeichnet gefiel mir die Betrachtung aktueller südafrikanischer Gesetzesvorhaben im Immaterialgüterrecht, die wir in einen internationalen Kontext setzten und mit anderen Rechtssystemen verglichen. Dies ermöglichte es mir, eine globale Perspektive auf das Rechtsgebiet zu erhalten. Besonders interessant war dabei zu sehen, wie sich das wirtschaftliche Nord-Süd-Gefälle und verschiedene Interessensgruppen in den Gesetzen manifestierten. Inhaltlich ergänzten sich die Kurse. Im ersten Semester schufen wir die Grundlagen, mit einem Fokus auf aktuellen Entwicklungen der Technik und ihrem Schutz im bestehenden Gefüge des Immaterialgüterrechts. Im zweiten Semester bauten wir darauf auf und vertieften die Materie in ausgewählten Bereichen.

Facettenreiche Eindrücke

Insgesamt blicke ich auf ein außergewöhnliches Jahr zurück. Es gab einige Schwierigkeiten: Gerade die Corona-Pandemie verstärkte das soziale Ungleichgewicht im Land. Dies zeigte sich bereits an der technischen Ausstattung, um spontan auf Onlineunterricht ausweichen zu können. Die Zeit war aber auch von vielen neuen und sensationellen Eindrücken geprägt, von neuen Freundschaften und der akademischen Weiterbildung in einem internationalen Rahmen. Daher kann ich ein Studium in Südafrika nur empfehlen.

Der Autor steht bei Fragen gerne zur Verfügung: Julian.Wernicke@gmail.com

8. Porträts von Hochschulen und Kanzleien

Emory University

Emory Law offers a world-class faculty, a diverse student body, a sophisticated and dynamic urban setting, practical opportunities to apply legal theory and skills, and a global alumni network. Emory Law's academic rigor, combined with practical learning opportunities, affords both foreign- and U.S.-trained lawyers an unparalleled experience.

Emory's LL.M. is a highly customizable program designed for individuals who are seeking to build upon their legal background for professional and scholarly advancement. Students can structure a curriculum around their interests, either through a general course of study or by focusing on one of Emory Law's many areas of expertise including intellectual property law, law and religion, human rights law, international law, global health/health law, and transactional law.

LL.M. students have full access to our Center for Professional Development and Career Strategy and are able to become involved in Emory Law's many student organizations and practice societies.

Emory University

Emory University is recognized as one of the world's leading institutions of learning, combining nine undergraduate, graduate, and professional schools with the largest health care system and sponsored research base of any university in Georgia. Emory maintains active partnerships with many of the city's preeminent institutions, such as The Carter Center, the Centers for Disease Control and Prevention, and Georgia Institute of Technology. The campus is also home to multiple cultural venues, including a state-of-the-art concert hall that features international artists and provides discounted tickets to students.

Emory's location in a safe, primarily residential neighborhood in Atlanta is one of many aspects that distinguish us among the United States' best law schools. We offer personalized attention in a thriving, friendly environment, so that students feel both at home and connected to the world at large.

EMORY | LAW

Special focus areas: Business, Health, Civil and Human Rights, Environmental, Entertainment, Family, International

Start and length of program:
August and January, 9 months

Number of LL.M. students per year:
50–75

TOEFL/IELTS score required:
Goal of 100 (iBT)/7.0 (IELTS)

Tuition fees: USD 61,750

Closing date for applications:
June 30 for August admission;
November 15 for January admission

Contact details:
Anthony Spatola
+1 (404) 727-6802
llmadmission@emory.edu
law.emory.edu

Institute for Law and Finance, Frankfurt

The LL.M. Finance Program: International, Interdisciplinary and Practice-Oriented

The ILF offers a unique interdisciplinary Master of Laws in Finance (LL.M. Finance) program to well-qualified law, business, or economics graduates. Courses in this highly specialized program are conducted entirely in English. ILF students are fully-enrolled members of Goethe University in Frankfurt which confers the LL.M. Finance degree.

About 50 highly qualified international graduates from more than 20 countries are admitted to the program. The excellent faculty-student ratio of 65 to 50 ensures small classes and thus academic excellence and direct personal contact between students and the faculty. This program is aimed at those who have an interest in combining theoretical knowledge with practical training in law and international finance. The curriculum is interdisciplinary and overcomes the traditional separation of the academic disciplines of law and business/economics. The faculty consists of both prominent academics as well as experienced practitioners from Europe's financial world, e.g. leading international law firms, major banks, the European Central Bank, the German central bank and BaFin (German Federal Financial Supervisory Authority).

The LL.M. Finance program also incorporates a special two-month internship with public and private institutions which support the ILF. The ILF has cooperation agreements for student exchanges with Boston University School of Law (one semester at BU and one semester at ILF) and FGV Direito Rio (Brazil). The ILF, located in Frankfurt am Main, Germany, the major financial center in Europe, provides the ideal location to train young professionals to deal with current and future legal and financial challenges.

INSTITUTE FOR LAW AND FINANCE
Goethe-Universität Frankfurt am Main

LL.M. program: Master of Laws in Finance

Special focus areas: Law and Finance

Start of program: October, rolling admissions process

Length of program: 1 year (full-time), 2 years (part-time)

Tuition fees: EUR 20,000 (full-time), EUR 24,000 (part-time)

Number of students per year: about 50

TOEFL score required: 100 (iBT)

Contact details:
Institute for Law and Finance
Goethe-Universität Frankfurt
Campus Westend, House of Finance
Theodor-W.-Adorno-Platz 3
60323 Frankfurt am Main
+49 69 798-33624
LLM@ilf.uni-frankfurt.de, www.ilf-frankfurt.de

George Washington University

As the oldest law school in Washington D.C., The George Washington University Law School has a stellar record of educating leaders in the field of law. The LL.M. programs at GW Law allow students to combine traditionally taught courses with in-depth seminars, internships, and skills training for a complete approach to legal education. Because of its location in Washington D.C., the law school offers unparalleled opportunities for the study and observation of law in action.

Faculty

Our faculty of well-respected scholars and practitioners engages students with a stimulating curriculum that teaches legal skills through extensive practice, academic coursework, and scholarly research. In addition, our adjunct faculty is drawn from legal practitioners in D.C.

Programs of Study

Students can choose from a general LL.M. degree or from one of eleven specialized degrees. With a broad curriculum featuring more than 275 elective courses, along with strong academic and personal support, the law school offers an exceptional academic environment.

Hands-on Experience

Students gain practical experience in externships at nearby institutions, including major international organizations, nonprofits, courts, federal government agencies, and international dispute settlement bodies.

Our Alumni

Our graduates become leaders around the world in business, international organizations, the judiciary, government, and private legal practice. Notable recent appointments for our LL.M. graduates include: Ambassador from Tanzania to the United States, Ambassador from Romania to the United Kingdom, High Court Judge of the Eastern Caribbean Supreme Court, Director of the Climate and Energy Program at the Center for International Environmental Law, President of the Andean Community Court of Justice, and Prime Minister of Mongolia.

GW | LAW

LL.M. programs: Business and Finance Law, Energy and Environmental Law, Environmental Law, General LL.M., Government Procurement Law, Government Procurement and Environmental Law, Intellectual Property Law, International and Comparative Law, International Environmental Law, Litigation and Dispute Resolution, National Security and Cybersecurity Law, National Security and U.S. Foreign Relations Law

Number of students per year: 123

Start and length of programs: fall or spring semester, 1 year

Closing date for applications: March 15 and November 1

TOEFL/IELTS score required: 100 (iBT), 600 (PBT)/7.0 (IELTS)

Contact details:
Shehernaz Joshi, +1 202 994 7242
llmadmissions@law.gwu.edu
www.law.gwu.edu

IE Law School

Our approach to education is distinctly innovative, global and defined by the needs of future legal professionals who seek to explore law's intersection with technology and other dynamic disciplines. At IE Law School we champion law as an instrument of positive change, find emerging opportunities in the profession and contribute to the constantly changing world through law.

Executive LL.M.
A unique partnership between two of the world's leading institutions in legal and business education gives participants the opportunity to earn an LL.M. from Northwestern Pritzker School of Law and a Certificate in Business Administration from IE Business School. The Executive LL.M. program explores Anglo-American common law and its application in interna-tional practice and management funda-mentals. Thanks to its flexible format, participants can comfortably work while they study.

Master of Laws (LL.M.)
Defined by its comparative methodology and international orientation, the Master of Laws (LL.M.) gives students hands-on experience in skills such as cross-border transactions and transnational law to propel their international ambitions. Students can either specialize in one of three major legal fields – International Business Law, International Dispute Resolution, or Intellectual Property and Technology Law – or earn a General LL.M. that provides an overview of all three fields. Being able to choose their specialization gives students the definitive training for continued success in the area of law they're passionate about.

ie
LAW SCHOOL

Special focus areas: Business Law, Intellectual Property & Technology Law, International Dispute Resolution

Start and length of programs:
September; 9 or 10 months

Number of students per year: 40

TOEFL/IELTS score required:
100 (iBT)/7.0 (IELTS)

Tuition fees: EUR 31,700 (LL.M.), EUR 39,700 (Executive LL.M.)

Closing date for applications:
rolling admissions process

Contact details:
Paula Heras
IE Tower, P.° de la Castellana, 259
28646 Madrid
+34 91 5689600
paula.heras@ie.edu
www.ie.edu/law-school

Northeastern University

"Co-op", Northeastern's signature approach to experience-based education, gives students the opportunity to complete twelve weeks of full-time legal practice experience as part of the LL.M. program.

General LL.M.
Choose the general program for maximum flexibility. Design your own curriculum, including (if you wish) all the courses you will need to qualify for a U.S. bar exam. Plus get full-time practice experience!

International Business Law
Tackle the complexities of cross-border practice with legal academics who are themselves experienced transnational practitioners. And then "get out there" with co-op!

Intellectual Property & Innovation
Information security, internet law, and entertainment law are a sample of the courses you can take, then exercise your skills with IP-focused practice experience.

Health Policy and Law
Take full advantage of studying and working in Boston, a community rich in hospitals, research centers, and biotech startups. It's the ideal setting for expanding your knowledge and honing your skills.

Human Rights & Economic Development
Join us in our long-standing commitment to promoting social, cultural, political, and economic rights. Then practice what we preach on co-op with an NGO, government office, advocacy firm, or community service agency.

Northeastern University
School of Law

Special focus areas: General U.S. Law; concentrations: International Business Law, Intellectual Property & Innovation, Health Policy & Law, Human Rights & Economic Development

Start and length of program:
fall; 9 months, 12 months with co-op

Closing date for applications: April 1 (for admission in fall)

Number of students per year:
approximately 25–35

TOEFL/IELTS score required: 85 (iBT)/ 6.5 (IELTS); 79–84 iBT will be considered with interview

Tuition fees: USD 56,940 (2021–22)

Contact details:
Northeastern University School of Law
+1 617 373-6970
llminfo@northeastern.edu
law.northeastern.edu/academics/programs/llm-programs/

Technische Universität Dresden

International Studies in Intellectual Property Law
Das Institut für Internationales Recht, Geistiges Eigentum und Technikrecht (IRGET) bietet seit 1999 den vielfach ausgezeichneten LL.M.-Studiengang „International Studies in Intellectual Property Law“ an. Das einjährige Programm ist in seiner inhaltlichen Spezialisierung in Kombination mit der internationalen Ausrichtung einmalig.

Ablauf des Studiums
Das Wintersemester verbringen die Studierenden an einer unserer internationalen Partneruniversitäten, der University of Exeter, dem Queen Mary Intellectual Property Research Institute in London, der Karlsuniversität in Prag, der Jagiellonen-Universität in Krakau, der University of Washington in Seattle, der Szegedi Tudományegyetem im ungarischen Szeged, dem Centre d'Études Internationales de la Propriété Intellectuelle in Straßburg und der Keio-Universität in Tokio. Das Sommersemester in Dresden wird sowohl auf Englisch als auch auf Deutsch angeboten und bietet neben Lehrveranstaltungen im geistigen Eigentum, Medien- und Wettbewerbsrecht die Möglichkeit, die Theorie durch Vorträge sowie Workshops mit Richter:innen und Rechtsanwält:innen praktisch zu vertiefen.

Vom LL.M. zum Fachanwalt
Im Rahmen des Programms besteht zudem die Möglichkeit, die Klausuren für die Erlangung des Fachanwaltstitels „Gewerblicher Rechtsschutz“ abzulegen (§§ 4, 14h FAO). Die Veranstaltungen des Master-Studiengangs bereiten Sie dabei optimal auf die Klausuren vor.

Kooperationen
Das IRGET ist Partner des Pan-European Seal Programme und bietet auch hierdurch ideale Karrierevoraussetzungen für unsere Absolvent:innen.

TECHNISCHE UNIVERSITÄT DRESDEN

IP LL.M.

LL.M.-Programm: International Studies in Intellectual Property Law

Spezialisierung des Programms: Recht des geistigen Eigentums, Wettbewerbs- und Medienrecht

Programmbeginn: April (Sommersemester) oder September/Oktober (Wintersemester)

Dauer des Programms: 12 Monate

Zahl der Studierenden pro Jahrgang: max. 40

Bewerbungsschluss: 15. Januar (für Sommersemester), 15. Mai (für Wintersemester)

Programmkosten: EUR 2.500 zzgl. Semesterbeitrag der TU Dresden sowie Studiengebühren der ausländischen Partneruniversitäten

Ansprechperson:
Institut für Internationales Recht, Geistiges Eigentum und Technikrecht
+49 351 463-37393
ip-llm@tu-dresden.de
www.llm-ip.de, Facebook: LL.M. IP

University of California – Los Angeles (UCLA)

Consistently recognized as one of the top law schools in the nation and the premier law school in southern California, UCLA School of Law stands at the forefront of innovation and institutional excellence. With renowned faculty, centers, and institutes that pave the way in scholarship and legal thought worldwide, UCLA law students can look forward to a rigorous yet collegial academic environment that will prepare them for outstanding careers in whatever path they choose, from transactional and litigation practice to government services and academia.

Curricular Offerings

The law school offers an interdisciplinary approach to legal studies and boasts a dynamic, flexible curriculum that appeals to a broad range of interests. LL.M. students may pursue general or specialized studies, or they can create an individualized specialization in an area of their choosing. Students seeking to bolster their legal education with expertise from non-law disciplines may supplement their studies with courses from other departments across campus, such as the Anderson School of Management or the School of Theater, Film and Television.

Community

UCLA law students are among the best and brightest in the world, and compose a robust, diverse, close-knit community. Our LL.M. students represent 30–40 different countries each year and together comprise a vast wealth of professional experience and expertise from a wide array of disciplines.

Location

Los Angeles is a thriving, cosmopolitan cultural center featuring arts and entertainment offerings that rival any in the world. Our lush, sprawling campus is ideally situated in one of the most desirable neighborhoods of the city, just 15 minutes from the beach. The region's beautiful landscapes and microclimates allow students to enjoy a wide range of recreational activities – from surfing to hiking to skiing – all year long. Outside of UCLA, there are limitless opportunities to explore Los Angeles' vibrant, bustling communities, leafy parks, mountainous trails, and coastal enclaves.

UCLA School of Law

Special focus areas: Business Law (including Business, Tax, Securities Regulation, and Bankruptcy Tracks); Media, Entertainment, and Technology Law and Policy; International and Comparative Law; Environmental Law; Human Rights; Public Interest Law and Policy; Law and Sexuality; Critical Race Studies; Law and Philosophy

Start and length of program: August, 9 months

Closing date for applications: February 1

TOEFL/IELTS score required: 100 (iBT)/7.5 (IELTS)

Tuition fees: USD 64,046 (excluding mandatory health fees)

Contact details:
Sidney Matthews
+1 310 794-5016
llm@law.ucla.edu, www.law.ucla.edu/llm

Universität Halle

Dieses LL.M.-Studium gibt Ihnen als Jurist:innen, Wirtschafts- und Politikwissenschaftler:innen die Möglichkeit, die zentralen Rechtsgebiete und Methoden des Wirtschaftsrechts kennenzulernen. Wir bieten Ihnen ein breites Spektrum an rechts-, wirtschafts- und politikwissenschaftlichen Modulen an, aus denen Sie neben einigen Pflichtmodulen flexibel wählen können. Dies ermöglicht jedem Studierenden eine optimale Anpassung des Studiums an die persönlichen Interessen und Bedürfnisse, sodass entweder eine Fokussierung auf einen Schwerpunkt oder eine breit gefächerte Modulwahl erfolgen kann. Der Studiengang qualifiziert u.a. für Berufsfelder in einer Rechtsanwaltskanzlei, der Wirtschaftsprüfung, Unternehmens- und Steuerberatung sowie internationalen Organisationen.

Praxisbezug

Lernen Sie frühzeitig Ihre Arbeitgeber von morgen kennen: Den intensiven Praxisbezug für optimale Voraussetzungen im Berufsleben gewährleisten wir durch unsere obligatorischen Praxisseminare mit Lehrenden aus namhaften nationalen und internationalen Wirtschaftskanzleien, Unternehmen oder Behörden. Hierbei erhalten Studierende Einblicke in die Praxis dieses Tätigkeitsfeldes und erarbeiten in interdisziplinären Gruppen wirtschaftsrechtliche Themen, die im Anschluss präsentiert werden. Diese Seminare fördern nicht nur die Soft Skills der Studierenden, sondern bieten sich auch zum Networking auf dem Weg zur zukünftigen Karriere an.

Internationalität

Der Studiengang ist geprägt durch eine internationale Offenheit, sodass Studierende ihre Sprachkenntnisse im wissenschaftlichen Diskurs und im Rahmen fremdsprachiger Vorlesungen gehalten von ausländischen Lehrenden sowie während eines integrierten Auslandsstudiums erweitern können. So können weite Teile des LL.M. z.B. an unserer Partneruniversität in Chongqing (China) oder in Jekaterinburg (Russland) mit Vollstipendien des DAAD absolviert werden.

LL.M.-Programm: Wirtschaftsrecht/ Business Law and Economic Law

Programmbeginn: April und Oktober

Dauer des Programms: 12 Monate, berufsbegleitend 24 Monate

Zahl der Studierenden pro Jahrgang: ca. 50

Bewerbungsschluss: 15. Januar für April, 15. Juli für Oktober

Programmkosten: EUR 500 pro Semester, zzgl. Semesterbeitrag

Ansprechperson
Prof. Dr. Anne-Christin Mittwoch
+49 345 55231-86 oder -49
ecohal@jura.uni-halle.de
studiengang.wirtschaftsrecht.uni-halle.de

Universität Wien – Postgraduate Center

Mach deinen LL.M. an einer der ältesten und größten Universitäten Europas

Die Universität Wien wurde 1365 gegründet und stellt eine der größten Universitäten im deutschsprachigen Raum dar. Im Herzen Europas liegend, bietet sie über 70 postgraduale Masterprogramme, Universitätslehrgänge und Zertifikatskurse an. Die Masterprogramme sind großteils berufsbegleitend in geblockter Form aufgebaut und ermöglichen den Erwerb fachübergreifender, praxisbezogener Zusatzqualifikationen. Alle Studien unterliegen Qualitätssicherungskriterien, die internationalen universitären Standards entsprechen.

Spezialisierung nachgefragt

Nach Abschluss des Jura-Studiums ist in der beruflichen Praxis oftmals eine Spezialisierung gefragt. Eine universitäre Weiterbildung kann den entscheidenden Vorsprung bringen, um Wissen zu vertiefen und die Karriere voranzutreiben. Denn: Die Studierenden erwerben wissenschaftlich fundierte und praktische Tools, die im Berufsleben eine immer wichtigere Rolle spielen. Zudem können sie dank kleiner Studierendengruppen ein berufliches Netzwerk aufbauen.

Breites Spektrum

Die Universität Wien bietet acht LL.M.-Programme an:

- Europäisches und Internationales Wirtschaftsrecht
- Familienunternehmen und Vermögensplanung
- Human Rights
- Informations- und Medienrecht
- International Law
- Kanonisches Recht
- Steuerrecht und Rechnungswesen
- Wohn- und Immobilienrecht

Kooperation mit Praxispartner:innen

Sowohl bei der Konzipierung als auch bei der Durchführung der LL.M.-Programme arbeitet die Universität Wien eng mit Expert:innen aus der Praxis zusammen. Die Studierenden profitieren von einem regen Austausch zwischen Wissenschaft und Arbeitswelt.

Jetzt informieren und sich persönlich beraten lassen!

universität wien
Postgraduate Center

LL.M.-Programme: Europäisches und Internationales Wirtschaftsrecht, Familienunternehmen und Vermögensplanung, Human Rights, Informations- und Medienrecht, International Law, Kanonisches Recht, Steuerrecht und Rechnungswesen, Wohn- und Immobilienrecht

Programmbeginn und -dauer, formale Voraussetzungen, Bewerbungsschluss, und Programmkosten: unterschiedlich je nach Programm

Ansprechperson:
Service Center, +43 (1) 4277-10800
info@postgraduatecenter.at
www.postgraduatecenter.at

University of San Francisco

Located in the heart of one of the world's most dynamic and innovative cities, the USF School of Law offers a rigorous education with a global perspective in a diverse, supportive community. Our Master of Laws programs seek to admit a diverse group of students who are among the most capable lawyers from the Bay Area, nationwide, and countries throughout the world.

Why join us?

- Study in the heart of San Francisco, minutes from the Civic Center, where LL.M. students attend hearings at the California Supreme Court
- Get hands-on training through externships in Bay Area law firms and businesses and USF's in-house law clinics
- Network with USF alumni mentors who are attorneys practicing in a variety of legal fields, from technology to business and beyond
- Prepare to take the Bar Exam and practice in the U.S., or use your LL.M. to enhance your expertise and credentials for work in your home country
- Secure housing in the law school's affordable residence hall and assistance with off campus housing

LL.M. in International Transactions and Comparative Law

The LL.M. in International Transactions and Comparative Law Program equips students with a strong grounding in legal theory and practical skills to move their career forward in the United States and abroad. Students focus on either international commercial and business transactions law, international human rights law, or an in-depth study of a particular area of U.S. law.

LL.M. in Intellectual Property and Technology Law

The LL.M. in Intellectual Property and Technology Law Program, which is open to U.S. students with law degrees and foreign students, focuses on American and international law in the intellectual property field. Skills training and career development are key features of the program, and networking opportunities with alumni practitioners abound.

UNIVERSITY OF SAN FRANCISCO | School of Law

LL.M. programs: International Transactions and Comparative Law Program, IP and Technology Law Program

Number of students per year: 15–20

TOEFL/IELTS: 90 (iBT)/7.0 (IELTS)

Tuition fees: USD 50,440 (for the 2021– 2022 academic year)

Start and length of programs: August of each year, 9 months

Closing date for applications: rolling admissions, applications received until class is full

Contact details:
Julianne Cartwright Traylor
+1 415 422-6946
jctraylor@usfca.edu, www.usfca.edu/law

University of Southern California

Study law in Los Angeles.
The Master of Laws (LL.M.) degree at the University of Southern California Gould School of Law focuses on the U.S. legal system, providing students with foundational skills and essential knowledge that are immediately applicable to real-world legal practice from a top-ranked law school. Available full-time on-campus or with flexible scheduling online, USC Gould's LL.M. is designed for international attorneys, government officials, corporate legal counsel, and recent law graduates.

Specialized Degrees
Students may choose to specialize their LL.M. studies in a particular field.

USC Gould's LL.M. offerings include:

- 1-Year General LL.M.
- 2-Year Extended LL.M.
- LL.M. in International Business and Economic Law (LL.M. in IBEL)
- LL.M. in Alternative Dispute Resolution (LL.M. in ADR)
- LL.M. in Privacy Law & Cybersecurity (LL.M. in PLCS)
- Online LL.M.

USC also offers a four-week on-campus Summer Law & English program that builds skills in law and legal English before starting an LL.M.

Bar Exam and Certificates
LL.M. students may generalize their studies in courses of interest or pursue a "bar exam track" and/or "certificate track."

Students who choose a "bar exam track" will take courses required to sit for the California, New York, or Washington D.C., bar exam after graduation. Students who choose a "certificate track" will earn an industry-specific certificate in addition to their degree at no additional cost.

USCGould
School of Law

Specialized LL.M.: Alternative Dispute Resolution, International Business & Economic Law, Privacy Law & Cybersecurity

Optional Certificate Specializations: Alternative Dispute Resolution, Business Law, Compliance*, Media & Entertainment Law, Financial Compliance*, Health Care Compliance*, Human Resources Law & Compliance*, Privacy Law & Cybersecurity*, Technology & Entrepreneurship, and Transnational Law & Business

* *Certificate available with Online LL.M. only*

Start and length of program: August, 9 months, extended options

Tuition fees: USD 69,998 plus fees

Closing date for applications: June 1; priority deadline of March 1

TOEFL/IELTS score required: no required minimum score

Contact details:
Misa Shimotsu, Assistant Dean
Graduate & International Programs
+1 213 821-5916
gipadmissions@law.usc.edu, gould.law/LLM

University of Virginia

The University of Virginia School of Law is consistently ranked among the top 10 law schools in the United States, and was rated No. 1 in Best Professors, Best Classroom Experience and Best Quality of Life by the 2020 Princeton Review rankings. Founded in 1819 by Thomas Jefferson and located in Charlottesville, Virginia, amid the Blue Ridge Mountains in a picturesque and historical setting, the University campus holds a UNESCO World Heritage Site designation. Located just two hours from Washington, D.C., UVA's hometown features both urban amenities and a gorgeous natural setting, with a metro population of 218,000 people. With a small LL.M. class size of only 50 students per year, UVA offers LL.M. candidates individualized attention, with one-on-one academic coaching sessions and a dedicated career development counselor to help with internship and job search needs.

Freedom to choose your courses

UVA Law offers LL.M. students the freedom to design their own curriculum. LL.M.s take a minimum of 24 credits in two semesters (fall and spring). Students choose from more than 180 course offerings per semester and may concentrate in international law, corporate and business law, tax law, commercial law, contracts, constitutional law, human rights law, criminal law, environmental law, and national security law, among other areas.

Study with upper-level J.D. students

LL.M. students attend classes with upper-level J.D. classmates and benefit from lively classroom discussions and debates, learning the law while improving their English-language skills by interacting with native English speakers.

Individualized attention

Virginia's faculty, known for their dedication to teaching and building personal relationships with students, are available to meet with and counsel students individually during office hours.

A competitive program

UVA Law receives hundreds of applications each year for the LL.M. program, and only 50 students are chosen to join the class. If admitted, e-fellows may receive stipends of USD 5,000 to 25,000.

UNIVERSITY of VIRGINIA | SCHOOL of LAW

Special focus areas: Students are free to choose from 180+ course offerings per semester

Start and length of program: mid-August, 9 months

Closing date for applications: February 1

Number of students per year: max. 50

TOEFL/IELTS score required: 100 (iBT)/7.5 (IELTS)

Tuition fees: USD 69,500 (2021–22)

Contact details:
Adriana Vito
+1-434-924-3154
avito@law.virginia.edu
www.law.virginia.edu/graduatestudies

Baker McKenzie

Standorte in Deutschland: Berlin, Düsseldorf, Frankfurt am Main, München

Standorte weltweit: 76 Standorte in 45 Ländern weltweit

Tätigkeitsschwerpunkte: Arbeitsrecht, Automotive, Banking & Finance, Compliance, Energierecht, Gesellschaftsrecht (M&A, Venture Capital/Private Equity, Aktien- und Kapitalmarktrecht, China, Asien), Gewerblicher Rechtsschutz, Immobilien- und Baurecht, IT-Recht, Kartellrecht, Life Science, Öffentliches Wirtschaftsrecht, Patent Litigation, Pharmarecht, Reorganisation, Tax, Trade & Commerce, Zivilprozesse/Schiedsverfahren/Alternative Streitbeilegung

Berufsträger:innen weltweit: >6.700

Geplante Neueinstellungen 2022:
Volljurist:innen in Deutschland: 65–75

Wir arbeiten in unserer Kanzlei über Grenzen, Märkte und Industrien hinweg zusammen, in 76 Büros weltweit. Unsere Kolleg:innen haben den Mut, neue Ideen zu entwickeln und neue Technologien zu nutzen. In Zeiten der Digitalisierung und Globalisierung navigieren wir Unternehmen sicher durch die Märkte und geben Antworten auf ihre komplexen rechtlichen Fragen. Unsere einzigartige Kultur ermöglicht es uns, lokale Märkte zu verstehen und gleichzeitig international zu agieren. Die vertrauensvolle und freundschaftliche Zusammenarbeit in unseren Büros rund um den Globus setzen wir zum Wohle unserer Mandanten ein.

Baker McKenzie.

Baker McKenzie
Rechtsanwaltsgesellschaft mbH von Rechtsanwälten und Steuerberatern
Bethmannstraße 50–54
60311 Frankfurt/Main
www.bakermckenzie.com

Melita Mesaric
Senior Manager
Recruiting & Employer Branding
+49 69 29908-555
melita.mesaric@bakermckenzie.com

Ihr LL.M. ist uns ein Anliegen: Ihr LL.M. zeigt uns, dass Sie offen, neugierig und bereit dazu sind, Erfahrungen in einem anderen Kulturkreis zu sammeln und den Schritt ins Ausland zu gehen. Ihre dort erworbenen Englischkenntnisse können Sie in unserer internationalen Kanzlei einsetzen. Denn bei uns sind grenzüberschreitende Mandate an der Tagesordnung, Sie arbeiten vernetzt in internationalen Teams zusammen. Für Ihr LL.M.-Studium können Sie bei uns eine Auszeit nehmen, ähnlich wie bei einer Promotion.

„Life with Baker" – was heißt das konkret für Sie? Wir bieten Ihnen einen Arbeitsplatz, der Ihnen Freiraum gibt, sich fachlich und persönlich zu entwickeln. Sie können Ihre Talente einbringen, vor allem auch zu Themen wie Industrie 4.0, Künstliche Intelligenz und Digitalisierung. Unsere Kanzlei ist von Stunde eins an in Sachen Legal Tech wesentlich mit von der Partie und prägt die Szene. Für unsere Anwält:innen ist Legal Tech heute selbstverständlicher Teil der Beratung. Bereits als Berufseinsteiger:in können Sie bei uns kreativ werden und viel ausprobieren, etwa als Innovation Ambassador.

Wie wir Sie fördern: In unserer Kanzlei fördern wir Sie schrittweise nach Berufslevel, unterstützen Sie mit Feedback und Entwicklungsprogrammen. Sie lernen für Ihre nächsten Karriereschritte, betreiben aktiv Networking und entwickeln sich kontinuierlich weiter. In unserer Inhouse University erwarten Sie z. B. Seminare zu Themen wie Führung, Präsentieren, Akquise & Selbstmarketing und Bilanzanalyse. Ab dem dritten Jahr in unserer Kanzlei bieten wir Ihnen mit dem „Booster" ein zusätzliches Budget für Talent-Management- und Business-Development-Aktivitäten. So fördern und unterstützen wir Ihre Ideen, besonders in Legal Tech, Innovation und Unternehmertum. Auch e-Learning-Programme und European Associate Meetings – mit Associates aus ganz Europa – sind Beispiele dafür, wie wir Sie auf Ihrem Karriereweg begleiten.

Wie Sie bei uns die Welt erkunden: Die Welt rückt zusammen, wenn Sie bei uns arbeiten: Mit unseren fünf Mobility-Programmen eröffnen wir Ihnen vielfältige Möglichkeiten, in unseren Büros rund um den Globus zu arbeiten, von zwei Wochen bis zu zwei Jahren. Sie arbeiten an Business Cases, betreuen globale Mandate, lernen Mandant:innen vor Ort kennen, begleiten Produktentwicklungen und erweitern kontinuierlich Ihr Netzwerk. Unsere Kanzlei ist Partner des Center for the Fourth Industrial Revolution (C4IR) des World Economic Forum, wodurch wir ausgewählten Nachwuchsjurist:innen ein Fellowship ermöglichen – eine Chance, einen Beitrag zur Gesellschaft zu leisten und vertiefte Kenntnisse in Sachen Innovation zu erlangen.

Was Teamarbeit für uns bedeutet: Teamarbeit heißt bei uns nicht nur, mit dem Team der eigenen Praxisgruppe zusammenzuarbeiten, sondern ebenso mit Kolleg:innen weiterer Praxisgruppen sowie unterschiedlicher Industriegruppen – in Deutschland und anderen Teilen der Welt. Bei uns finden Sie außerdem interdisziplinäre Teams, die sich aus Steuerberater:innen, Wirtschaftsjurist:innen und Projektmanager:innen zusammensetzen. Das Besondere daran ist, dass Sie so im Team durch die spezifischen Fähigkeiten jeder und jedes Einzelnen zu kreativen und innovativen Lösungen für Mandanten kommen.

Agiles Arbeiten: Mit unserer Initiative „bAgile" bieten wir Ihnen Möglichkeiten, Arbeitsplatz und -zeit flexibel zu gestalten. Teilzeitmodelle und der Associate Alternative Track sind Beispiele dafür, wie wir Freiräume und Flexibilität bieten. Auch Elternzeit gehört selbstverständlich dazu.

Wie wir Ihnen Flexibilität in Ihrer Karriere bieten: Bei uns finden Sie flexible Karrieremodelle wie den Associate Alternative Track, eine Alternative zum Partner Track - mit spannenden Mandaten bei geringeren Stundenanforderungen und weniger Business-Development-Aktivitäten. Dieser Karrierepfad steht Voll-, Wirtschaftsjurist:innen und Ökonom:innen offen. Sie können auf diesem Track bleiben oder in den Counsel-Status wechseln. Als Volljurist:in oder Steuerberater:in ist auch ein Wechsel auf den Partner Track möglich. Vom Partner Track können Associates auf den Alternative Track wechseln, ganz flexibel und wie es gerade in die Lebensphase passt.

Was Inclusion & Diversity für uns bedeutet: Unsere Kanzlei verpflichtet sich zum Thema Inclusion & Diversity (I&D). Unser Anspruch ist es, allen Kolleg:innen ein sicheres Arbeitsumfeld zu bieten, in dem sie sich bestmöglich und ohne Ansehen des Geschlechts, sexueller Orientierung, kultureller oder ethnischer Herkunft, unterschiedlicher Erfahrungen und Ansichten im Rahmen unserer Firmenstrategie bestmöglich entfalten können. In vier Arbeitsgruppen zu den Säulen „Gender", „Ethnicity & Culture", „LGBTI+" und „Diverse (Opinions, Status, Education)" treibt unser I&D Committee diese Themen kontinuierlich voran.

Was wir Ihnen speziell als Juristin bieten: Unsere Juristinnen profitieren von speziellen Workshops und Trainings sowie von Entwicklungsprogrammen für einzelne Karrierestufen: dem Sponsorship Program für Junior-Anwältinnen, „RISE - Entwicklungsprogramm für Juristinnen" für weibliche Senior Associates und „LIFT - Leaders Investing For Tomorrow" für Local Partnerinnen.

Wie wir Sie bereits in Ihrer Ausbildung begleiten: In jeder Praxis- und Industriegruppe ist ein Einsatz möglich. Als Praktikant:in oder Referendar:in sind Sie aktiv in Projekte und Mandatsarbeit eingebunden, von der Recherche über konkrete Work Products bis hin zur Teilnahme an Meetings der Praxis- oder Industriegruppe und Mandantengesprächen. Zudem bieten wir maßgeschneiderte Programme, an denen Sie bereits während Ihrer Ausbildung partizipieren können:
Mit dem **Career Mentorship Program** bieten wir Ihnen als Nachwuchsjurist:in ein aufeinander abgestimmtes Programm, das Sie langfristig in Ihrer Ausbildung begleitet – mit einer eigenen Mentorship University, der Möglichkeit ins Ausland zu gehen, Legal-English-Kursen, einem jährlichen Summer Camp, Entwicklungsgesprächen u. v. m. Sie gehören von Anfang an zu unserer Kanzlei, haben eine:n Mentor:in als Türöffner:in zur Seite und arbeiten auf Mandaten mit. Sie sind Teil eines Teams, erweitern kontinuierlich Ihr Netzwerk, lernen unternehmerisch an Aufgaben heranzugehen und treffen regelmäßig Ihre Mentee-Kolleg:innen zum gemeinsamen Erfahrungsaustausch.
Das **Law Clerk Program** für Referendar:innen, Praktikant:innen oder juristische Mitarbeitende verrschafft Ihnen früh wertvolle Einblicke in die Arbeit und Anforderungen in einer globalen Wirtschaftskanzlei.

Neugierig? – Sie wollen bei uns einsteigen? Wenn uns Ihre Bewerbungsunterlagen überzeugen, laden wir Sie zu einem persönlichen Kennenlernen ein: Sie treffen Kolleg:innen - Partner:innen und Associates - Ihrer künftigen Praxisgruppe und weiterer Rechtsbereiche. Das zweite Gespräch führen Sie mit Kolleg:innen eines weiteren deutschen Büros unserer Kanzlei. Wenn Sie und wir zueinander passen, steht Ihrem Start bei uns nichts entgegen.

Baker McKenzie.
Mobility with Baker
Starten Sie bei uns in einer kollegialen Atmosphäre auf Augenhöhe. Es erwarten Sie eine umfassende, aufeinander abgestimmte Aus- und Weiterbildung, internationale Projekte, Freiraum für Kreativität sowie unser individuelles "Mobility" Programm:
Short Term Mobility
Mini-Associate Training Program
Associate Training Program
Interessiert? Dann bewerben Sie sich, verwirklichen Sie Ihre beruflichen Ziele mit uns und werden Sie Teil eines spannenden und vielfältigen Umfelds.
Sämtliche Bezeichnungen richten sich an alle Geschlechter.
bakermckenzie.com
Baker McKenzie gehört mit rund 13.000 Kolleg:innen in 46 Ländern zu den größten und leistungsstärksten Wirtschaftskanzleien der Welt. In Deutschland sind wir in Berlin, Düsseldorf, Frankfurt am Main und München mit mehr als 200 Anwält:innen vertreten. Nationale und internationale Unternehmen und Institutionen beraten wir auf allen Gebieten des privaten und öffentlichen Wirtschafts- und Steuerrechts.
Baker McKenzie
Rechtsanwaltsgesellschaft mbH
von Rechtsanwälten und Steuerberatern
Bethmannstraße 50-54
60311 Frankfurt am Main
Melita Mesaric
Tel.: +49 69 2 99 08 555
E-Mail: melita.mesaric@bakermckenzie.com

Cleary Gottlieb Steen & Hamilton LLP

Standorte in Deutschland:
Frankfurt am Main, Köln

Standorte weltweit: Abu Dhabi, Bay Area, Brüssel, Buenos Aires, Hongkong, London, Mailand, Moskau, New York, Paris, Peking, Rom, São Paulo, Seoul, Washington D.C.

Spezialisierungen: M&A/Gesellschaftsrecht, Finanz- und Kapitalmarktrecht, EU-/Kartellrecht, Steuerrecht und Litigation/Arbitration sowie Finanzierungen und Restrukturierungen

Berufsträger:innen weltweit: ca. 1.100

Geplante Neueinstellungen 2022: 10–15

Möchten Sie von Anfang an in einer hochkarätigen internationalen Praxis eingebunden sein? Können Sie sich vorstellen, nationale und multinationale Unternehmen, Finanzinstitute und Regierungen zu beraten?

Cleary Gottlieb bietet Ihnen eine Tätigkeit an juristisch anspruchsvollen Projekten mit stets internationalem Bezug, häufig in multinational besetzten Teams. Sie erhalten eine erstklassige Ausbildung in einer kollegialen Arbeitsatmosphäre, geprägt von Offenheit, flachen Hierarchien und einem sehr persönlichen Umgang miteinander. Wir bieten Ihnen exzellente Karrierechancen und eine transparente Partnerperspektive.

CLEARY GOTTLIEB

Main Tower
Neue Mainzer Straße 52
60311 Frankfurt am Main

Theodor-Heuss-Ring 9
50668 Köln

www.clearygottlieb.com

Dr. Michael Ulmer
+49 69 97103-0 (Frankfurt am Main)
gerlegalrecruit@cgsh.com

Dr. Romina Polley
+49 221 80040-0 (Köln)
gerlegalrecruit@cgsh.com

Patrick Bock
+32 2 28720-00 (Brüssel)
brulegalrecruit@cgsh.com

Was tut Cleary Gottlieb für meine Ausbildung? Gemeinsam mit Ihnen wollen wir in echter Teamarbeit anspruchsvollen juristischen Aufgaben gerecht werden. Hierbei ist uns Ihre erstklassige Ausbildung genauso wichtig wie Ihnen. Neben dem täglichen Training-on-the-Job fördern wir Ihre berufliche Weiterentwicklung durch unser Cleary Gottlieb Training Center, welches in regelmäßigen Abständen Auffrischung der Grundkenntnisse aus verschiedenen Praxisbereichen sowie Kurse zu Soft Skills anbietet. Neuer Teil des Programms ist unser „European Financial Awareness Program", ein mehrtägiger miniMBA-Kurs für unsere europäischen Associates. Dabei können wir auf ein in unseren amerikanischen Büros bereits seit einigen Jahren bewährtes und erfolgreiches Format aufbauen. Das vielseitige Kursprogramm umfasst u. a. Financial Statement Analysis, Financial Maths for Lawyers, Accounting Concepts, Business Valuation sowie Excel Training. Darüber hinaus finden Sie bei uns offene, dynamische Teams, die sich gerne ungezwungen bei Praxisgruppenveranstaltungen wie z. B. dem Corporate Breakfast oder dem German Antitrust Group Meeting austauschen und regelmäßig an weltweiten Fortbildungsveranstaltungen und Praxisgruppentreffen teilnehmen. Jährliche Feedback-Gespräche zur Erörterung Ihres Leistungsstands und Ihrer weiteren Entwicklung sind selbstverständlich. Ihre Mentorin oder Ihr Mentor steht Ihnen bei Ihrer Integration ins Team sowie Ihrer Karriereentwicklung gerne zur Seite und unterstützt Sie dabei, die angestrebten Berufsziele zu erreichen. Veranstaltungen unseres Training Centers stehen auch unseren Referendar:innen, juristischen Mitarbeiter:innen und Praktikant:innen offen. Speziell unseren Referendar:innen bieten wir in Zusammenarbeit mit einem renommierten Repetitorium umfangreiche Unterstützung zur Vorbereitung auf das Zweite Staatsexamen.

Kann ich auch einige Zeit außerhalb Deutschlands arbeiten? Ja. Bei entsprechendem Interesse Ihrerseits kann ein etwa einjähriger Aufenthalt in einem unserer anderen Büros Bestandteil Ihrer Karriere bei Cleary Gottlieb sein. Für Kandidat:innen mit einem LL.M.-Studium ist eine Tätigkeit als Anwältin oder Anwalt in unserem New Yorker, Washingtoner oder Londoner Büro mit anschließender Rückkehr nach Frankfurt oder Köln möglich.

Passe ich zu Cleary Gottlieb? Und welche Qualifikation sollte ich für einen Einstieg mitbringen? Sie passen gut zu uns, wenn Sie interessiert, begeisterungsfähig und enthusiastisch sind sowie Interesse an einer spannenden Tätigkeit in einem internationalen Umfeld haben. Die Anwält:innen bei Cleary Gottlieb sind hoch qualifiziert: Sie sollten neben ausgeprägtem Interesse an wirtschaftlichen Zusammenhängen exzellente Noten und sehr gutes, möglichst durch ein LL.M.-Studium oder einen vergleichbaren Auslandsaufenthalt erworbenes Englisch mitbringen. Ein LL.M.-Studium kann gerne auch erst nach Beginn der Tätigkeit absolviert werden.

Wie kann ich mir eine Referendarstation oder ein Praktikum vorstellen? Eine Anwalts- oder Wahlstation, eine Nebentätigkeit im Rahmen Ihres Referendariats oder ein Praktikum sind sehr gute Gelegenheiten, unseren Arbeitsalltag kennenzulernen. Sie werden möglichst umfassend in unsere Anwaltspraxis integriert, die Sie von Anfang an eng einbindet, sodass Sie von Beginn an wachsen können. Unser Cleary Gottlieb Training Center steht Ihnen offen, und ein Ihnen zur Seite gestellter Associate-„Sibling" hilft Ihnen, sich schnell bei uns zurechtzufinden. Selbstverständlich nehmen wir uns auch Zeit für Feedback-Gespräche im Rahmen der laufenden Zusammenarbeit sowie am Ende Ihrer Stage. Nicht wenige unserer derzeitigen Anwält:innen waren bereits als Referendar:innen oder juristische Mitarbeiter:innen bei uns.

International ausgebildet und vernetzt

Claudius Straub

LL.M. (Pennsylvania)

Jahrgang 1986

Associate im Bereich Banking & Finance am Standort Frankfurt

Schon die Bewerbung um einen Platz in einem LL.M.-Programm wie auch die Auswahl der Universitäten sind ein teils aufwendiger aber auch spannender Prozess. Gerade wenn es um außereuropäische Universitäten geht, sollte dabei auch frühzeitig an eine solide Finanzierung gedacht werden. Die Mühe wird jedoch belohnt. Das LL.M.-Studium ist eine besondere Erfahrung, und ich erinnere mich immer wieder gerne an meine Zeit an der University of Pennsylvania in Philadelphia zurück.

Die Vorteile liegen auf der Hand

Neben der fachlichen Weiterbildung und dem Blick über den eigenen juristischen Tellerrand liegen die großen Vorteile eines LL.M.-Studiums natürlich in den durch das Leben im Gastland zu sammelnden Erfahrungen und dem täglichen Austausch mit den Kommiliton:innen. Es ist gerade diese bunte Mischung unterschiedlicher Eindrücke, die dem LL.M.-Studium seinen besonderen Reiz und Mehrwert verleiht. Die sich vor Ort entwickelnde Gemeinschaft innerhalb der eigenen LL.M.-Klasse setzt sich zudem nach Ende des LL.M.-Jahres in einem kleinen internationalen Netzwerk an Kontakten fort.

Das richtige LL.M.-Programm finden

Von der Masse an LL.M-Programmen unterschiedlicher Universitäten sollte man sich nicht abschrecken lassen. Die Auswahl ist in erster Linie eine persönliche Entscheidung, in die neben individuellen Vorlieben und Vorstellungen auch das fachliche Interesse einfließen sollte. So bieten diverse Universitäten (teils interdisziplinäre) Schwerpunktstudien an, die man bei entsprechendem fachlichen Interesse im Auge haben sollte. Im Rahmen eines generellen LL.M.-Studiums besteht teils die Möglichkeit, den Kursplan nach eigenen Interessen zusammenzustellen. Hierzu sollte man sich erkundigen. Auch lohnt sich der Austausch mit ehemaligen LL.M.-Studentinnen und -Studenten, um sich über das jeweilige Programm aus erster Hand zu informieren. Wer Europa zur Genüge kennt, der sollte sich zudem von den oft höheren Kosten und dem Mehraufwand nicht abschrecken lassen und den Schritt hin zu einer außereuropäischen Universität in Betracht ziehen. Das Studium in den USA und insbesondere in Philadelphia hat mir viele neue Perspektiven und Eindrücke verschafft, die ich keinesfalls missen möchte.

Viele fragen sich lange, ob sie das LL.M.-Studium vor oder nach dem Zweiten Staatsexamen in Angriff nehmen sollten. Rückblickend gibt es hier keine richtige oder falsche Entscheidung. Mein Zweites Examen lag bereits ein paar Jahre zurück, und ich hatte schon einige Berufserfahrung im Gepäck, als ich zum LL.M.-Studium aufgebrochen bin. Ein abgeschlossenes Referendariat und ein wenig Berufserfahrung im internationalen Umfeld haben sicherlich den Charme, dass man sich (je nach Kurswahl) schneller zurechtfindet und persönlichen Mehrwert erzeugen kann. Ein entscheidendes Kriterium ist dies aber nicht. Für viele bietet sich ein LL.M.-Studium nach abgeschlossenem Referendariat dagegen aus Gründen der Finanzierungssicherung an. Cleary Gottlieb bietet Associates, die nach dem Einstieg in den Beruf einen LL.M. absolvieren wollen, finanzielle Unterstützung an.

Clifford Chance

Standorte in Deutschland: Düsseldorf, Frankfurt am Main, München

Standorte weltweit: 33 Büros in 23 Ländern

Tätigkeitsschwerpunkte: Arbeitsrecht, Bank und Kapitalmarktrecht, Energierecht, Gewerblicher Rechtsschutz, Gesellschaftsrecht/M&A, Healthcare, Immobilienrecht, Insolvenzrecht/Restrukturierung, Kartellrecht, Öffentliches Wirtschaftsrecht, Patent- und Markenrecht, Private Equity/Venture Capital, Prozess- und Schiedsverfahrensrecht, Steuerrecht, Telekommunikations- und Medienrecht/IT-Recht, Versicherungsrecht, Wirtschaftsrecht

Berufsträger:innen in Deutschland:
ca. 300
davon mit LL.M.: ca. 90
davon mit Promotion: ca. 140

Berufsträger:innen weltweit: ca. 3.500

Geplante Neueinstellungen 2022: 40–50

Internationalität ist bei Clifford Chance mehr als nur ein Schlagwort. Als weltweit tätige Sozietät mit 33 Büros auf fünf Kontinenten ist das Zusammenspiel verschiedener Werte und Kulturen unser Erfolgsrezept. Wir beraten national und international tätige Unternehmen, Institutionen und öffentliche Stellen in allen Fragen des Wirtschaftsrechts. Teamwork, offene Kommunikation, Toleranz sowie ein freundlicher und kollegialer Umgang sind bei Clifford Chance eine Selbstverständlichkeit und bilden die Basis hervorragender juristischer Arbeit.

CLIFFORD
CHANCE

Junghofstraße 14
60311 Frankfurt am Main
www.YourCareerStartsWithC.com

Nicola von Tschirnhaus
Head of Recruitment & Employer Branding
+49 69 7199-4477
karriere@cliffordchance.com

Was zeichnet Ihre Unternehmenskultur aus? Wir sind Teamplayer:innen und glauben, dass optimale Ergebnisse nur dann erreicht werden, wenn jeder sein Potenzial einbringt. Dabei investieren wir ebenso gezielt in junge Talente, wie wir auch unsere erfahrenen Rechtsanwält:innen auf ihrem individuellen Karriereweg unterstützen. Immer ein offenes Ohr für Fragen, ein wertschätzender Umgang miteinander und regelmäßiges Feedback sind dabei zentrale Werte, die unsere Teamarbeit ausmachen. Außerdem sind wir stolz auf die Vielfalt in unserer Sozietät und nutzen sie bewusst als Stärke. Das leben wir vor und wollen so eine Unternehmenskultur schaffen, in der sich alle wohlfühlen und entsprechend ihrer individuellen Fähigkeiten einbringen können. Wir legen großen Wert auf einen respektvollen Umgang miteinander, offene Kommunikation und Toleranz. Wir engagieren uns aktiv für das Gemeinwesen. So gibt es ein unternehmensweites Corporate-Responsibility-Programm ebenso wie eine Pro-Bono-Rechtsberatung. Dabei ist uns das persönliche Engagement unserer Mitarbeiter:innen sehr wichtig. Alle können sich bei Projekten ihrer Wahl einbringen. Wir fördern Mitarbeiter:innen mit Migrationshintergrund auf ihrem Bildungsweg ebenso wie wir uns für den Erhalt und die Weiterentwicklung kultureller Institutionen einsetzen. Ob mit fachlicher Expertise oder handwerklichem Einsatz – mit ihrem individuellen Engagement bewegen unsere Mitarbeiter:innen viel.

Welche Meinung vertritt Ihre Kanzlei zum LL.M.? Der Erwerb eines LL.M. im englischsprachigen Ausland bietet eine hervorragende Gelegenheit, eine fremde Rechtsordnung kennenzulernen, die Englischkenntnisse zu perfektionieren und Erfahrungen mit anderen Kulturen zu sammeln. Eine Teilfinanzierung von LL.M-Programmen oder die Freistellung für ein LL.M.-Studium ist grundsätzlich möglich und im Einzelfall verhandelbar.

Welche internationalen Einsatzmöglichkeiten bieten Sie? Für Anwält:innen besteht die Möglichkeit, während eines mehrmonatigen Secondments in einem ausländischen Clifford-Chance-Büro oder bei Mandant:innen tätig zu sein. Auch im Rahmen des Referendariats ist es möglich, eine Station bei Clifford Chance im Ausland zu verbringen. Voraussetzung ist hier allerdings, dass vorher eine Station in einem unserer deutschen Büros absolviert wurde.

Welche Möglichkeiten zur Weiterqualifizierung bieten Sie? Praktikant:innen, wissenschaftliche Mitarbeiter:innen und Referendar:innen können neben dem täglichen Training-on-the-Job an den Seminartagen der ReferendarAcademy teilnehmen. Dort erhalten sie einen umfassenden Einblick in alle Rechtsgebiete, in denen Clifford Chance tätig ist, sowie eine Einführung in relevante Business Skills wie Präsentationstechnik, Verhandlungsführung und Legal English. Damit neben der täglichen Arbeit die Vorbereitung auf das Zweite Staatsexamen nicht zu kurz kommt, bieten wir in Zusammenarbeit mit den renommierten Repetitorien Kaiserseminare und Hemmer ganztägige Intensivkurse an. Hinzu kommen Examensvorbereitungskurse im öffentlichen Recht, Zivilrecht und Strafrecht. Ein Klausurenkurs und ein Aktenvortragstraining inklusive Videoanalyse runden das Programm der ReferendarAcademy ab. Auch nach dem Berufseinstieg bieten wir unseren Rechtsanwält:innen mit der Clifford Chance Academy ein umfassendes Aus- und Weiterbildungsprogramm, das sowohl fachliche Fähigkeiten und betriebswirtschaftliches Know-how als auch Business Skills vermittelt – Kenntnisse, die für den Weg junger Anwält:innen zur Beraterpersönlichkeit entscheidend sind.

Ann-Cathrin Bergstedt

LL.M. (Edinburgh)

Jahrgang 1989

Associate, Healthcare

Mein LL.M. an der University of Edinburgh

Die Vorbereitung und Entscheidung

Zum Ende Referendariats kam bei mir wie bei so vielen die Frage auf: Was kommt danach? Ich hatte mich zwar schon entschieden, Anwältin werden zu wollen. Ich sehnte mich aber danach, vor dem Start ins Arbeitsleben noch mal etwas anderes zu machen, rauszukommen und mich sowohl in fachlicher als auch persönlicher Hinsicht einer Herausforderung zu stellen. Und so fiel während der Wahlstation die Entscheidung, mich für einen LL.M. zu bewerben.

Die Wahl der Uni und die Vorbereitung

Während Studium und Referendariat hatte ich mein Interesse für den Bereich des Medizin- und Gesundheitsrechts entdeckt. Ich wollte deswegen auch einem LL.M. in diesem Bereich machen. Bei meiner Recherche stieß ich schnell auf den LL.M. in Medical Law and Ethics an der University of Edinburgh. Mich sprach an diesem Programm besonders an, dass neben den Kursen mit rein rechtlichem Schwerpunkt auch Kurse zu gesundheitspolitischen, naturwissenschaftlichen und (medizin-)ethischen Themen angeboten wurden.

Das Bewerbungsverfahren

Der Aufwand für das Bewerbungsverfahren war absolut überschaubar, wenngleich man nicht unterschätzen sollte, dass es schon ein bisschen Zeit braucht, bis man alles beisammenhat. An der University of Edinburgh war es so, dass nicht erst nach Ablauf einer Bewerbungsfrist, sondern schon während des laufenden Bewerbungsprozesses über die eingehenden Bewerbungen entschieden wurde. Deswegen hatte ich schon nach wenigen Wochen die Zusage, was die Planungssicherheit deutlich erhöht hat.

Die Zeit in Edinburgh und der Studienalltag

Edinburgh ist eine absolut lebenswerte Stadt, die sowohl kulturell als auch kulinarisch wirklich viel zu bieten hat und Menschen aus der ganzen Welt anzieht. Der Studienalltag war ganz anders als in Deutschland. Die Kurse mit maximal 20 Teilnehmenden waren auf Dialog und Diskurs angelegt. Vor allem die durch die verschiedenen akademischen Hintergründe meiner Kommiliton:innen – von Jura, Medizin, Neurowissenschaften bis Politikwissenschaften – bedingten unterschiedlichen Perspektiven haben zu interessanten Diskussionen beigetragen. Die Prüfungsleistungen variierten von Kurs zu Kurs. Grundsätzlich war aber während des Semesters zunächst ein kleineres Arbeitsprodukt anzufertigen, z. B. ein kurzes Essay oder ein Vortrag und zum Abschluss dann zumeist ein umfangreiches Essay. Klausurstress kommt da zwar nicht auf, aber auch bei Essays kann es manchmal stressig werden.

Fazit

Der LL.M. in Edinburgh war ein tolles und prägendes Erlebnis, das sowohl aus fachlicher als auch aus persönlicher Perspektive eine horizonterweiternde Erfahrung war. Für mich war es die perfekte Ergänzung zur deutschen Ausbildung, die sich absolut gelohnt hat.

CLIFFORD
CHANCE
Careers

COURAGEOUS MINDS

CMS Hasche Sigle

Standorte in Deutschland: Berlin, Düsseldorf, Frankfurt am Main, Hamburg, Köln, Leipzig, München, Stuttgart

Standorte weltweit: Brüssel, Hongkong, Moskau, Peking und Schanghai sowie über 70 internationale Büros innerhalb des CMS-Netzwerks

Tätigkeitsschwerpunkte: CMS in Deutschland berät mittelständische Unternehmen ebenso wie Großunternehmen in allen Fragen des nationalen und internationalen Wirtschaftsrechts – von Arbeitsrecht über Banking & Finance, Corporate/M&A, Dispute Resolution, Gewerblichen Rechtsschutz bis hin zu Kartellrecht, Real Estate & Public, Steuerrecht, TMC – Technology, Media & Communications und vieles mehr.

Berufsträger:innen in Deutschland:
ca. 600
davon mit LL.M.: ca. 137
davon mit Promotion: ca. 361

Berufsträger:innen weltweit: > 5.000

Geplante Neueinstellungen 2022: 80–90

Die Rechtswelt stellt sich einem tiefgreifenden Wandel – sie wird immer komplexer, umfassender, muss schneller reagieren. Wir glauben: Wer diese Welt gestalten will, muss etwas wagen. Um neue Lösungen zu entwickeln für unerwartete Fragestellungen. Um weiter zu gehen als jemals zuvor. Die neuen Herausforderungen verlangen mutige, unabhängig denkende Persönlichkeiten, die in der Gemeinschaft so vielfältig sind wie die Problemstellungen unserer Mandant:innen. Während sich die Welt neu erfindet, bringen wir uns ein. Wir formen sie mit – gemeinsam mit Ihnen.

CMS
law·tax·future

Lennéstraße 7
10785 Berlin
career.cms-hs.com

Dinah Ahad
HR Manager
+49 30 20360-1251
karriere@cms-hs.com

Was zeichnet Ihre Unternehmenskultur aus? Bei CMS in Deutschland profitieren Sie von Anfang an vom direkten Kontakt zu Mandant:innen und vom Mentoring erfahrener Anwält:innen. Ob im Referendariat, im Praktikum oder nach dem Berufseinstieg: Sie werden von Beginn an umfassend in die anwaltliche Tätigkeit einbezogen. Dabei stehen Ihnen alle unsere Geschäftsbereiche offen. Uns ist wichtig, dass Sie in unserer starken Gemeinschaft Ihre individuellen Stärken einbringen können. Unsere Unternehmenskultur zeichnet sich dadurch aus, dass wir im Team gemeinsam Spitzenleistungen für unsere spannenden Mandate erbringen wollen.

Welche Meinung vertritt Ihre Kanzlei zum LL.M.? Gerade durch einen im Ausland erworbenen Master-Titel können Anwält:innen ihre Fremdsprachenkenntnisse und Einsichten in andere Rechtssysteme unter Beweis stellen. Viele unserer Teams arbeiten mit Unternehmen aus dem Ausland zusammen, sodass diese Erfahrungen wertvoll sein können. Insbesondere gute Englischkenntnisse sind in diesem Zusammenhang gefragt. Somit ist ein im Ausland erworbener LL.M. eine willkommene Zusatzqualifikation, aber keine zwingende Voraussetzung, um bei CMS einzusteigen.

Welche Möglichkeiten zur Weiterqualifizierung bieten Sie? Für unsere Anwält:innen bieten wir vielfältige Möglichkeiten zur Weiterbildung an. In der CMS Academy durchlaufen Sie verschiedene Stationen, die inhaltlich aufeinander aufbauen. Innerhalb dieser Formate werden Sie gezielt in den relevantesten Lernbereichen gefördert. Dazu gehören neben der Weiterbildung in den Geschäfts- und Tätigkeitsbereichen auch geschäftsbereichsübergreifendes Fachwissen, betriebswirtschaftliche und organisatorische Kompetenzen sowie die Entwicklung Ihrer Persönlichkeit. Dabei helfen neben den Akademie-Angeboten auch persönliche Mentor:innen: Sie sind Karriere-Coachs und für den fortlaufenden Know-how-Transfer zwischen Ihnen und den erfahrenen Partner:innen zuständig. Wir wissen, dass die Digitalisierung moderne Lernwelten verändert – deshalb werden unsere Präsenztrainings zunehmend durch E-Learning-Angebote ergänzt.

Welche internationalen Einsatzmöglichkeiten bieten Sie? CMS ist eine internationale Wirtschaftskanzlei, dementsprechend werden Sie in Ihrer täglichen Arbeit auch mit Mandat:innen oder Kolleg:innen aus ausländischen Büros Kontakt haben. Längerfristig können Sie als Counsel, also nach etwa fünf Jahren Zugehörigkeit zu CMS, im Rahmen eines Secondments mehrere Monate im Ausland arbeiten. Dies ist in einem Büro von CMS oder bei Mandant:innen möglich.

Kann man bei Ihnen auch schon während des Studiums Erfahrungen sammeln? Wir legen Wert darauf, dass Sie auch schon während Ihres Studiums die Möglichkeit haben, CMS kennenzulernen. Sie können an unseren Standorten ein Praktikum absolvieren, um unsere Sozietät und damit auch die Arbeit als Anwältin oder Anwalt kennenzulernen. Meist ist es auch möglich, im Rahmen einer wissenschaftlichen Mitarbeit in unseren Teams Erfahrung zu sammeln. Dabei stehen Ihnen alle Geschäftsbereiche offen. Zusätzlich können Sie CMS durch die angebotenen Workshops, Vorträge und auf Messen kennenlernen, um unverbindlich mit uns ins Gespräch zu kommen.

LL.M. am King's College London

Anna-Lena Löcherbach

LL.M. (King's College)

Jahrgang 1983

Counsel

Das LL.M.-Studium am King's College in London war sowohl in fachlicher als auch in persönlicher Hinsicht ein prägender Abschnitt meiner Ausbildung, von dem ich auch bei meiner heutigen Tätigkeit als Rechtsanwältin bei CMS noch sehr profitiere.

Auslands-LL.M.: ja oder nein? Wann ist ein guter Zeitpunkt? Welche Universität?
Über die Beantwortung der Frage, ob ich ein LL.M.-Studium im Ausland absolvieren sollte, musste ich nicht lange nachdenken. Die Vorstellung, für ein Jahr in ein anderes Land und eine andere Kultur einzutauchen und dabei Jura international erleben zu können, hat mich von Beginn an begeistert. Dazu Kommiliton:innen aus aller Welt kennenlernen, sich austauschen, ein Netzwerk aufbauen, Sprachkenntnisse und Wissen in bestimmten Rechtsgebieten vertiefen - eine faszinierende Aussicht.

Daher entschloss ich mich, den Lerntrott, der mit dem Ersten Staatsexamen endete, schnellstmöglich gegen ein neues spannendes Umfeld einzutauschen. Einige meiner deutschen Kommiliton:innen hatten bereits das Zweite Staatsexamen in der Tasche. Hatten sie dadurch Vorteile? Vielleicht waren sie etwas praxisorientierter und konnten bereits die ein oder andere Veranstaltung einer internationalen Kanzlei für den anstehenden Berufseinstieg nutzen. Aber ist daraus ein richtiger oder falscher Zeitpunkt für den LL.M. abzuleiten? Meines Erachtens nein. Die Entscheidung über den Zeitpunkt sollte allein aufgrund der individuellen Umstände getroffen werden.

Meiner Auswahl der Universität ging die Auswahl der Stadt voraus. Meine Wahl fiel schnell auf London. Am King's College hat mich vor allem das vielfältige Programm überzeugt. In den vielen verschiedenen Kursangeboten sah ich für mich die beste Möglichkeit, meine bestehenden Interessen zu vertiefen, aber auch neue Interessen zu entwickeln.

Das Studium
Das Studium begann mit der Auswahl der Kurse. Die Anzahl der Teilnehmenden der Kurse variierte - so gab es Vorlesungen in kleiner Runde mit nur etwa 20 Teilnehmer:innen bis hin zu Vorlesungen mit mehr als 50 Teilnehmer:innen. Neben den Vorlesungen spielte auch das Selbststudium eine große Rolle, da die Vorlesungen regelmäßig durch umfassende Lektüre der Fachliteratur vorzubereiten waren.

Mein persönliches Interesse galt dem Internationalen Privatrecht sowie den rechtsvergleichenden Kursen, etwa in Bezug auf Property Law. Insbesondere von den rechtsvergleichenden Kursen profitiere ich noch heute. Das vermittelte Verständnis und Gefühl für andere Jurisdiktionen hilft mir immer wieder bei M&A-Transaktionen mit Auslandsbezug.

Fazit
Ein LL.M.-Studium am King's College kann ich uneingeschränkt empfehlen! Neben der fachlichen Qualifikation und den Sprachkenntnissen, die ein solches Studium mit sich bringt, macht der Austausch mit Kommiliton:innen aus aller Welt diese Zeit aus. Meinen Abschluss habe ich vor über zehn Jahren gemacht. Ich habe immer noch Kontakt zu vielen Kommiliton:innen. Nicht wenige sind Freund:innen geworden.

Freshfields Bruckhaus Deringer

Standorte in Deutschland: Berlin, Düsseldorf, Frankfurt am Main, Hamburg und München

Standorte weltweit: über 25 Büros in 16 Ländern, u. a. in Brüssel, London, New York und Hongkong

Spezialisierungen: Arbeitsrecht, Bank- und Finanzrecht, Gesellschaftsrecht und M&A, Geistiges Eigentum und Informationstechnologie, Immobilienwirtschaftsrecht, Kartellrecht und Außenhandel, Konfliktlösung, Öffentliches Wirtschaftsrecht, Steuerrecht

Berufsträger:innen in Deutschland: > 500

Berufsträger:innen weltweit: ~ 2.800

Neueinstellungen pro Jahr: Wir suchen immer qualifizierte Berufseinsteiger:innen für alle Bereiche an allen Standorten.

Freshfields Bruckhaus Deringer ist eine globale Anwaltssozietät. Wir unterstützen erfolgreich die führenden Industrie- und Finanzunternehmen, Institutionen und Regierungen bei ihren komplexen rechtlichen Fragestellungen. In Deutschland gilt Freshfields Bruckhaus Deringer mit ihrer bis 1840 zurückreichenden Tradition als die herausragende internationale Wirtschaftskanzlei, die höchste Anerkennung für ihre fachliche Breite und Qualität genießt.

Freshfields Bruckhaus Deringer

Bockenheimer Anlage 44
60322 Frankfurt am Main
karriere.freshfields.de

Lisa Fiegenbaum
HR Head of Recruiting CE
+49 69 27308-0
lisa.fiegenbaum@freshfields.com

Was erwartet Berufseinsteiger:innen bei Ihnen? Als Berufseinsteiger:in arbeiten Sie bei uns von Beginn an selbstständig und mit direktem Mandantenkontakt. So international wie wir beraten, so international ist auch Ihr Arbeitsalltag. Sie arbeiten von Anfang an in einer unserer weltweit agierenden Praxisgruppen mit und nehmen regelmäßig an internationalen Konferenzen und Seminaren teil. Wir erwarten dabei nicht, dass Sie bereits als in einem bestimmten Rechtsgebiet ausgebildete:r Spezialist:in zu uns kommen. Wir begleiten und fördern Sie in Ihrer Entwicklung dorthin: Vom ersten Tag an stehen Ihnen eine Leitperson als Mentor:in und ein Team aus erfahrenen Anwält:innen zur Seite, mit denen Sie im regelmäßigen Austausch zu Ihren Arbeitsergebnissen stehen und die Sie durch konstruktives Feedback stetig fördern. Bei uns erwartet Sie ein sehr inspirierendes, offenes Umfeld, in dem das „Wir" zählt. Regelmäßige Unternehmungen im Team, z.B. gemeinsame Mittagessen und After-Work-Aktivitäten sowie Team-Events, tragen zu einem kollegialen Umfeld bei.

Was ist Ihre Meinung zum LL.M.? Der LL.M. – im englischsprachigen Ausland erworben – ist für die Tätigkeit in einer internationalen Wirtschaftskanzlei eine hervorragende Ergänzung zur juristischen Qualifikation und verbessert die beruflichen Chancen deutlich. Besonders die Ausbildung in einer anderen Rechtsordnung und das Leben und Studieren in einer anderen Kultur machen den LL.M. zu einer wertvollen Erfahrung.

Ziehen Sie einen LL.M. einer Promotion vor? Nein, wir betrachten einen LL.M. und eine Promotion als gleichwertig. Beide Abschlüsse zeigen uns, dass Bewerbende sich über das normale Maß eines Jurastudiums hinaus motiviert haben, sich langfristig mit einem bestimmten Thema bzw. einer anderen Rechtsordnung auseinanderzusetzen. Sowohl für einen LL.M. als auch für eine Promotion haben Bewerbende zusätzliche Leistung, Zeit und Motivation investiert und scheinen uns somit sehr gut ausgebildet für die Tätigkeit in einer internationalen Wirtschaftskanzlei.

Bevorzugt Ihre Kanzlei LL.M.-Abschlüsse von bestimmten Universitäten? Generell befürworten wir LL.M.-Abschlüsse aus dem englischsprachigen Ausland. Die juristische Ausbildung in englischer Sprache bietet eine sehr gute Vorbereitung auf den internationalen Arbeitsalltag in unserer Kanzlei.

Wie unterstützen Sie ein LL.M.-Vorhaben? Grundsätzlich sollten Sie das LL.M.-Studium vor dem Berufseinstieg abgeschlossen haben. Für einen LL.M. während Ihrer Tätigkeit bei uns finden wir aber gerne eine individuell passende Lösung und ermöglichen Ihnen die Freistellung für das Studium.

Welche Anforderungen muss ein:e Bewerber:in erfüllen? Wir suchen Persönlichkeiten, die gerne im Team arbeiten und jede neue Aufgabe als Herausforderung annehmen. Sie zeichnen sich durch sehr gute juristische Qualifikation, Kreativität, unternehmerisches Denken und gute Englischkenntnisse aus.

Julian Siegmund

Dr. iur., LL.M. (London School of Economics)

Associate im Bereich Kartellrecht und Außenhandel

Ein LL.M. an der London School of Economics (LSE)

Die Entscheidung für einen LL.M. stand für mich schon deutlich vor dem Ersten Staatsexamen fest; ebenso der Entschluss, ihn noch vor dem Referendariat zu absolvieren. Während des Studiums hatte ich durch eine Zusatzausbildung im internationalen, ausländischen und europäischen Recht Tuchfühlung zu fremdländischen Rechtsordnungen aufgenommen und wünschte mir, diese reizvolle Erfahrung noch weiter vertiefen zu können. Alternative Herangehensweisen an juristische Fragestellungen habe ich immer als erfrischend für die Hinterfragung der eigenen Sichtweise wahrgenommen. Und das Kennenlernen einer anderen Rechtskultur ist vermutlich mit Abstand die beste Möglichkeit hierzu. Die Erwartungshaltung, durch einen LL.M. einen ebenso umfassenden Einblick wie in das deutsche Recht zu bekommen, wäre dabei sicherlich vermessen. Aber darum geht es wohl auch kaum: Entscheidend ist die Auseinandersetzung mit andersartigen Lösungsansätzen und mit einer unbekannten Rechtskultur, die bereits mit einer viel persönlicheren Stimmung in den Lehrveranstaltungen vor Ort beginnt. Die Verbesserung der jeweiligen Sprachkenntnisse gibt es noch on top.

Mein LL.M. ist in die Phase nach meiner Doktoranden-Zeit und vor dem Referendariat gefallen. Bekanntermaßen gibt es den absolut besten Zeitpunkt nicht. Ich wusste jedoch, dass ich die Promotion noch am gleichen Standort wie das Studium (Freiburg) absolvieren wollte; für das Referendariat aber sollte es in eine Wirtschaftsmetropole gehen, sodass sich der LL.M. insoweit als Wechselpunkt angeboten hat. Der zeitlich fixe Startpunkt des LL.M. ist zudem eine gute Motivation gewesen, die Doktorarbeit davor zu Ende zu bringen – die Einreichung erfolgte drei Tage vor Programmbeginn. In London angekommen, hat die LSE meine Erwartungen und Hoffnungen an ihr LL.M.-Programm mehr als erfüllt. In meinen Augen ist die Konzeption ein goldener Mittelweg aus akademischer Herausforderung einerseits und genügend Freiraum andererseits. Wenn man so viel Geld für einen LL.M. ausgibt, habe zumindest ich die Erwartungshaltung, daraus auch einen echten akademischen Mehrwert auf höchstem Niveau ziehen zu können und nicht bloß als „cash cow“ weitgehend automatisch mit einem Abschluss belohnt zu werden. Letzteres ist an der LSE in keiner Sekunde der Fall gewesen. Wer wie ich einen Schwerpunkt im Kartellrecht hat, ist immer auch an der ökonomischen Sichtweise auf die Dinge interessiert, und dieser bereits in ihrem Namen angelegten Verknüpfung ist die LSE mehr als gerecht geworden. Wer dagegen interdisziplinär etwa Freude an der Bedeutung von Bourdieus soziologischem Distinktionskonzept für das Markenrecht hat, kommt ebenso auf seine Kosten. Neben den Studienverpflichtungen ist aber auch stets genügend Zeit geblieben, um mit dem neu gewonnenen Freundeskreis London und Großbritannien insgesamt zu genießen.

Rückblickend aus meiner jetzigen Position als junger Wirtschaftsanwalt war mein LL.M. nicht bloß ein „ticking a further box“. Die gewonnenen Erfahrungen sind eine wertvolle Bereicherung, die mir im Berufsleben zusätzliche Souveränität im Umgang mit internationalen Mandant:innen gibt und mir ein breites Netzwerk aus guten Freundschaften und nützlichen Kontakten beschert hat. Mögen sich alle, für die das ebenso reizvoll klingt, ermutigt fühlen.

Freshfields Bruckhaus Deringer

Gibson, Dunn & Crutcher LLP

Standorte in Deutschland:
Frankfurt am Main und München

Standorte weltweit: Brüssel, Century City, Dallas, Denver, Dubai, Hongkong, Houston, London, Los Angeles, New York, Orange County, Palo Alto, Paris, Peking, San Francisco, São Paulo, Singapur, Washington D.C.

Tätigkeitsschwerpunkte: Antitrust, Banking & Finance, Compliance/White Collar, Corporate/M&A/Private Equity, Data Protection, Insolvency & Restructuring, Labor & Employment, Litigation & Arbitration, Tax, Technolgy & IP

Mitarbeitende in Deutschland: ca. 50–60
davon mit LL.M.: 12
davon mit Promotion: 27

Mitarbeitende weltweit: > 1.600

Geplante Neueinstellungen 2022: 5–7

Gegründet 1890 in Los Angeles, gehört Gibson Dunn zu den führenden internationalen Anwaltskanzleien. Mit über 1.600 Anwält:innen sind wir an 20 Standorten in neun Ländern vertreten. An unseren beiden deutschen Standorten Frankfurt und München konzentrieren wir uns auf die Beratung bei nationalen und grenzüberschreitenden Mandaten im Bereich Corporate/M&A/Private Equity, Bank- und Finanzrecht einschließlich Restructuring, Compliance & White Collar Investigations, Prozessführung & Schiedsgerichtsbarkeit, Datenschutz, Technology & IP sowie Kartellrecht.

GIBSON DUNN

Taunustor 1, 60310 Frankfurt am Main
Marstallstraße 11, 80539 München
www.gibsondunn.com

Dr. Wilhelm Reinhardt, Frankfurt am Main
Dr. Markus Nauheim, LL.M. (Duke), München
bewerbungen@gibsondunn.com

Was unterscheidet Sie von anderen Kanzleien? Unsere Kanzleikultur sollte an dieser Stelle hervorgehoben werden. Die Arbeit bei uns ist geprägt von einer sehr angenehmen Atmosphäre und großer Kollegialität. Es herrscht ein starker Teamgeist und eine enge Verbundenheit der Mitarbeitenden untereinander. Dies zeigt sich auch in den gemeinsamen Veranstaltungen, die über das Jahr verteilt stattfinden – angefangen vom Ski-Ausflug bis zum gemeinsamen Sundowner auf der Dachterasse. Hier spielt sicherlich auch eine Rolle, dass wir mit unserer Größe noch eine überschaubare Einheit darstellen, in der sich die Anwält:innen untereinander alle kennen, was auch standortübergreifend gilt. Gleichwohl sind wir als deutscher Standort eingebettet in das internationale Netzwerk der Kanzlei und arbeiten in zahlreichen Mandaten mit grenzüberschreitendem Bezug eng mit den anderen Büros im Ausland zusammen.

Wie steht die Kanzlei zum LL.M.? Ein LL.M. ist bei uns sehr gern gesehen, auch wenn ein LL.M. keine Einstellungsvoraussetzung darstellt. Eine solche Zusatzqualifikation ist aus unserer Sicht ein Nachweis, dass Bewerbender:innen über gute Englischkenntnisse verfügen und dazu bereit sind, selbst gesetzte Ziele geradlinig zu verfolgen und sich aus dem gewohnten Umfeld herauszuwagen. Das Land, die Universität sowie eine besondere Fachrichtung des LL.M.-Studiums sind dabei für uns nicht das entscheidende Kriterium.

Wann ist der richtige Zeitpunkt für einen LL.M.? Ob der LL.M. vor dem Referendariat oder nach dem Referendariat absolviert wird, spielt aus unserer Sicht keine Rolle. Das ist letztlich eine Frage der persönlichen Lebensplanung und individuellen Motivationslage, die jede und jeder für sich entscheiden muss. Wir sind auch dafür offen, dass ein LL.M. erst nach dem Berufseinstieg bei uns erworben und dafür die berufliche Tätigkeit nach einer gewissen Zeit unterbrochen wird.

Wie sieht der Arbeitsalltag von Praktikant:innen, wissenschaftlichen Mitarbeiter:innen und Referendar:innen bei Ihnen aus? Praktikant:innen, wissenschaftliche Mitarbeiter:innen oder Referendar:innen werden bei uns von Beginn an in die Projektarbeit eingebunden und arbeiten regelmäßig eng mit verschiedenen Anwält:innen und Praxisgruppen zusammen. Ihre Tätigkeit leistet hierbei einen wichtigen Beitrag im Gesamtgefüge der Kanzlei und erstreckt sich typischerweise über eine breite Palette von Rechtsgebieten und Aufgabenstellungen, die sich am Ausbildungsgrad und an den Interessenschwerpunkten der Mitarbeitenden orientieren. Wirtschaftsrechtliche Vorkenntnisse werden nicht erwartet, sind aber natürlich hilfreich.

Welche Tipps geben Sie Studierenden/Referendar:innen auf den Weg? Wir raten allen angehenden Jurist:innen, im Rahmen ihrer Ausbildung die verschiedenen Berufsfelder der Juristerei vor dem Berufsstart einmal kennenzulernen und sich dabei auch frühzeitig, z. B. im Rahmen eines Praktikums, die Arbeit in einer internationalen Wirtschaftskanzlei anzusehen. Gerade hieraus können sich wertvolle Kontakte ergeben, die für Berufsanfänger:innen von großem Nutzen sein können. Daneben sind wir der Ansicht, dass ein Auslandsaufenthalt während des grundständigen Studiums (z. B. über Erasmus) und/oder danach im Rahmen eines LL.M.-Studiums eine sehr gute Gelegenheit bietet, die eigene Persönlichkeit weiterzuentwickeln und Sprachkenntnisse zu vertiefen – beides Faktoren, die später im Berufsleben große Bedeutung haben.

Sophie Schürmann

LL.M. (King's College London)

Associate, München

LL.M.-Studium in UK: London Calling

Zum großen Finale der Studienzeit ging es für mich zum LL.M. Studium an das Londoner King's College. Diese Universität ist eine der ältesten und traditionsreichsten Hochschulen im Vereinigten Königreich und direkt an der Themse im „legal London" gelegen. Ausflüge zum High Court sind also selbst in der Mittagspause möglich, wenn man einmal ein Kreuzverhör oder Richter:innen mit weißer Perücke in Aktion sehen möchte. In meinem LL.M.-Jahr hat das King's seinem royalen Namen sogar alle Ehre gemacht und an mich und einige weitere Student:innen Karten für die Order of the Garter Parade im Windsor Castle verschenkt, wo wir die Feierlichkeiten im Schloss und die Royal Family samt der Queen live erleben konnten. London ist nicht nur Europas Finanzzentrum, sondern auch eine echte Großstadt, mit deren Tempo und Dimensionen man erst einmal lernen muss, Schritt zu halten. Dennoch fühlt man sich durch die internationale Atmosphäre und die vielen Student:innen in der Stadt nicht verloren und braucht nach spannendem Freizeitprogramm nie allzu lange Ausschau zu halten. Das Wetter ist übrigens absolut nicht so schlecht wie sein Ruf! Ebenso beeindruckend ist die Londoner City, in der die zahlreichen Hochhäuser mit liebevollen Eigennamen bedacht sind. Hier bilden sich zum späten Nachmittag hin Trauben von Geschäftsleuten und Bankern vor den örtlichen Pubs. London hat kulturell wie akademisch so viel zu bieten, dass die Stadt sicherlich für jede:n ein passendes, spannendes LL.M.-Jahr bereithält. Für meine persönliche wie professionelle Entwicklung war der LL.M. eine großartige Erfahrung, die ich uneingeschränkt weiterempfehle. Gerade, wenn man in einem internationalen Kontext arbeiten möchte, sind fachspezifische Englischkenntnisse und ein Grundverständnis des Common-Law-Rechtssystems von unschätzbarem Wert.

Alexander Horn

LL.M. (Duke)

Associate, München

... oder in den USA: Mit Barack Obama im Stadion

Alle kennen Duke in den USA. Alle. Das liegt nicht zuletzt an Dukes herausragendem College-Basketball-Team, sodass – wie während meines LL.M. – auch mal Barack Obama ins Stadion kommt. Auch die Law School gehört zur nationalen Spitze. Wer bei dem Gedanken an einen LL.M. (wie ich zunächst auch) nur an New York, Chicago oder die Bay Area denkt, der sollte überlegen, ob ein LL.M. an der Duke University nicht das bessere „Gesamtpaket" bietet.

In Duke profitiert man von einem kleinen LL.M.-Programm (ca. 100 Studierende), das darauf achtet, die LL.M.-Studierenden gut in den Law-School-Alltag mit ihren US-amerikanischen Kommiliton:innen zu integrieren und auch keine nationale Gruppenbildung aufkommen zu lassen. In meinem Jahrgang war neben mir nur noch eine weitere Studentin aus Deutschland. Wer Lust hat, in dieser eingeschworenen Community eng mit den US-Studierenden zu lernen, ein Wochenende auf dem Campus wie bei einem Festival zu campen, um an die heiß begehrten Saison-Karten für die Basketball-Heimspiele zu kommen, und mit den Freund:innen durch traumhafte Pinienwälder in ein Haus am Strand zu fahren oder selbst die unzähligen Sportanlagen auf dem Campus zu nutzen, der wird in Duke wunschlos glücklich. Ich hätte mir zu Beginn meines Bewerbungsprozesses niemals träumen lassen, meinen LL.M. in einer mir damals unbekannten Kleinstadt wie Durham, North Carolina, zu absolvieren. Es war eine der besten Entscheidungen meines Lebens.

Gibson, Dunn & Crutcher LLP

Gleiss Lutz

Standorte in Deutschland: Berlin, Düsseldorf, Frankfurt am Main, Hamburg, München, Stuttgart

Standorte weltweit: Brüssel, London

Spezialisierungen: u. a. Arbeitsrecht, Bank-, Finanz- und Kapitalmarktrecht, Gesellschaftsrecht/M&A, Gewerblicher Rechtsschutz, Kartellrecht, Öffentliches Wirtschaftsrecht/Immobilienrecht, Prozessführung, Schiedsgerichtsbarkeit, Steuerrecht

Berufsträger:innen weltweit: ca. 350

Geplante Neueinstellungen 2022: ca. 50

Gleiss Lutz ist zwar nicht die größte Kanzlei im Land, zählt aber zu den renommiertesten international tätigen Sozietäten in Deutschland. Wir bieten alle Vorteile einer Großkanzlei, ohne dass unsere Mitarbeiterinnen oder Mitarbeiter ihre Individualität oder ihre ganz persönlichen Stärken und Vorstellungen einbüßen müssen. Wir arbeiten in kleinen Teams auf höchstem juristischen Niveau. Mit unserem bewährten Tutorensystem, einer sorgfältigen Einarbeitung sowie einem vielseitigen Ausbildungsprogramm im Rahmen der Gleiss Lutz-Akademie helfen wir Ihnen, Ihre Fähigkeiten auszubauen.

Gleiss Lutz

Taunusanlage 11
60329 Frankfurt am Main
karriere.gleisslutz.com

Sofia Jung
HR Legal
+49 69 95514-631
sofia.jung@gleisslutz.com

Welche Meinung vertritt Ihre Kanzlei zum LL.M.? Wir sehen den großen Mehrwert, den ein LL.M.-Studium jeder und jedem Einzelnen für den juristischen, aber auch persönlichen Werdegang bietet. Das Befassen mit einer neuen Rechtsordnung, das juristische Vokabular, die internationalen Kontakte zur Professorenschaft und Mitstudierenden, aber auch das Zurechtfinden in einem anderen Land, einer anderen Kultur - all diese Erfahrungen sind extrem wertvoll für die berufliche Karriere, aber eben auch für die Schärfung der eigenen Persönlichkeit.

Bieten Sie Freistellungs- und/oder Finanzierungsmöglichkeiten für einen LL.M.? Sowohl als auch. Mit dem One-Step-Ahead-LL.M.-Stipendium fördern wir jedes Jahr vier unserer (ehemaligen) Nachwuchsjuristinnen und Nachwuchsjuristen mit jeweils 10.000 Euro bei ihren LL.M.-Vorhaben. Unsere Associates haben die Möglichkeit, sich für ihr Master-Studium freistellen zu lassen und erhalten in dieser Zeit ein anteiliges Gehalt, das im Anschluss verrechnet wird.

Welche internationalen Einsatzmöglichkeiten bieten Sie? Wir bauen seit Jahrzehnten auf ein flexibles und erprobtes internationales „Best-Friends"-Netzwerk und pflegen darin enge persönliche Kontakte zu Kanzleien und Anwält:innen, die in ihren Ländern und Fachgebieten führend sind. Regelmäßige Auslands-Secondments unserer Anwältinnen und Anwälte, aber auch die Vermittlung von Referendarinnen und Referendaren in die Auslands-Wahlstation tragen ganz maßgeblich zur Pflege der guten Beziehungen zu unseren Best Friends bei.

Ist der LL.M. Einstellungsvoraussetzung bzw. hat man mit ihm große Vorteile? Der LL.M. ist keine Einstellungsvoraussetzung, aber er bringt durchaus Vorteile mit sich. Die Erfahrung hilft dabei, sich in einer fremden Rechtsordnung leichter zurechtzufinden, was insbesondere bei der Arbeit innerhalb internationaler Transaktionen an Bedeutung gewinnt. Schließlich ist die Sprachkompetenz bei einer Tätigkeit, die zu großen Teilen auf Englisch läuft, ein erheblicher Vorteil. Wir entlohnen unsere Associates in den ersten Berufsjahren deshalb auch mit zusätzlichen 5.000 EUR jährlich.

Wo sollte ein LL.M.-Titel erworben werden? Wie wichtig sind Ihnen Qualität und Reputation des LL.M.-Programms? In erster Linie machen Sie den LL.M. für sich. Wir erkennen darin vor allem den Willen, Ihren Horizont zu erweitern, auch mal die Komfortzone zu verlassen, Projektmanagement-Kompetenz und sehr gute englische Sprachkenntnisse. Da unsere Geschäftssprache nach wie vor zu über 80 Prozent Englisch ist, ist die einzige Einschränkung die, dass wir Ihnen raten würden, ein englischsprachiges LL.M.-Programm im Ausland zu wählen. Ob Sie sich dann Ihren Traum von einem Studium in Harvard, Oxford oder Stellenbosch erfüllen, bleibt Ihnen überlassen, macht für Ihre Karriere bei Gleiss Lutz jedoch keinen Unterschied.

Kann man bei Ihnen auch schon während des Studiums Erfahrungen sammeln? Gerne! Wir bieten zweimal im Jahr ein standortübergreifendes Praktikantenprogramm an. Hier erhalten Studierende in einem abwechslungsreichen fünfwöchigen Programm Einblicke in die Arbeitsweise unserer Sozietät und profitieren zudem von dem umfangreichen Angebot des One Step Ahead Nachwuchsjuristenprogramms bei Gleiss Lutz. Nicht zuletzt qualifiziert sich jede Praktikantin und jeder Praktikant automatisch für eine Bewerbung um eines unserer vier LL.M.-Stipendien!

Hauke Wolf

Dr. iur.,
LL.M. (Berkeley)

Jahrgang 1987

Rechtsanwalt

LL.M. in Berkeley – ein Studium, das alles bietet

Wer sich für einen LL.M. in den USA bewirbt, weiß in der Regel, dass er mit einem meist anstrengenden Bewerbungsverfahren rechnen muss. Im Erfolgsfall wendet sich danach das Blatt, und man muss sich zwischen verschiedenen Universitäten entscheiden. Meine Wahl fiel auf die University of California, Berkeley. Es war eine Entscheidung, die ich so jederzeit wieder treffen würde.

Berkeley – ein Steckbrief

Berkeley (so die Kurzform, oder auch Cal) kann mit diversen Trümpfen aufwarten. In der spannenden Bay Area gelegen, bietet die Stadt einerseits unmittelbare Nähe zur Metropole San Francisco sowie den großen und kleinen Tech-Unternehmen. Andererseits beginnt die großartige Natur Nordkaliforniens direkt hinter dem Campus. Das Klima ist meist angenehm und die Menschen sind offen, freundlich und häufig weltgewandt. Die Universität selbst sowie die juristische Fakultät, Berkeley Law, sind renommiert, und das Betreuungsverhältnis ist mit einer deutschen öffentlichen Universität ohnehin kaum zu vergleichen. Bevor Corona zur Schließung vieler universitärer Einrichtungen führte, gab es aus meiner Sicht nur ein Haar in der Suppe: Was auf viele andere wunderschöne oder spannende Orte zutrifft, gilt auch für Berkeley – die Wohnungssuche sowie die Lebenshaltungskosten können eine echte Herausforderung darstellen.

Zwischen Bibliothek und Bay Life

Da Kalifornien der Common-Law-Tradition folgt, bringt ein LL.M.-Studium für deutsche Jurist:innen naturgemäß einige Neuheiten mit sich. Dazu gehören Klassiker wie stare decisis, die Trennung zwischen Bundes- und Staatsgerichtsbarkeit, ganz andere Argumentationsmuster und die besondere Bedeutung des U.S. Supreme Courts. Hinzu kommt das ungewohnte Ausbildungssystem. Studierende beginnen hier mit einem Bachelor-Studium in einem völlig anderen Fach und hängen danach noch ein – für deutsche Verhältnisse kurzes – dreijähriges Aufbaustudium in der Law School dran. Die damit verbundenen Einblicke empfand ich häufig als augenöffnend. Einen langweiligen Tag an der Universität habe ich eigentlich nie erlebt. Irgendetwas Besonderes passierte immer. Ob das der Besuch eines U.S.-Supreme-Court-Richters war oder in der Klausurenphase Emotional Support Animals auf den Campus geführt wurden, um gestresste Studierende auf andere Gedanken zu bringen. Am Wochenende standen weitere Entscheidungen an: Soll man das interessante Seminar, San Francisco oder einen Nationalpark besuchen? Berkeley bietet einfach alles.

Bei dieser Reizüberflutung tut es gut, sich einmal zurückzulehnen und durchzuatmen. Wenn ich an meine Zeit in Berkeley zurückdenke, erinnere ich mich natürlich auch an die Highlights. Besonders aber bleiben mir die Begegnungen mit Amerikanern und die in Berkeley geschlossenen Freundschaften mit Kommiliton:innen im Gedächtnis. Freundschaften, die ich nach Corona gerne auffrischen möchte. Es mag formelhaft klingen, aber die zwischenmenschlichen Begegnungen außerhalb der Vorlesungen waren oft genauso wertvoll wie die juristischen Erkenntnisse in den Lehrveranstaltungen. Mein Fazit lautet daher: Das LL.M.-Studium in Berkeley war eine fantastische Erfahrung, die ich nicht missen möchte.

Gleiss Lutz

Kirkland & Ellis International LLP

Standorte in Deutschland: München

Standorte weltweit: Austin, Bay Area (San Francisco, Palo Alto), Boston, Brüssel, Chicago, Dallas, Hongkong, Houston, London, Los Angeles, New York, Paris, Peking, Salt Lake City, Schanghai, Washington D.C.

Spezialisierungen: Private Equity/M&A, Corporate, Capital Markets, Restructuring, Finance, Tax

Berufsträger:innen in Deutschland: ca. 40
davon mit LL.M.: 7
davon mit Promotion: 20

Berufsträger:innen weltweit: > 3.000

Geplante Neueinstellungen 2022: 8–10

In unserer Kanzlei in München bearbeitest Du komplexe Projekte für große internationale Mandanten. Unsere Tätigkeitsschwerpunkte bilden Private Equity/M&A, Corporate, Capital Markets, Restructuring, Finance und Tax. Bei den oft grenzübergreifenden Transaktionen arbeitest Du eng im Team mit den Kolleginnen und Kollegen aus Großbritannien, den USA und Asien zusammen.

Wir garantieren höchste juristische Qualität und unterstützen unsere Mandanten mit unserer umfangreichen Erfahrung und kreativen juristischen Ansätzen beim Erreichen ihrer Ziele.

KIRKLAND & ELLIS

Maximilianstraße 11
80539 München
karriere.kirkland.com

Tina Haimerl
Human Resources
+49 89 2030-6000
karriere@kirkland.com

Wer wir sind: Wenn wir gefragt werden, ob wir eine deutsche Boutique oder eine internationale Großkanzlei sind, lautet unsere Antwort: Sowohl als auch. Wir sind sowohl eine erfolgreiche, dynamische Boutique mit rund 40 Anwältinnen und Anwälten in München, als auch ein globales Powerhouse einer amerikanischen Top-5-Wirtschaftskanzlei. Mit mehr als 3.000 Jurist:innen ist Kirkland & Ellis in 18 Büros in Nordamerika, Asien und Europa vertreten.

Wie wir arbeiten: Wir legen Wert auf flache Hierarchien und begegnen uns auf Augenhöhe. In München bist Du Teil eines kleinen Teams, dessen Mitglieder eng zusammenarbeiten, zueinander stehen, aufeinander achten und einander helfen ihre Ziele zu erreichen. Vom ersten Tag an bist Du Teil des Teams und arbeitest, auch fachübergreifend, an spannenden und abwechslungsreichen Mandaten mit. Die Erfolge, die aus dieser intensiven Zusammenarbeit entstehen, werden dann auch entsprechend zusammen zelebriert, z. B. regelmäßig am Freitagabend beim Get-together. Wir sind alle per Du und pflegen eine offene, kollegiale Atmosphäre.

Wie wir Dich im Alltag unterstützen: Wir möchten, dass Du persönlich und fachlich wächst. Deshalb bekommst Du schon früh Verantwortung für und Kontakt zu unseren Mandant:innen. Du wirst nicht von Anfang an alles können – und das ist auch in Ordnung so. Denn wir pflegen eine offene Förder- und Feedback-Kultur. Die Bereitschaft, Verantwortung zu übernehmen und unternehmerisches Denken werden Dir bei uns sicherlich weiterhelfen. Durch unser etabliertes Mentoringprogramm bist du nie allein. Deine Mentor:innen stehen dir jederzeit für fachliche Fragen zur Verfügung.

Diese internationalen Einsatzmöglichkeiten hast Du: Wo möchtest Du gerne Erfahrungen sammeln? Wir unterstützen Dein Secondment in einem unserer 18 internationalen Büros – auch wenn es in München natürlich am schönsten ist. Referendarinnen und Referendaren bieten wir nach erfolgreich absolvierter Anwaltsstation in München die Möglichkeit, ihre Wahlstation im Ausland zu verbringen. Wir übernehmen dabei die gesamte Organisation und stellen sicher, dass eine Mentorin oder ein Mentor vor Ort die Referendarin oder den Referendar begleitet. Außerdem können Referendarinnen und Referendare an den Trainingsprogrammen der jeweiligen Standorte teilnehmen und werden intensiv in die Praxisgruppen eingebunden.

Deine Weiterbildung ist uns wichtig: Natürlich lernst Du als Erstes nach dem Prinzip „learning by doing", indem Du mit erfahrenen Partnerinnen und Partnern zusammenarbeitest. Darüber hinaus durchläufst Du als Anwältin oder Anwalt und als Referendarin oder Referendar im „Kirkland Institute" ein Trainingsprogramm, das Dir systematisch das Wissen vermittelt, das für Deine Arbeit wichtig ist.

Das Modul 1 vertieft Dein Fachwissen für die jeweilige Praxisgruppe durch regelmäßige Treffen, in denen Rechtsprechungen und die aktuelle Gesetzgebung besprochen oder konkrete Case Studies aufbereitet werden.

Im Modul 2 steht Deine interdisziplinäre Fortbildung im Fokus. Durch Vortragsreihen geht Dein Blick über die eigene Praxisgruppe hinaus und schärft so Deine Fähigkeit, Zusammenhänge zu erkennen und Gelerntes anzuwenden.

Das Modul 3 baut Deine Business- und Soft Skills aus, wie z. B. Kenntnisse der Betriebswirtschaftslehre oder nachhaltige Geschäftsentwicklung. Aber auch persönliche Fähigkeiten und mentale sowie körperliche Fitness stehen hier im Fokus.

Zudem veranstalten wir (auch in Zusammenarbeit mit unseren Kolleginnen und Kollegen aus unseren ausländischen Büros) regelmäßig Fortbildungen und Retreats. Wir legen Wert auf eine langfristige Zusammenarbeit und achten daher bereits bei der Einstellung unserer Associates darauf, dass sie das Potenzial mitbringen nach rund sechs Jahren Partnerin oder Partner zu werden.

Welche Unterstützung bieten wir sonst noch? Neben der fachlichen Förderung gibt es eine Reihe von unterschiedlichsten Benefits, von denen viele bei Kirkland & Ellis profitieren.

Die Women's-Leadership-Initiative fördert Anwältinnen in allen Karrierestufen. Und das weltweit – mit zahlreichen Veranstaltungen, Business Development Coachings, Recruiting-Events und Trainings.

Auch das Thema Work-Life-Balance ist uns wichtig: So erhältst Du z. B. 30 Tage Urlaub im Jahr mit der festen Erwartung, dass diese auch genommen werden.

Unser Flex-Time-Modell ermöglicht es Dir, Transaktionen an vorderster Front zu begleiten und dennoch Deinen Alltag zu Hause nicht zu missen.

Unser Familien- und Concierge-Service unterstützt und berät Dich in allen Lebenslagen. Dazu gehört z. B. eine Elternberatung, die Vermittlung von Betreuungspersonal für Kinder, die Auswahl von Dienstleistungsbetrieben für Haushalt und Garten, Botengänge, Besorgungen und vieles mehr.

Welche Rolle spielt der LL.M. bei uns? Ein LL.M. ist bei Kirkland & Ellis nicht zwingend erforderlich, zeigt uns aber, dass eine Bewerberin oder ein Bewerber den Blick über den Tellerrand hinaus gewagt hat. Durch unsere Internationalität ist insbesondere ein LL.M., der in einem angloamerikanischen Land erworben wurde, ein perfektes Sprungbrett in das Berufsleben und natürlich ein Hinweis auf sehr gute Englischkenntnisse, die in unserer täglichen Arbeit unabdingbar sind.

Warum Du zu uns passt: Weil Du bereit bist, Dich zu engagieren und Eigenverantwortung zu übernehmen. Wenn Du zudem über sehr gute Englischkenntnisse und über zwei exzellente Examen verfügst, sind die Grundvoraussetzungen erfüllt. Solltest Du darüber hinaus eine echte Teamplayerin oder ein echter Teamplayer sein und ein sehr gutes Verständnis für wirtschaftliche Zusammenhänge mitbringen, müssen wir uns unbedingt kennenlernen.

PRIVATE EQUITY
M&A
CORPORATE
CAPITAL MARKETS
RESTRUCTURING
FINANCE
TAX
AUSTIN
BAY AREA
BEIJING
BOSTON
BRUSSELS
CHICAGO
DALLAS
HONG KONG
HOUSTON
LONDON
LOS ANGELES
MUNICH
NEW YORK
PARIS
SALT LAKE CITY
SHANGHAI
WASHINGTON, D.C.
Bist Du Kirkland?
Bist Du Ellis?
Oder bist Du beides?
Wo startest Du Deine Karriere: in einer dynamischen Boutique oder in dem globalen Powerhouse einer amerikanischen Top-5-Wirtschaftskanzlei?
Bei uns in München bist Du Teil eines kleinen Teams mit hoch qualifizierten Anwälten, das auf Cross-Border-Transaktionen eng mit unseren Kollegen in den USA, Asien und Europa zusammenarbeitet.
Wenn Du Dich also in Biergärten genau so wohlfühlst wie in den angesagtesten New Yorker Bars, dann ist Kirkland & Ellis genau das Richtige für Dich:
Weitere Infos zu uns findest Du auf
karriere.kirkland.com
Starte Deine
K&Erriere
www.karriere.kirkland.com
KIRKLAND & ELLIS

Great change is here.

Linklaters

Bist Du bereit?

Linklaters LLP

Standorte in Deutschland: Berlin, Düsseldorf, Frankfurt am Main, Hamburg, München

Standorte weltweit: Abu Dhabi, Amsterdam, Antwerpen, Bangkok, Brüssel, Dubai, Dublin, Hongkong, Lissabon, London, Luxemburg, Madrid, Mailand, Moskau, New York, Paris, Peking, Rom, São Paulo, Schanghai, Seoul, Singapur, Stockholm, Tokio, Warschau, Washington D.C.

Spezialisierungen: Arbeitsrecht, Aufsichtsrecht, Banking, Dispute Resolution, Energiewirtschaftsrecht, Gesellschaftsrecht/M&A, Gewerblicher Rechtsschutz, Immobilienwirtschaftsrecht, Investmentfonds, Kapitalmarktrecht, Kartellrecht & Investitionskontrolle, Öffentliches Wirtschaftsrecht, Restrukturierung & Insolvenz, Steuerrecht, Technologie, Medien & Telekommunikation

Berufsträger:innen in Deutschland: ca. 330

Berufsträger:innen weltweit: ca. 2.300

Neueinstellungen pro Jahr: ca. 60

Weltweit sind wir mit mehr als 2.300 Rechtsanwält:innen in 31 Büros tätig – und damit immer genau dort vor Ort, wo unsere Mandanten uns brauchen. Die enge Zusammenarbeit mit Kolleg:innen aus anderen Ländern und viele internationale Fortbildungskurse und Auslandseinsätze unserer Associates fördern unsere globale Ausrichtung. So entsteht ein Umfeld, das von gegenseitiger Unterstützung und Teamarbeit geprägt ist, in einer motivierenden, entspannten Atmosphäre, in der Herausforderungen und Ziele geteilt werden.

Linklaters

Taunusanlage 8
60329 Frankfurt am Main
linklaters.de
career.linklaters.de
facebook.com/LinklatersGermany

Recruitment Germany
+49 69 71003-495
recruitment.germany@linklaters.com

Was unterscheidet Sie von anderen Kanzleien? Linklaters berät in fachbereichs-, grenz- und sektorübergreifenden Teams und bietet daher einen vollständig integrierten Beratungsansatz. Mandanten stellen wir unsere Expertise und unsere Ressourcen in Industrie- und Schwellenländern auf der ganzen Welt zur Verfügung und helfen ihnen dabei, Chancen zu nutzen und Risiken zu managen. Unser globaler Ansatz und unser Einsatz für Exzellenz gewährleisten ein Höchstmaß an Qualität und Service in allen unseren Geschäftsbeziehungen. Wir bieten unseren Mandanten Engagement, Teamwork und Flexibilität, damit sie ihre komplexen geschäftlichen Herausforderungen gemeinsam mit uns erfolgreich gestalten können.

Warum sollten Studierende/Absolvent:innen gerade bei Ihnen einsteigen? Ob Sie noch während Ihrer Ausbildungszeit oder als Berufseinsteiger:in bei uns anfangen – gleichermaßen erleben Sie eine intensive Zeit, in der Sie gefordert und gefördert werden. Neben der frühen Übernahme von Verantwortung und der Chance zum selbstständigen Arbeiten ermöglicht Ihnen vor allem das Arbeiten in Ihrem Team stets die Möglichkeit, Ihren Wissensstand und Ihre Fähigkeiten an praktischen Fällen gemeinsam mit den Kolleg:innen zu erweitern. Wichtigste Ansprechpartner:innen sind dabei neben den Leitpartner:innen die persönlichen Mentor:innen, erfahrene Associates, die Sie u.a. durch regelmäßiges Feedback dabei unterstützen, die Arbeitswelt von Linklaters kennenzulernen sowie die täglichen Herausforderungen zu meistern.

Welche internationalen Einsatzmöglichkeiten bieten Sie? Aufgrund unserer internationalen Aufstellung können wir unseren Mitarbeiter:innen Entsendungen in andere Büros weltweit grundsätzlich ermöglichen, beispielsweise im Rahmen der Wahlstation. Dabei ist es uns wichtig, mittels offener Kommunikation eine Win-win-Situation zu schaffen, die für beide Parteien zufriedenstellend ist. In diesem Zusammenhang unterstützen wir auch jene Mitarbeiter:innen, die sich berufsbegleitend für einen LL.M.-Abschluss entscheiden, indem wir sie freistellen. In der Regel haben Neueinsteiger:innen ihren LL.M. jedoch bereits absolviert, bevor sie bei uns als Associate anfangen.

Welche Meinung vertreten Sie zum LL.M.? Für diejenigen, die ihre Zukunft in einer internationalen Anwaltskanzlei sehen, ist der Master of Laws eine hervorragende Qualifikation und bietet die Gelegenheit, sich positiv abzuheben. Wir schätzen an Bewerber:innen mit LL.M.-Abschluss, dass sie bereits Erfahrungen in einem anderen Kulturkreis gemacht haben.

Wer passt zu Ihnen? Selbstverständlich setzen wir exzellente Examen und sehr gute Englischkenntnisse voraus. Aber wir wollen auch Mitarbeiter:innen, die mehr in ihre Arbeit einbringen als nur ihre juristischen Qualifikationen. Wir suchen Teamplayer mit Persönlichkeit, Selbstvertrauen, Lösungsorientierung und wirtschaftlichem Verständnis – kurz: mit der Fähigkeit, unsere Mandanten davon zu überzeugen, dass sie bei Linklaters in besten Händen sind.

Jacqueline Kusserow

LL.M. (McGill)

Jahrgang 1988

Associate im Bereich Dispute Resolution

München

LL.M. an der McGill University in Montréal

Auf zu neuen Horizonten! Das ist letztlich in vielerlei Hinsicht das Motto eines jeden LL.M. Bei einem LL.M. in Montreál, Kanada, gilt das für mich aus noch mehr Gründen als bei vielen anderen LL.M. Aber der Reihe nach:

Zunächst einmal: LL.M. oder Promotion? Und wenn LL.M.: wann?
Ich werde oft gefragt: Sollte ich eine Promotion oder einen LL.M. anstreben? Auch ich habe mir diese Frage gestellt. Meine Antwort: unbedingt der eigenen Neigung folgen! Durch Studium und Referendariat müssen alle Jurist:innen. LL.M. und Promotion sind hingegen Ausbildungsabschnitte, für die wir uns frei entscheiden können und die beide auch gerade den Zweck haben, eigenen Interessen nachzugehen und persönliche sowie berufliche Träume zu verwirklichen. Mir persönlich gefiel der Wechsel ins Ausland und die Gelegenheit, nach den Examen juristisch und privat Neues zu erleben. Der LL.M. passte für mich auch besser vor dem Berufseinstieg, nicht schon nach dem Ersten Examen. Vorteilhaft ist hieran meines Erachtens, dass das Wissen aus dem Ersten Examen unmittelbar ins Referendariat mitgenommen wird und später für den Berufseinstieg die Englischkenntnisse durch den LL.M. aktuell sind.

Fachliche und persönliche Horizonterweiterung
Der LL.M. war für mich ein unbezahlbares Jahr: Eintauchen in eine andere Jurisdiktion mit einem fremden Rechtssystem, Erfahren von Diskussionskulturen in einem andersartigen Kurssystem, Erlernen von juristischen Fachbegriffen und dem juristischen Argumentieren auf Englisch, Auseinandersetzung mit Personen anderen rechtlichen Hintergrunds und daher anderer Sichtweisen (und das Entdecken von Gemeinsamkeiten) – neben neuen Fachgebieten sind all dies Dinge, die meinen Horizont erweitert haben und nun im Berufsalltag von unschätzbarem Nutzen sind. Auch die persönliche Erfahrung stand dem in nichts nach. Ich habe eine Vielzahl neuer Menschen unterschiedlichster Kulturen getroffen und Freundschaften fürs Leben geschlossen. Das Leben im Ausland fördert die persönliche Weiterentwicklung schon ab den vielfältigen organisatorischen Anforderungen im Vorfeld, über die Abreise aus dem vertrauten Umfeld und dem Einfinden in das neue Land bis hin zum viel beschriebenen culture shock bei der Rückreise nach Deutschland. Auch ich habe all das erlebt und zehre von den Erfahrungen noch heute.

Schließlich: Und warum McGill und Montréal?
Gute Universitäten und tolle Städte gibt es überall, und auch Montréal vereint diese beiden Eigenschaften. Allerdings ist der französischsprachige Teil Kanadas ein einmaliger Mix aus USA, UK und Frankreich. McGill wählte ich – neben einer persönlichen Verbindung zu Montréal –, weil es sich um eine englischsprachige Universität in einem französisch geprägten Umfeld und dabei zudem um die renommierteste Universität Kanadas handelt. Nicht viele Deutsche gehen hierher, was sich später im CV abhebt. Neben einem Air & Space-Law-Spezialprogramm kann man aus einer großen Bandbreite an Kursen wählen und studiert fast immer zusammen mit den kanadischen Studierenden auf stets fachlich höchstem Niveau. Ich habe letztlich meine Schwerpunkte auf Arbitration sowie rechtsphilosophische Kurse gelegt. Aber egal wo es einen hin verschlägt: Mit einem LL.M. kann man nichts falsch, sondern nur alles richtig machen.

Milbank LLP

Standorte in Deutschland:
Frankfurt am Main, München

Standorte weltweit: Hongkong, London, Los Angeles, New York, Peking, Singapur, São Paulo, Seoul, Tokio, Washington D.C.

Spezialisierungen: Bank- und Finanzrecht, Compliance, Gesellschaftsrecht/M&A, Kartellrecht, Private Equity, Steuerrecht, Restrukturierung

Berufsträger:innen in Deutschland: 60
davon mit LL.M.: 10
davon mit Promotion: 28

Berufsträger:innen weltweit: 800

Geplante Neueinstellungen 2022: 10–12

Milbank LLP wurde 1866 als eine der ersten Wall-Street-Kanzleien in New York City gegründet und zählt heute zu den führenden international tätigen Wirtschaftskanzleien. Mit zwölf Standorten in Europa, den USA, Lateinamerika und Asien sind wir an den wichtigsten Finanz- und Wirtschaftszentren der Welt präsent. Wir haben den Anspruch, nur bestqualifizierte Anwältinnen und Anwälte einzustellen und ihnen als Associates außergewöhnliche Erfahrungen, erstklassige Aus- und Weiterbildungsmöglichkeiten und eine angenehme Atmosphäre zu bieten.

Milbank

Dr. Thomas Ingenhoven, LL.M.
Neue Mainzer Straße 74
60311 Frankfurt am Main
+49 69 71914-3436
tingenhoven@milbank.com

Dr. Norbert Rieger, LL.M.
Maximilianstraße 15
80539 München
+49 89 25559-3626
nrieger@milbank.com

www.milbank.com/karriere

Wie wichtig ist Ihnen ein LL.M.? Ein LL.M. ist keine Einstellungsvoraussetzung, stellt aber aus unserer Sicht eine wichtige Qualifikation dar. Wenn wir unsere Anwält:innen fragen, welche Bedeutung ein LL.M. auf ihrem persönlichen Ausbildungsweg hatte, fallen die Antworten durchaus unterschiedlich aus. Bei den Älteren überwiegt vielleicht die Erinnerung an ein Jahr Studierendenleben fern der Heimat, das neben dem Studium vor allem neue Erfahrungen und Freundschaften mit sich brachte. Bei den Jüngeren steht neben diesen Erinnerungen oft der ganz konkrete praktische Nutzen eines im (englischsprachigen) Ausland erworbenen LL.M. im Vordergrund: die damit erworbene Sprachfertigkeit, die Sicherheit im Umgang mit englischer Fachterminologie und das Verständnis angelsächsischer Abstraktions- und Argumentationsmethoden, Erfahrung mit einer Common-Law-Jurisdiktion und andere Lehr- und Lernmethoden, die ein hervorragendes Rüstzeug für den Arbeitsalltag international tätiger Wirtschaftsanwält:innen sind.

Wann ist der richtige Zeitpunkt für einen LL.M.? Aus unserer Sicht macht es keinen Unterschied, ob Sie Ihr LL.M.-Programm nach dem Ersten oder nach dem Zweiten Staatsexamen absolvieren. Aus Erfahrung wissen wir, dass die Motivation nach dem Ersten Examen oft höher ist, da man nach dem Zweiten Examen endlich in den Beruf einsteigen und Geld verdienen will. Die persönliche Lebensplanung oder andere Gründe können aber auch für einen LL.M. nach dem Zweiten Staatsexamen sprechen. Mit der Teilnahme an einem LL.M.-Programm nach ein oder zwei Jahren Berufstätigkeit haben wir allerdings nur selten positive Erfahrungen gemacht.

Wodurch unterscheiden Sie sich von anderen Sozietäten? Natürlich ergibt sich im Vergleich mit vielen anderen Sozietäten ein grundlegender Unterschied bereits aus unserem Tätigkeitsfeld: Anders als sogenannte Full-Service-Kanzleien haben wir uns auf wirtschaftsrechtliche Transaktionen (M&A, Private Equity) und High-End-Beratung von Unternehmen in den Gebieten Gesellschafts-, Steuer-, Finanz- und Kartellrecht spezialisiert. Kennzeichnend für die Tätigkeit unserer Sozietät sind die enge Verzahnung und die integrierte Beratung in unseren Kernkompetenzen sowie die enge Vernetzung unserer Standorte weltweit. Daneben sind die bei uns tätigen Anwält:innen durchwegs hervorragend juristisch qualifiziert, hoch motiviert und kreativ. Sie arbeiten in kleinen Teams an spannenden Mandaten für entsprechend hochkarätige Mandanten – dies selbstverständlich bei entsprechender Vergütung. Zudem bieten wir unter anderem mit Milbank@Harvard ein einzigartiges Fortbildungsprogramm in Kooperation mit der Harvard University (mehr dazu siehe nächste Seite).

Wie viele Anwält:innen und Referendar:innen stellen Sie pro Jahr ein? In unseren deutschen Büros – Frankfurt am Main und München – stellen wir pro Jahr zehn bis zwölf Rechtsanwält:innen und ca. 25 Referendar:innen und wissenschaftliche Mitarbeiter:innen ein.

Wie läuft das Bewerbungsverfahren ab? Sie können sich bevorzugt per E-Mail mit einem Anschreiben, Ihrem Lebenslauf und Zeugniskopien direkt bei einem der beiden genannten Partner in Frankfurt am Main oder München bewerben.

Und wen laden Sie ein? Schauen Sie nur auf die Examensnoten, oder gibt es noch andere Kriterien, die Ihnen wichtig(er) sind? Wir legen allergrößten Wert darauf, dass Bewerber:innen ihr juristisches Handwerkszeug beherrschen, und das wird nach unserer Erfahrung mit den Examensnoten in aller Regel zutreffend belegt. Deshalb sind zwei mit mindestens vollbefriedigend bestandene Examina für uns wichtig, ebenso wie möglichst Promotion und im Ausland erworbene Englischkenntnisse. Für deren Erwerb ist ein LL.M.-Studium eine hervorragende Gelegenheit. Darüber hinaus sollten Sie Spaß an der Arbeit mit wirtschaftlichen Sachverhalten haben und hierfür Verständnis und ein gutes Judiz mitbringen, am besten gepaart mit Humor und einer optimistischen Grundeinstellung.

Wie entscheiden Sie, welche Bewerber:innen zu Ihnen passt? Im Rahmen einer Gesprächsrunde, die durchaus mehr als einen halben Tag dauern kann, haben Sie – gleich ob Sie als Referendar:in oder Berufseinsteiger:in zu uns kommen möchten – Gelegenheit, möglichst viele Anwälte:innen eines Büros und unsere Arbeit kennenzulernen. Am Ende dieses Tages sollten Sie ein Gefühl dafür entwickelt haben, ob die Chemie stimmt und Sie sich vorstellen können, künftig in unserem Team mitzuarbeiten. Und genauso entscheiden auch wir – und zwar alle Anwält:innen, die Sie im Laufe des Tages gesehen haben – anhand des vermuteten „Fit" ohne weitere formale Kriterien: Es passt, oder es passt nicht. So sollten auch Sie Ihre Entscheidung fällen.

Welche Tipps können Sie Nachwuchsjurist:innen für ihre Ausbildung geben? Natürlich stehen die Examensprüfungen immer im Vordergrund – bei hervorragenden Ergebnissen stehen Ihnen ja in der Regel alle Möglichkeiten offen. Mit einem guten Ersten Staatsexamen können Sie während des Referendariats schon Erfahrungen in renommierten Kanzleien sammeln, Referendarsstationen im Ausland absolvieren, nebenher promovieren und/oder ein LL.M.-Studium in Angriff nehmen.

Und welche Aus- und Weiterbildungsmöglichkeiten gibt es bei Ihnen? Unser Aus- und Weiterbildungsprogramm besteht aus verschiedenen Komponenten. Sein Herzstück ist sicherlich Milbank@Harvard, eine von der Harvard Business School und der Harvard Law School exklusiv für uns ausgearbeitete und gehaltene Fortbildungsveranstaltung zu wirtschaftlichen und unternehmerischen Themen. Diese findet in drei jeweils einwöchigen Veranstaltungsblocks auf dem Campus der Harvard University statt und wird von allen unseren Associates ab dem dritten Berufsjahr besucht. Darüber hinaus bieten wir – neben dem unseres Erachtens enorm wichtigen Training-on-the-Job – ein umfassendes Programm an maßgeschneiderten internen Aus- und Weiterbildungsveranstaltungen mit großer Praxisnähe an, das um den regelmäßigen Besuch externer Seminare ergänzt wird. Zu nennen sind hier zum einen unsere Ausbildungsserie „Die 20 Grundelemente", eine Präsentations- und Workshop-Reihe für unsere jüngeren Associates, bei der praxisnahe Themen erarbeitet werden, die man auf dem Weg zur Wirtschaftsanwältin oder zum Wirtschaftsanwalt beherrschen sollte. Zum anderen findet halbjährlich – meist am Starnberger See – unsere intern entwickelte Tax Academy statt, eine Blockveranstaltung, die allen unseren Associates sowie in der Regel auch unseren Referendar:innen einen auf die Bedürfnisse unserer Beratungspraxis zugeschnittenen Überblick zum Steuerrecht und ein Problembewusstsein in diesem wichtigen Rechtsgebiet vermittelt.

"International Arbeiten mit dem Anspruch Made in Germany."

noerr.com

Noerr

Standorte in Deutschland: Berlin, Düsseldorf, Dresden, Frankfurt am Main, Hamburg, München

Standorte weltweit: Alicante, Bratislava, Brüssel, Budapest, Bukarest, London, New York, Prag, Warschau

Tätigkeitsschwerpunkte: alle Bereiche des nationalen und internationalen Wirtschaftsrechts: Gesellschaftsrecht, M&A, Finanzierungen, Bank- und Kapitalmarktrecht, Private Equity/Venture Capital, Restrukturierungen, Insolvenzrecht, IP-, IT- und Medienrecht, Urheber- und Wettbewerbsrecht, Regulierte Industrien, Kartellrecht, Vergaberecht, Öffentliches Recht, Bau- und Immobilienrecht, Vertriebsrecht, Arbeitsrecht, Produkthaftungsrecht, Litigation, Dispute Resolution, Steuerrecht, Stiftungsrecht

Mitarbeitende in Deutschland: 400
davon mit LL.M.: 52
davon mit Promotion: 224

Mitarbeitende weltweit: 420

Geplante Neueinstellungen 2022: 60–70

Wer seine Stärken aktiv einbringen und weiter entfalten kann, erlebt einen erfüllenden Arbeitsalltag. Das erfahren bei uns Mitarbeiter:innen aller Karrierestufen und Einsatzbereiche. Und das halten wir für einen unserer wichtigsten Erfolgsfaktoren. Wertvolle Wegbereiter sind eine breite Aufgabenlandschaft, abwechslungsreiche Einsatzbereiche, aber vor allem die Chance, sehr früh selbstverantwortlich zu arbeiten. Das ist unser Vertrauensvorschuss an Sie. Steigen Sie mit Noerr in die erste Liga der Kanzleien ein und lassen Sie sich durch unsere dynamische Entwicklung nicht nur anspornen – wirken Sie daran mit!

Brienner Straße 28
80333 München
noerr.com/karriere

Katrin Bader
Head of Talent Acquisition & Career Development
+49 89 28628-134
katrin.bader@noerr.com

Was uns als Arbeitgeber auszeichnet: Noerr hat in den vergangenen zehn Jahren ein einzigartiges Wachstum zurückgelegt. Lagen wir im Umsatzranking von Juve in 2008 noch auf Platz 10, sind wir in 2018/2019 auf Platz 4 vorgerückt – das sind in der Branche beispiellose Wachstumsraten. Möglich wurde eine solche Entwicklung als deutsche Kanzlei in einem immer internationaleren Markt durch unsere besondere Kanzleikultur: Wer etwas bewegen will, hat hier den Raum und auch den Rückhalt dazu. Steile Lernkurven und das schöne Hochgefühl, etwas geschafft zu haben, sind das persönliche Pendant zu den vielen externen Auszeichnungen für uns als Team, wie u. a. zuletzt der Juve Award „Kanzlei des Jahres 2021".

Kultur & Werte: Die Basis unseres beruflichen Miteinanders sind unsere Unternehmenswerte: Exzellenz, Vertrauen, Leidenschaft und Teamgeist. Wir haben mit diesem Wertekanon einen Kompass für unsere tägliche Arbeit entwickelt, der jede und jeden von uns anleitet, ein hohes Maß an Selbstverantwortung eröffnet und unser Zusammenspiel besonders erfolgreich macht.

Entwicklung: Wir bieten alle Vorteile einer Full-Service-Kanzlei mit internationaler Ausrichtung und Präsenz. Entscheidungen über die Entwicklung der Kanzlei und damit Ihren Karrierepfad liegen allein in unseren Händen und werden nicht extern bestimmt. Da Noerr breit aufgestellt ist, können wir exzellenten Berater:innen sowohl alternative Karriere-Tracks anbieten (Counsel-/Senior-Counsel-Positionen) wie auch realistische Partnerperspektiven unterbreiten: Für 2022 wurden sieben neue Equity Partner:innen, darunter drei Frauen ernannt. Ihre persönliche Entwicklung wird neben Training-on-the-Job, Feedback und Mentoring durch ein umfangreiches Noerr-Campus-Weiterbildungsangebot sehr systematisch und doch individuell gefördert. Wir verstehen uns besonders gut darauf, Ihren persönlichen Stärken Anreize und Raum zur Entfaltung zu bieten.

Internationalität: Eigene Büros in zehn Rechtsordnungen und die Zugehörigkeit zum Lex-Mundi-Netzwerk eröffnen Ihnen die Mitarbeit an internationalen Mandaten sowie einen fachlichen wie persönlichen Austausch mit ausländischen Kollegen:innen. Rund 73 Prozent unserer M&A-Transaktionen sind crossnational. Sie können nicht genug davon bekommen? Wir bieten unseren Berater:innen ein Secondment bei einer Lex-Mundi-Partnerkanzlei bzw. einem Unternehmen im Ausland an und ermöglichen auch eine Karriere in einem unserer ausländischen Offices. Wer im Referendariat oder Praktikum ins Ausland gehen möchte, ist in unseren ausländischen Büros herzlich willkommen!

Work-Life-Balance: Wir unterstützen Ihren persönlichen Freiraum durch ein modernes Teilzeit-, Homeoffice- und Familienprogramm. Sie können zwischen verschiedenen Teilzeitmodellen wählen (aktuell sind über 30 Prozent der Berater:innen in TZ) und im Rahmen von „Noerr Family" Unterstützung bei der Betreuung Ihres Nachwuchs oder pflegebedürftiger Angehöriger in Anspruch nehmen. Trotz Teilzeit können alle Karrieresteps vollzogen werden. Urlaub muss auch tatsächlich genommen werden und Wochenenden sind bei uns – von wenigen Ausnahmen abgesehen – tabu.

Lernen Sie uns kennen! Nutzen Sie neben den Informationsmöglichkeiten auf unserer Website vor allem auch die Gelegenheit, uns bei unserer internen Veranstaltungsreihe Noerr Practice kennenzulernen. Termine unter noerr.com/karriere.

Vom LL.M. zum Secondment an der Themse

Judith Fuchs

LL.M. (King's College), Maître en droit

Jahrgang 1992

Associate (London)

Ein LL.M. im Ausland ist die ideale Gelegenheit, nicht nur ein neues und unbekanntes Rechtssystem, sondern auch ein neues Land kennenzulernen. Judith Fuchs, Associate bei Noerr, entschied sich für einen LL.M. am Londoner King's College. Die Liebe zur Metropole an der Themse blieb – und führte zu einem Secondment im Londoner Büro der Kanzlei.

Vom Uni-Alltag im Herzen von London …

Der LL.M. am King's College war für mich sowohl persönlich als auch fachlich eine prägende Erfahrung. An die altehrwürdigen Universitätsgebäude im Herzen der Großstadt, die vielseitigen und praxisnahen Vorlesungsangebote, die Möglichkeit, sich in den zahlreichen „Societies" zu engagieren, die sich allen erdenklichen Freizeitaktivitäten widmen – vom Fechtsport über Rock-Climbing bis zu Käse und Wein-„Tastings" – und den Austausch mit Kommiliton:innen aus den unterschiedlichsten Ländern werde ich mich noch lange gern erinnern. Nicht zuletzt habe ich den Alltag in dieser aufregenden Stadt mit ihren unzähligen kulturellen Angeboten sehr genossen.

Im Rahmen des LL.M. belegte ich zum ersten Mal zahlreiche Veranstaltungen aus dem Bereich des Schiedsverfahrensrechts, und entdeckte so ein für mich völlig neues und enorm spannendes Tätigkeitsfeld. Mich zog insbesondere die Prägung des Schiedsverfahrensrechts durch Elemente sowohl des Civil Law als auch des Common Law an. Außerdem erkannte ich die Möglichkeit, meine Begeisterung für Prozessrecht und internationales Handels- und Gesellschaftsrecht zu verbinden. In „Advocacy"-Seminaren bestand die Möglichkeit, rhetorisches Geschick und die Argumentation vor Gericht zu trainieren, was viel Spaß machte.

… zum Secondment in der City

Das im LL.M. geweckte Interesse am Schiedsverfahrensrecht führte mich im Rahmen des Referendariats zu Noerr, namentlich in das Frankfurter Arbitration-Team. Die Arbeit machte mir großen Spaß, und schnell war klar, dass ich nach dem Zweiten Staatsexamen gerne als Rechtsanwältin ins Team einsteigen wollte. Die Besonderheit: Da Noerr neben einer Reihe anderer ausländischer Standorte auch ein Londoner Büro hat, bot die Kanzlei mir die Möglichkeit, meinen Berufseinstieg im Rahmen eines Secondments zu machen. So konnte ich nicht nur in meinen Wunsch-Fachbereich anfangen, sondern mir auch den Traum erfüllen, noch einmal für eine Weile in London zu leben und zu arbeiten.

Das LL.M.-Jahr am King's College war für mich nicht nur der erste Schritt in Richtung meines heutigen Tätigkeitsfelds – die damals gemachten Erfahrungen helfen mir bei meiner Arbeit bis heute. Da die große Mehrzahl der von uns betreuten Schiedsverfahren auf Englisch geführt werden, kommen mir nicht nur die fachlichen, sondern auch die sprachlichen Kenntnisse aus meinem LL.M.-Studium täglich zugute. Die neuen Perspektiven, die der LL.M. mir in Bezug auf sowohl das englische als auch das deutsche bzw. europäische Rechtssystem eröffnete, sind angesichts der Internationalität unserer Arbeit ein echter Mehrwert. Ich würde mich daher jederzeit wieder für diesen Schritt entscheiden.

Last, but not least: Das Londoner Wetter ist deutlich besser als sein Ruf – und der Himmel über der Stadt oft genug strahlend blau.

Sidley Austin (CE) LLP

Standort in Deutschland: München

Standorte weltweit: Boston, Brüssel, Century City, Chicago, Dallas, Genf, Hongkong, Houston, London, Los Angeles, New York, Palo Alto, Peking, San Francisco, Schanghai, Singapur, Sydney, Tokio, Washington D.C.

Tätigkeitsschwerpunkte: Corporate, Private Equity, M&A, Finance, Financial Regulations, Restructuring, Tax

Berufsträger:innen in Deutschland: ca. 30
davon mit LL.M.: 6
davon mit Promotion: 9

Mitarbeitende weltweit: > 2.000

Geplante Neueinstellungen 2022:
ca. 4–6

SIDLEY, eine der führenden international wirtschaftsrechtlich beratenden Anwaltssozietäten, bietet Juristinnen und Juristen die Möglichkeit, sich in München in einem boutiqueähnlichen Arbeitsumfeld wohlzufühlen und gleichzeitig Teil eines weltweiten Karrierenetzwerks zu sein. Darüber hinaus zeichnet sich das Münchner Büro durch ein kleines, fachlich höchst kompetentes und dynamisches Team aus – mit sehr guten Aufstiegschancen und der Gelegenheit, ein Büro im Aufbau aktiv mitzugestalten.

SIDLEY

Maximilianstraße 35
80539 München
www.generationsidley.com

Patrizia Burkhardt
+49 89 244409-160
welcome@generationsidley.com

Was zeichnet Ihre Unternehmenskultur aus? Unser Büro in München befindet sich in der Aufbau- und Wachstumsphase. Die Stimmung ist geprägt von einem kommunikativen Miteinander: Jeder und jede kann sich unabhängig von seiner oder ihrer Seniorität einbringen – die beste Idee zählt. Es gibt keine festgefahrenen Strukturen, sondern flache Hierarchien, und sowohl Umgangston als auch Dresscode sind bei uns sehr informell. So zeichnet uns neben den attraktiven Mandaten vor allem unsere lockere – für eine Großkanzlei wohl einzigartige – Kanzleikultur aus.

Welche internationalen Einsatzmöglichkeiten bieten Sie? Als weltweit agierende Wirtschaftskanzlei mit Büros in den USA, Asien, Europa und Australien ist unser Geschäft stark international ausgerichtet. Cross-Border-Transaktionen stehen auf der Tagesordnung, d. h. wir arbeiten größtenteils mit internationalen Mandanten an grenzübergreifenden Projekten. Ab dem vierten Jahr bieten wir unseren Associates zudem die Gelegenheit, ein Secondment in einem unserer internationalen Büros zu absolvieren.

Im Rahmen der Wahlstation besteht die Möglichkeit, diese an einem unserer internationalen Standorte zu absolvieren, vorausgesetzt, man war bereits in der Anwaltsstation oder im Rahmen einer wissenschaftlichen Mitarbeit bei uns tätig. Bei unseren internationalen Einsatzmöglichkeiten wird Associates und Referendar:innen zum einen die Möglichkeit geboten, in den lokalen Teams eingebunden über den Tellerrand hinauszuschauen und sich bei internationalen Transaktionen einzubringen, und zum anderen auch die Arbeitsweise und Kultur vor Ort kennenzulernen. Außerdem bieten wir ein sehr attraktives Package an, welches neben der überdurchschnittlichen Vergütung für die Station auch den Flug und das Visum sowie eine Unterkunft vor Ort beinhaltet.

Wo sollte ein LL.M.-Titel erworben werden? Wie wichtig sind Ihnen Qualität und Reputation des LL.M.-Programms? Da ein sicherer Umgang mit der englischen Sprache für unsere tägliche Arbeit eine wichtige Voraussetzung ist, sind LL.M.-Abschlüsse im englischsprachigen Ausland von besonderem Interesse für uns. Neben den sprachlichen und fachlichen Qualifikationen, die ein LL.M. etwa in den USA, England, Australien oder Neuseeland mit sich bringt, lernt man vor Ort aber vor allem, sich in einem fremden kulturellen Umfeld sicher zu bewegen. Dieser Einblick in fremde Kulturen zeigt uns, dass jemand das notwendige Rüstzeug mitbringt, sicher und souverän mit unseren internationalen Mandanten zu kommunizieren. Natürlich ist ein renommierter LL.M.-Abschluss an einer erstklassigen Universität wie z. B. Oxford oder Columbia gern gesehen. Die Wahl der Universität oder des konkreten Programms sind für uns jedoch kein ausschlaggebendes Einstellungskriterium.

Bieten Sie Freistellungs- und/oder Finanzierungsmöglichkeiten für einen LL.M.? Als internationale Sozietät schätzen wir den LL.M.-Abschluss im englischsprachigen Ausland. Daher unterstützen wir unsere Associates gerne sowohl finanziell als auch mit einer Freistellung während ihres LL.M.-Studiums. Anhand eines konkreten Beispiels bedeutet dies, dass Associates, die bei SIDLEY einen Berufseinstieg planen und zuvor noch einen LL.M. ins Auge fassen, von uns für das gewünschte Jahr freigestellt werden. Finanziell greifen wir ihnen unter die Arme, indem wir in diesem Fall das Gehalt des ersten Berufsjahres auf Wunsch über zwei Jahre strecken. Bei einem Einstiegsgehalt von 150.000 Euro jährlich bedeutet dies einen Gehaltsvorschuss von etwas mehr als 6.000 Euro brutto monatlich während des Freistellungszeitraums.

Christoph Jensen

Dr. iur.
LL.M. (USC)

Jahrgang 1989

Associate
Finance/Restructuring

LL.M. in der City of Angels

Nach dem ohnehin bereits recht langen deutschen Jurastudium noch einen Abstecher ins Ausland wagen, um womöglich für ein weiteres Jahr dicke Bücher zu wälzen, lohnt sich das wirklich? Mein klares Fazit: Ja!

LL.M. oder Promotion?

Egal ob LL.M. oder Promotion, jede und jeder Absolvent:in sollte sich vor der Entscheidung über den Erwerb einer Zusatzqualifikation darüber im Klaren sein, welchen Mehrwert der jeweilige Abschluss für die eigene persönliche sowie fachliche Entwicklung mit sich bringt. Während der Erwerb eines Doktortitels für viele immer noch in erster Linie mit Prestige verbunden ist und sich der zeitliche Aufwand des Promotionsstudiums im Vorhinein nur selten realistisch bemessen lässt, bietet das LL.M.-Studium die Möglichkeit, in relativ kurzer und klar bemessener Zeit wertvolle praktische sowie juristische Fähigkeiten zu erwerben, die im späteren beruflichen Alltag einen echten Mehrwert darstellen können. Dies gilt insbesondere für diejenigen, die eine Karriere in einer Großkanzlei anstreben.

Der richtige Zeitpunkt

Generell gilt: Einen richtigen oder falschen Zeitpunkt für den LL.M. gibt es nicht. Meiner Erfahrung nach bringt es jedoch gewisse Vorteile mit sich, das LL.M.-Studium direkt vor den Berufseinstieg zu legen. Zum einen sollte der finanzielle Mehraufwand, den das Jahr im Ausland mit sich bringt, nicht unterschätzt werden. Zum anderen fällt die Schwerpunktsetzung im Rahmen der Kurswahl häufig leichter, je weiter man im Studium fortgeschritten ist und je klarer sich die eigenen Interessen, aber auch Vorstellungen hinsichtlich der späteren Berufswahl, abzeichnen.

Die Zeit vor Ort

Egal für welche Universität und für welches Land Ihr Euch am Ende entscheidet, eines ist klar, Euch steht in jedem Fall eine sehr spannende Zeit bevor, die Ihr in vollen Zügen genießen solltet. Mir kam es bei meiner Wahl insbesondere darauf an, Campus- und Großstadtleben miteinander zu verbinden. Denn neben dem akademischen Programm solltet Ihr Eure Zeit insbesondere auch dazu nutzen, Eure neue Heimat zu erkunden und Land und Leute besser kennenzulernen. In jedem Fall lohnt es sich, den Schritt aus der eigenen comfort zone zu wagen und sich in einen anderen Kulturkreis zu begeben - und dieser darf gerne auch mal weiter als eine Flugstunde vom eigenen Elternhaus entfernt liegen.

Mein Fazit

Für mich stellte der LL.M. eine perfekte Ergänzung zu den bereits im Rahmen des deutschen Jurastudiums sowie der anschließenden Promotion erworbenen Fähigkeiten dar. Insbesondere das Angebot der University of Southern California, neben Kursen an der Law School auch solche an der Business School - in meinem Fall Corporate Finance - zu belegen, kommt mir im Rahmen meiner täglichen Arbeit in den Bereichen Finance und Restructuring - wo neben juristischen Kenntnissen sehr häufig auch das Verständnis von betriebswirtschaftlichen Zusammenhängen eine wichtige Rolle spielt - nahezu täglich zugute.

Sidley Austin
(CE) LLP

Perspektive Jura

Aktuelle Ausgabe: Perspektive Jura 2022
ISBN (Print): 978-3-946706-78-6
ISBN (E-Book): 978-3-946706-79-3

Zielgruppe: Studierende, Doktorand:innen und Referendar:innen der Rechtswissenschaften
Inhalt: Das Buch bietet einen Überblick über Karrierewege für Jurist:innen in Justiz, Wirtschaft und (internationalen) Institutionen. Neben Expertentipps zu Bewerbung und Einstieg ermöglichen zahlreiche Erfahrungsberichte einen Einblick in interessante Berufsbilder. Namhafte Kanzleien und Unternehmen stellen sich als Arbeitgeber vor.
Nächster Erscheinungstermin: September 2022

Case Study Training

Aktuelle Ausgabe: Case Study Training
ISBN (Print): 978-3-941144-98-9
ISBN (E-Book): 978-3-941144-99-6

Zielgruppe: Studierende aller Fachrichtungen
Inhalt: Fallstudien sind nicht nur Teil von Bewerbungsgesprächen im Consulting – auch in anderen Branchen werden sie immer wichtiger. Das Arbeitsbuch enthält 40 ausgewählte Case Studies mit Lösungen zum Üben. Zudem erhalten Leser:innen wertvolle Tipps für die Vorbereitung auf und die Bewältigung von Case-Interviews.

Perspektive Unternehmensberatung

Aktuelle Ausgabe: Perspektive Unternehmensberatung 2022
ISBN (Print): 978-3-946706-75-5
ISBN (E-Book): 978-3-946706-76-2

Zielgruppe: Studierende aller Fachrichtungen
Inhalt: Das Expertenbuch liefert Antworten auf wichtige Fragen rund um den Beruf von Unternehmensberater:innen. Wie gestaltet sich die Work-Life-Balance, welche Arten von Beratungen gibt es, und vor allem: Wie absolviert man Bewerbungsgespräche und Fallstudien erfolgreich? Student:innen und Consultants berichten von ihren Erfahrungen, und Beratungen stellen sich als Arbeitgeber vor.
Nächster Erscheinungstermin: September 2022

Perspektive Patentanwalt

Aktuelle Ausgabe: Perspektive Patentanwalt
ISBN (Print): 978-3-941144-29-3
ISBN (E-Book): 978-3-941144-34-7

Zielgruppe: Naturwissenschaftler:innen und Ingenieur:innen
Inhalt: Was verbirgt sich hinter dem Beruf von Patentanwält:innen? Wer kann überhaupt Patentanwalt bwz. Patentanwältin werden, und wie läuft die Ausbildung ab? Das Buch liefert Antworten auf diese Fragen. (Werdende) Patentanwält:innen berichten von ihren Erfahrungen, und Patentanwaltskanzleien zeigen auf, welche Perspektiven sie Naturwissenschaftler:innen und Ingenieur:innen bieten.

Perspektive Investment Banking & Asset Management

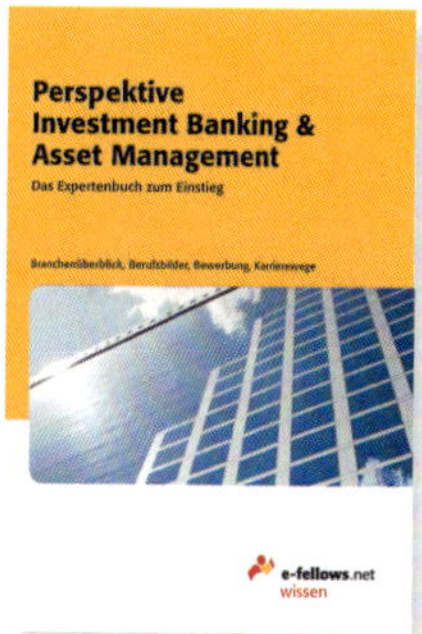

Aktuelle Ausgabe: Perspektive Investment Banking & Asset Management
ISBN (Print): 978-3-941144-20-0

Zielgruppe: Wirtschaftswissenschaftler:innen
Inhalt: Das Buch bietet umfassende Informationen zu Berufsbildern, Bewerbung und Karrierechancen im Investment Banking und im Asset Management. Stipendiat:innen und Alumni und Alumnae von e-fellows.net berichten von ihren Erfahrungen und geben Tipps für die erfolgreiche Bewerbung. Player aus beiden Branchen stellen ihre Praktikums- und Einstiegsprogramme vor.

Traumjob IT

Aktuelle Ausgabe: Traumjob IT 2021
ISBN (Print): 978-3-946706-64-9
ISBN (E-Book): 978-3-946706-65-6

Zielgruppe: Informatiker:innen, Mathematiker:innen und IT-Affine
Inhalt: Das IT-Studium ist abgeschlossen, die Jobmöglichkeiten sind nahezu unbegrenzt, doch wie geht es jetzt weiter? Dieses Buch liefert praxisnahe Antworten: Informatiker:innen aus verschiedenen Branchen schildern ihren Arbeitsalltag und stellen Projekte vor, die für ihren Beruf typisch sind. Alumni und Alumnae von e-fellows.net berichten von ihrem beruflichen Werdegang, und Expert:innen geben Tipps zu Einstieg und Bewerbung.